Xiangtu Wenhua Bianqian Yu
Wenhua Shengtai Jianshe

乡土文化变迁与文化生态建设

——民族地区五村落实证调查

曲凯音　著

人民出版社

第一章 导　论

　　我国具有悠久的农耕社会的历史,村落是我国农耕时代村民的主要生活空间和繁衍生息的生活聚集体。村落在久远的历史进程中积蕴了丰富的农耕文明,农耕文明是中华文明重要的发源之处和不可动摇的文化根基,是提升中华文化软实力的源泉和基础。在我国由传统农业社会向现代工业社会转型的进程中,村落社会、村落文化也在经历着由传统到现代的转型与变迁。在此文化变迁中,新的文化形态、文化模式、文化特质不断地产生。与此相适应,急需对村落文化建设加以引导和规范,让承载农耕文明的村落文化不但保留一份厚重的历史文化,而且成为现代社会的精神家园。

第一节　问题的提出

一、社会背景

(一)现代性向村落的渗透

改革开放 30 多年来,我国经济社会持续快速发展,综合国力不断加强。自农村实行家庭联产承包责任制以来,中国农村开始走上了建设小康社会、和谐社会的快速发展道路。改革开放加速了中国的社会转型,也是现代村落文化变迁的重要推动力。当前,我国快速发展的现代化进程对农村的发展变迁起到了一定程度的推动和影响作用。具体地讲,现代化具有广义和狭义之辨。王思斌认为,"广义的'现代化'一词指向任何一个更'新'的'现代'时期或状态的转变的过程,因此'现代化'也是一个永无休止的过程。狭义的'现代化'概念指的是十七、十八世纪(尤其是在工业革命以后)从欧洲起源,之后逐渐扩散到全球的一种建立在工业化基础之上的新的社会生活或组织模式,是从'传统社会'向这种新型的'社会生活或组织模式'转变的过程。"①现代化在很大程度上是与工业化相伴而行的,是人类文明在经济、社会、政治、文化等领域所不断发生的更新与变革。现代化外显的表现是经济社会总体结构的改变和提升,但实际上,现代化最大的核心与要义却是人的现代化。我国当前的社会转型主要表现为两个方面,一是社会结构从传统的农业社会向现代工业社会的转变,二是经济体制从以计划经济为主向市场经济为主的转变。现代化进程的加速拉动了我国村落的文化变迁。在此过程中,由于农村经济社会的快速发展,农村的社会结构、社会生活状态等都发生了巨大的变化,从而带动农村的文化结构也发生了相应的变化。"中国追求以工业化为主要内容的现代化过程一直伴随着痛苦的自我文化批判、自我思想革命。"②在此过程中,村落文化建设也是一个伴随着自我否定与自我认同的思想变革的过程。

---

① 王思斌:《社会学教程》,北京大学出版社 2007 年版,第 301 页。
② 薛毅编:《乡土中国与文化研究》,上海书店出版社 2008 年版,第 15 页。

(二)城镇化对村落文化的侵蚀

随着我国经济的快速发展和综合国力的增强,我国的城镇化进程也在逐步加快。城镇化主要表现为两个方面,一是农村人口不断转化为城市人口,二是农村社区转化为城市社区。城市化进程起步较晚、水平较低是我国当前城镇化的主要特征。从1949年以后我国进入城镇化的起步阶段以来,我国城镇化进程的速度不断加快。根据国家统计局的数据,1978年,我国的城镇人口为1.72亿人。到2011年,我国的城镇人口达到6.9亿人。在此期间,我国城镇化率从1978年的17.92%提升到2011年的51.3%,城镇化率首次超过50%。这也意味着我国城镇人口比率开始超过了农村人口比率。此后,我国城镇化率继续攀升。到2016年,我国城镇化率更是达到57.35%。城镇化使大量的农村人口转移到城市的同时,也带来了农村整体社会结构的巨大变化。传统的农耕时代的生产和生活方式开始逐步退出历史的舞台,现代化的大机器生产和生活方式逐步成为现代村落社会的主导方式。在此情形下,村落社会的文化变迁在进程和走向上都呈现出独特的形态。村落社会的文化建设也面临着前所未有的挑战和发展空间。

(三)村落文化的转型与重构

改革开放以来,我国社会进入了由传统农业社会向现代工业社会、由计划经济向市场经济的社会转型期。在社会转型的同时,村落文化也在经历着转型与重构。费孝通先生在20世纪90年代就指出,文化转型是当代人类所共同面对的问题。当前,引发村落文化转型的因素主要为伴随城镇化进程而带来的城市文明的侵入、村落文化传承主体的减少以及村落文化原生态生存空间的破坏。伴随着工业化、现代化、城市化以及信息化的发展进程,城市文明也在不断地向农村蔓延。城市文明所兼具的现代、时尚、开放、高效等与农耕文明的传统、保守、落后、低效等形成了鲜明的对比。因此,伴随着村落社区经济社会发展水平的提高,加之人类与生俱来的趋利避害的本性,城市文明不断地向村落社会传入与蔓延,农村社会逐渐也成为吸纳城市文明的广阔空间。此外,伴随文化全球化的发展,国际间文化传播速度也日益加快。发达国家借此把自己的文化特质、文化形态等因素不断地向其他国家渗透。文化全球化目前已对我国的村落文化产生了侵袭和变异的影响。在我国,西方的节日、礼俗等文化形态有被不断加大渲染之态势。与此相对应,我国村落原生态的民俗、风俗等却有被逐渐遗忘和消失的态势。

不容忽视的是,在村落文化转型的同时,村落文化的传承主体也在不断减少。在城镇化进程中,大量的农村青壮年群体的社会流动导致了村落文化传承中文化主体的缺失。村民是村落文化的传承者、实践者和创造者。当文化的传承主体缺失时,即使存在文化发展的原生态空间,也只是空有文化发展的土壤而缺少文化生产与创造的养分,文化就极易被外来文化所异化和侵蚀,并逐渐衍生出文化断层现象。由此,文化安全也面临极大的危险。

另外,村落文化的转型也表现为村落文化原生态空间的破坏。当前,我国村落大多在经历着村改居、农村土地流转等多种变革。在此过程中,村落社会原有的文化生态空间在不断地被改变、缩减以及逐渐消失。当文化特质与文化丛等因素失去了它所依附和生存的物理空间时,文化形态也将随之发生变化。因此,村落文化原生态空间的破坏将直接导致村落文化的失衡发展,这是村落文化发展建设中需要着力关注的焦点。面临当前的村落文化转型,村落文化的重构即村落未来文化的发展与建设问题更显重要和紧迫。

（四）民族文化的特殊性与重要性

民族是一个历史范畴的概念，是人类社会发展到特定历史阶段的产物。学术界通常认为，民族的概念源于西方，通常是指基于共同生活的历史、语言、宗教等基础上所产生的稳定的文化群体。民族在久远的历史发展进程中创造了丰富、独特的民族文化。本书所指的民族与民族文化包含了两个方面的意涵。中华民族与中华文化是本书所指的最高的民族与文化，是涵盖了中华56个民族以及各自民族文化的统一体。此外，我国历史上就是多民族统一的国家，这里的多民族是书中民族的第二个意涵，即中华民族所包括的具体的56个民族。相应的也就形成了整体上的一元性的中华文化与中华文化之内的多元少数民族文化。我国多元的民族文化特质和多样性的地理、地域生活环境空间造就了独特的民族文化。独特的民族文化赋予了中华民族固有的文化个性。因此，从国际上看，中华文化是特有的传统东方文化，在世界文化体系中占有重要的地位。自西方国家冷战结束以后，全球化进程不断加快。文化的力量被不断地彰显出来，文化软实力的提升逐渐成为国家发展的长期战略目标。在这样的大背景下，文化建设也成为国家建设中的重要组成部分。从文化大国向文化强国的转变也是当今世界各国竞相奋斗的目标。此外，从我国的实际情况来看，我国55个少数民族在历史的发展中形成各自独特的民族文化，如何在新的历史发展时期不断增强中华文化的认同、促进各民族文化的融合与共生发展依然是需要面对与思考的问题。

二、学术背景

（一）对村落文化的研究

在我国村落研究的历史上，诞生了一批学术经典之作。这些集中在

20世纪前半期的经典研究主要可以归纳为四类。一是研究村落经济发展的调查报告类文献。历史上毛泽东等共产党人将村落文化的改造作为整体社会根本改造的一部分,运用唯物史观研究农村问题和村落文化。如1930年5月对江西省寻乌县的农村经济调查而写的《寻乌调查》、1930年10月对江西省兴国县永丰区的农村经济而写的《兴国调查》、1933年11月对江西省兴国县长冈乡的调查而写的《长冈乡调查》、1933年11月对福建省上杭县才溪乡所作的调查报告——《才溪乡调查》等系列关于农村问题研究的调查报告,并提出了"没有调查就没有发言权"的著名论断,由此形成了系统的社会调查理论和对农村问题的研究方法。① 二是"乡村建设"学派从历史学的角度、运用文化社会学的分析方法来观察、分析中国社会结构及中国文化传统的性质。以梁漱溟、晏阳初为代表的"乡村建设"学派通过突出对农村文化或教育的实践来寻求解决中国问题的途径。② 三是对中国村落社会问题和村落文化的解读。费孝通的《江村经济》③从微观视角进行切入,描述了20世纪中早期江苏农村村落社会的结构和社会运行方式。该书在论及村落的文化和社会问题时,着重探讨了现代化对村落社会的冲击。另外,费孝通于1948年出版的《乡土中国》则以马林诺夫斯基的宏观结构功能主义理论为视角,对中国乡土社会的差序格局、道德规范等进行了文化内涵的解读。④ 第四类研究主要表现为,人类学家从文化人类学的视角、以田野考察的方式开创了村

---

① 参见毛泽东:《毛泽东农村调查文集》,人民出版社1982年版,第5页。
② 参见梁漱溟:《乡村建设理论》,上海人民出版社2011年版,第24—28页。
③ 参见费孝通:《江村经济——中国农民的生活》,商务印书馆2001年版,第18—20页。
④ 参见费孝通:《乡土中国·生育制度》,北京大学出版社1998年版,第35页。

落文化专题研究的先河。如林耀华的代表作《义序的宗族研究》①和《金翼》②探析了福建地区的乡村社会、村落家族、宗族文化。杨懋春的《一个中国村庄:山东台头》③对 20 世纪初中国北方村落进行了实地调查,描述了北方村落的传统文化,展现出中国北方传统农村社会生活和文化的各个层面。这些 20 世纪早期的村落经典研究之作奠定了我国村落研究的重要基础,为后来学界的村落研究指领了方向。

改革开放以后,随着农村经济社会改革的发展与深入,我国村落社会发展也呈现出新的特点。这一时期的村落研究多以宏观社会转型和现代化进程为背景,以个案或系统研究的方式展示了我国社会转型进程中村落社会的场景。陆学艺通过对河北省行仁庄的调查,全面研究了农村工业化过程中村落社会结构的变迁,以及村庄社会结构对其内发的影响,突出村落精英、村组织和村落共同体对村落现代化发展的推动作用。④ 此外,著作《新乡土中国》⑤以我国改革开放的不断深入和社会转型为背景,以调研随笔的形式从乡土本色、村治格局、制度下乡、村庄秩序、乡村治理、乡村研究方法等视角切入,对农民和农村问题进行了深入的解读。曹锦清则以正在转型中的中原乡村社会为视角,记录了中国农村社会转型期间的根本性、普遍性如农民与土地、农民与市场等问题,揭示了村落变迁与现代化之间的关系。⑥

---

① 参见林耀华:《义序的宗族研究》,三联书店 2000 年版,第 12 页。
② 参见林耀华:《金翼——中国家族制度的社会学研究》,三联书店 1989 年版,第 33 页。
③ 参见杨懋春:《一个中国村庄:山东台头》,江苏人民出版社 2012 年版,第 19 页。
④ 参见陆学艺:《内发的村庄:行仁庄》,社会科学文献出版社 2001 年版,第 30 页。
⑤ 参见贺雪峰:《新乡土中国》,北京大学出版社 2013 年版,第 77 页。
⑥ 参见曹锦清:《黄河边的中国——一个学者对乡村社会的观察与思考》,上海文艺出版社 2013 年版,第 34 页。

此外,宏观视野下村落的家族文化、微观视野下村落的互动交换等都是村落文化研究的焦点。王沪宁通过对村落家族文化在中国社会—历史—文化的总变迁中的变化研究,意在探究村落家族文化的变化对中国的现代化影响与意义。① 王铭铭基于对美法村、塘东村和石碇村的实地考察,以村落视野中的家族、社会与国家;村落传统作为现代化理论的反思;历史、人情与民间福利模式;民间权威、生活史与社会动力为研究视角,从微观的村落民间生活文化到宏观的民族—国家与传统家庭社会组织之间关系进行了探讨,力图通过理解村落文化来反思现代性的努力。② 阎云翔通过对中国北方村落——黑龙江省下岬村的人类学考察,以村落社会中礼物的流动作为贯穿其中的线索,从微观视角对村落社会中由礼物流动而引发的社会网络进行了分析。③

国外学者也对我国的村落文化进行了较为翔实的研究。这一方面的研究主要集中在村落社会的经济发展、宗族社会文化变迁等领域。20世纪前半期,日本南满洲铁道株式会社(简称满铁)对我国华北6个村落所做的"中国农村惯行调查"以及据此调查所著的《中国农村惯行调查》,对村落社会性质提出了概念性的解释。此外,杜赞奇从跨文化和跨时间透视的角度对华北的村落政治文化、宗族文化等进行了研究。④ 美国的明恩溥在《中国乡村生活》中以图文并茂的形式对中国清末民初的村落生活进行了全景式的描述,意在从中国村落生活中探究独特的中国社会文

---

① 参见王沪宁:《当代中国村落家族文化》,上海人民出版社1991年版,第7页。
② 参见王铭铭:《村落视野中的文化与权力:闽南三村调查》,三联书店1997年版,第12—14页。
③ 参见阎云翔:《礼物的流动:一个中国村庄中的互惠原则与社会网络》,上海人民出版社2000年版,第25页。
④ 参见[美]杜赞奇:《文化、权利与国家——1900—1942年的华北农村》,江苏人民出版社2003年版,第45页。

化生活。① 美籍华裔历史学家黄宗智根据档案材料和实地考察,研究了20世纪前半期华北地区村落宗族与村政关系,探讨了华北小农经济长期未发展为资本主义经济形式的原因。② 黄宗智在他的另一部著作——《长江三角洲小农家庭与乡村发展》中通过考察长江三角洲地区14世纪50年代至20世纪50—80年代以来小农农业经济社会的发展历程,提出农业"过密型商品化"理论。③ 弗里曼等以中国河北饶阳县五公村为个案,探讨了20世纪20—60年代期间华北农村社会的变迁,进而探讨了特定的历史时期国家与农村社会、国家领导与地方干部之间的关系。④ 国外学者在研究中国村落社会时,也对中国村落社会中的宗族研究表现出了极大的兴趣。这以莫里斯·弗里德曼的两部著作⑤为肇始。莫里斯·弗里德曼运用文化人类学的功能主义理论,在著作中集中关注了广东和福建的宗族社会分化中单系亲属组织和集权政治体系。弗里德曼也通过这两部著作提出了汉人社会是一个宗族社会的观点。之后的学者如裴达礼、詹姆斯·华生、巴博德人沿用了弗氏的宗族概念来讨论中国的村落社会。

（二）对村落乡土文化变迁的研究

这类研究主要表现为对村落文化纵向发展变迁的学术"跟踪"式研

---

① 参见[美]明恩溥、午晴:《中国乡村生活》,唐军译,时事出版社1998年版,第11—16页。

② 参见[美]黄宗智:《华北的小农经济与社会变迁》,中华书局2000年版,第26页。

③ 参见[美]黄宗智:《长江三角洲小农家庭与乡村发展》,中华书局1992年版,第34页。

④ 参见[美]弗里曼等:《中国乡村,社会主义国家》,陶鹤山译,社会科学文献出版社2002年版,第22—24页。

⑤ 两部著作分别是莫里斯·弗里德曼于1958年出版的《中国东南的宗族组织》和1966年出版的《中国的宗族与社会:福建与广东》。

究和对村落文化变迁的多视角研究。前者如庄孔韶于 1986—1989 年对林耀华先生于 20 世纪 30 年代末调查的福建省"黄村"进行了追踪式的田野考察。通过对"黄村"的家族变迁史、20 世纪 20—90 年代以"黄村"为代表的村落社区的变迁历程研究,铺叙出中国地方社会与文化的变迁历程①。周大鸣②于 1994—1997 年对葛学溥③在 20 世纪 20 年代曾经考察的福建潮州的"凤凰村"进行了追踪研究。这既是对葛学溥以来华南汉人社会研究中如村落社区等问题的回应,同时也是凤凰村发展变迁与现状的全景式记录。另外,此类研究还有如潘守永对杨懋春的《一个中国村庄:山东台头》中的台头村的回访以及其所着重强调的中国乡村研究中的两大关系——家庭关系和村落关系。④ 另外如兰林友对华北满铁调查村落的回访;⑤段伟菊、张华志等对许烺光《祖荫下》中的西镇的回访等。⑥ 人类学学者对村落的"跟踪"式研究展示了贯穿时空发展中村落文化变迁的纵向场景,这些研究虽然只集中在个案村落上,但是这种"反思性继承"是研究村落文化变迁的重要参考。

---

① 林耀华于 40 年代的社会研究著作——《金翼——中国家族制度的社会学研究》,20 世纪 90 年代,庄孔韶访问《金翼》中的"黄村",写出系列作品——《银翅——中国的地方社会与文化变迁(1920—1990)》。——笔者注

② 参见周大鸣:《凤凰村的变迁——〈华南的乡村生活〉追踪研究》,社会科学文献出版社 2006 年版,第 12 页。

③ 参见葛学溥:《华南的乡村生活:广东凤凰村的家族主义社会学研究》,知识产权出版社 2012 年版,第 56 页。

④ 潘守永:《重返中国人类学的"古典时代"——重访台头》,《中央民族大学学报(哲社版)》2000 年第 1 期。

⑤ 参见兰林友:《庙无寻处:华北满铁调查村落的人类学再研究》,黑龙江人民出版社 2007 年版,第 29 页。

⑥ 段伟菊:《大树底下同乘凉——祖荫下:重访与西镇人族群认同的变迁》,《广西民族学院学报》2004 年第 1 期;张华志:《家族企业和许烺光田野点的延伸性研究》,《广西民族学院学报》2004 年第 1 期。

另外,对村落文化变迁的研究还集中在村落的社会文化变迁上,从社会文化的视角系统展示乡村社会文化变迁历时性的全景式过程。这类的研究成果如黄树民对福建厦门林村自 1949 年以来的乡村社会文化变迁的研究;①曹锦清等对浙北村落自土改以来的社会文化考察;②翁乃群以南昆铁路的修建为纵向时空对比参照,对铁路沿线广西、贵州、云南等八个村落进行了经济、社会发展变迁的比较研究。③ 在村落文化的发展变迁上,外部制度的引导与制约起到了重要的作用。这一方面的研究主要为温铁军对新中国成立 50 年来农村经济制度变迁与农村社会生产关联的研究;④徐勇以理论结合实际,对村民自治制度进行了全面分析。⑤ 毛丹以村落单位化为视角,探讨了村落单位化对村落变迁的影响;⑥于建嵘通过对湖南岳村的基层组织的调查,探讨了乡村经济、社会、政治变迁的一般规律;⑦折晓叶以广东的万丰村为个案,探讨了村落变迁中外部力量和村庄内在社会结构相互作用之间所出现的问题。⑧ 此外,学者也关注了村落变迁中的农民心理嬗变、农村经济社会的发展变迁等。周晓虹对

---

① 参见黄树民:《林村的故事:1949 年后的中国农村变革》,纳日碧力戈译,三联书店 2002 年版,第 23—26 页。

② 参见曹锦清、张乐天、陈中亚:《当代浙北乡村的社会文化变迁》,上海远东出版社 2001 年版,第 38—40 页。

③ 参见翁乃群主编:《南昆八村:南昆铁路建设与沿线村落社会文化变迁》,民族出版社 2001 年版,第 46—50 页。

④ 温铁军:《半个世纪的农村制度变迁》,《战略与管理》1999 年第 6 期。

⑤ 参见徐勇:《中国农村村民自治》,华中师范大学出版社 1997 年版,第 77—80 页。

⑥ 参见毛丹:《一个村落共同体的变迁——关于尖山下村的单位化的观察与阐释》,学林出版社 2000 年版,第 56—59 页。

⑦ 参见于建嵘:《岳村政治:转型期中国乡村政治结构的变迁》,商务印书馆 2001 年版,第 28—30 页。

⑧ 参见折晓叶:《村庄的再造——一个"超级村庄"的社会变迁》,中国社会科学出版社 1997 年版,第 70—76 页。

近代以来尤其是 1949 年后，江浙沿海地区农村社会的经济、社会结构变化以及由此而引发的农民心理的变化进行了考察论述，以农民心理的嬗变过程映像了村落社会的文化变迁。① 不同视角对村落文化变迁的考察既是村落社会变迁的影像，同时也反映了我国社会历史发展变迁的传统与走向。

在城镇化的进程中，城中村的变迁和转型也从另一个视域反映了村落的发展变迁以及我国社会的发展历程。李培林通过对广州市城中村——"羊城村"的调查，描述了广州在城市化的迅速扩张中，城中村这一特殊的现象。书中论述了村落的变迁与终结将是一个漫长而艰难的过程，一蹴而就的结果往往是造成社会的断裂。书中也着重指出村落的终结将伴随产权的变动以及社会网络的重组，展示了城中村不同于传统村落的文化特征及变化形态。② 陈双则关注的是中西部大城市城中村社会经济与空间形态特征、产生的机制与历程，及其大规模市场化改造有可能产生的消极后果。③ 另外，城中村的未来发展转型也是此类研究中所着重关注的焦点。周素红等着眼于城中村改造中的利益博弈，探讨了城中村改造中多元利益协调与村社转型的内外机制。④ 另外，也有学者探讨了制度、政策等对城中村转型的相关影响。

---

① 参见周晓虹：《传统与变迁：江浙农民的社会心理及其以来的嬗变》，三联出版社 1998 年版，第 32 页。

② 参见李培林：《村落的终结——羊城村的故事》，商务印书馆 2004 年版，第 46—50 页。

③ 参见陈双：《中西部大城市城中村空间形态的和谐嬗变》，东南大学出版社 2011 年版，第 16—20 页。

④ 参见周素红：《快速城市化下的城中村改造与村社转型》，中山大学出版社 2011 年版，第 28—37 页。

(三)对民族地区村落乡土文化变迁的研究

我国自古就是统一的多民族国家,民族文化资源深厚且丰富,学术界对民族地区村落文化变迁的研究也成果斐然。体现在对西南民族地区文化的经典考察上,如费孝通、王同惠1935年的《花篮瑶社会组织》;陶云逵的重要代表作——《西南部族之鸡骨卜》研究了我国西南地区的藏缅、苗、傣诸语族人民鸡骨卜的风俗文化;林耀华利用西方人类学的方法论而形成的《大小凉山考察记》,对川南大小凉山彝族、川北藏族和川西嘉绒藏族这三个族群进行了文化考察;庄学本的《西康木雅贡噶雪山游记》,梁瓯的《我怎样通过大小梁山》等。此外,对中部及东北民族地区文化的经典考察有凌纯声、芮逸夫的《湘西苗族调查报告》,该书作为国内学术界对湘西苗族文化描述的第一部专著,系统再现了湘西苗族的社会文化生活;另外,凌纯声的经典著作——《松花江下游的赫哲族》,通过丰富的文献典籍和翔实的田野调查资料展示了我国东北地区赫哲族的文化全景,被称为一部赫哲族的百科全书。

进入到现代以来,学者从不同的视角丰富和扩充了民族地区的文化考察。从对民族地区村落文化的考察来看,主要是对不同民族地区村落文化变迁的考察。如对西南民族地区社会文化变迁的考察,主要集中对云南、贵州、四川等民族地区村落的考察;①另外,对西部民族地区村落文

---

① 这类研究主要为:何颖:《从传统到现代:西南民族地区社会文化变迁的规律》,《学术论坛》2006年第10期;甘代军:《文化变迁的逻辑——贵阳市镇山村布依族文化考察》,中央民族大学2010年博士论文;姜晓萍:《西南民族地区的居住模式与婚姻、家庭的变迁》,《西南民族学院学报》2001年第3期;徐平:《大瑶山七十年变迁》,中央民族大学出版社2006年版;徐平:《羌村社会:一个古老民族的文化和变迁》,中国社会科学出版社1993年版;刘芳:《视曹苗乡——川滇黔交界民族散杂居社会文化变迁个案研究》,中央民族大学2005年博士论文;于洪:《丽江古城形成发展与纳西族文化变迁》,中央民族大学2007年博士论文。

化变迁的考察,如对青海等地民族地区及民族社区的文化变迁考察;①对旅游业与民族地区文化变迁影响因素的考察②,主要考察了民族地区旅游业发展与民族文化的双向互动关系等。

（四）对文化生态学的研究

文化生态学最初诞生于美国,旨在探讨人类文化与其所处的自然环境之间的相互关系。目前,学术界对文化生态学的研究主要集中在两个方面,其一是对文化生态学相关理论发展与演化的研究;其二是对文化生态学具体含义的辨析论述。1955 年,美国人类学家斯图尔德的《文化变迁的理论》一书出版,该书提出了文化与生态相适应的理念,建立起了文化生态学系统的理论和方法,被认为是文化生态学正式诞生的标志。20世纪 60 年代,文化生态学的研究被局限在美国人类学的范围之中,文化生态学虽然强调文化与自然的平衡,但是过度地关注静态的文化与自然的和谐,而忽视了文化动态发展变迁的一面,加之在理论和实践中的局限等因素,这一时期文化生态学的研究一度受到学术界的质疑甚至是批评。进入到 20 世纪 70 年代以来,人们开始重新审视文化与自然的关系,文化生态学的研究也逐渐成为学术界的焦点。1974 年,美国著名的文化地理学与历史地理学巨匠卡尔·奥特温·苏尔（Carl Ortwin Sauer）发表了《景

---

① 这类研究主要为冯霞:《青海循化撒拉族自治县汉族移民乡村社会文化变迁研究——以东街村为例》,兰州大学 2010 年博士论文;丁菊霞:《成长危机与发展向度——宁夏同心回族社区社会文化变迁研究》,中央民族大学 2007 年博士论文;安定敏:《西宁东关回族的社会变迁研究》,中央民族大学 2009 年博士论文。

② 这类研究主要为吕宛青:《民族地区旅游产业发展与文化变迁——以纳西族集聚的丽江市为例》,云南大学 2008 年;把多勋、王俊、兰海:《旅游凝视与民族地区文化变迁》,《江西财经大学学报》2009 年第 2 期;田敏:《民族社区社会文化变迁的旅游效应再认识》,《中南民族大学学报》2003 年第 5 期;荣莉:《旅游空间中的社会文化变迁——云南省邱北县仙人洞村个案分析》,云南大学 2003 年硕士学位论文。

观的形态》与《历史地理学序言》两篇文章，通过对文化景观时间属性的系统阐述，构成了苏尔文化生态学派的方法论体系，苏尔所创立的理论学派也被称为"文化生态学派"。① 进入到 20 世纪 90 年代以来，文化生态学的研究领域不断扩展，经济学、社会学、教育学等学科也以各自的研究视角加入到研究之中。这一时期，文化生态学也开始传入我国学术界。人类学家黄育馥指出，20 世纪 90 年代以来，文化生态学的研究呈现出新的领域，如数字革命和媒体使用的变化、数字革命和媒体伦理学的变化、数字革命及文化的影响是文化生态学研究中出现的新领域。② 在对文化生态学的含义辨析上，研究者都把对文化生态学界定在文化与环境的相互作用上。如司马云杰认为："文化生态学是从整个自然环境和社会环境中的各种因素交互作用研究文化产生、发展、变异规律的一种学说。"③王东昕认为："文化生态学理论给予环境和文化充分的重视并强调了文化自身及环境发展的规律以及二者之间的互动关系。"④潘艳等认为："文化生态学是就一个社会适应其环境的过程进行研究，它的主要问题是要确定这些适应是否引起内部的社会变迁或进化变革。"⑤

（五）对村落文化变迁与村落文化建设关系的研究

村落文化的变迁不是孤立进行的，它既受到外界的环境、制度等客观因素的影响，同时也与文化建设紧密相关，即与村落的经济、政治、社会、生态建设等是相辅相成的统一体。村落文化变迁的程度、特点与走向等

① 转引自邓辉、卡尔·苏尔：《文化生态学理论与实践》，《地理研究》2003 年第 5 期。
② 黄育馥：《20 世纪兴起的跨学科研究领域——文化生态学》，《国外社会科学》1999 年第 6 期。
③ 参见司马云杰：《文化社会学》，山东人民出版社 1987 年版，第 34 页。
④ 毛东昕：《环境与文化互动关系的文化生态学反思》，《云南民族大学学报（哲社版）》2007 年第 6 期。
⑤ 潘艳、陈洪波：《文化生态学》，《南方文物》2007 年第 2 期。

都将对村落的文化建设产生一定的影响。当前,学术界对二者关系的研究主要表现为文化变迁对文化建设的影响以及对策研究。文化变迁对文化建设的影响,学者的分析认为主要有,段有文提出"现代村落文化建设的背景,在即从传统社会向现代社会的转型中,村落文化经历了四种现代转向,分别是乡土村落的生态观念、村规民约的民俗控制功能、村落内部互助协作的意识以及村落家族中的伦理精神。现代村落文化的建设必须以此为前提"。① 冯振加等关注了当前村落文化变迁中文化价值的缺失,并列举了生育观念价值缺失、礼仪消费价值缺失、精神生活价值缺失等村落文化价值缺失的表现,并归纳村落文化价值缺失的原因为小农经济的思维方式顽固不化、政策导向的偏差、政府投资村落文化不足、农村文化基础设施落后、农民整体素质不高等。② 唐金培认为村落文化变迁丰富了文化建设的内容,对村落的文化建设有着新的诉求。③ 李阳认为村落文化中的乡村民俗文化变迁是村落文化建设的内在支撑,村落民俗文化的发明与创新可以带动技术创新和制度创新,从而促进村落的文化建设。④

对村落文化变迁背景下的村落文化建设的对策研究主要有:一是要构建农村公共文化服务体系以及乡村公共文化设施建设,形成农村公共文化服务网。二是要积极发展农村文化产业,以丰富的文化产品来满足

---

① 段友文:《社会现代化进程中的村落文化建设》,《山西师大学报(社科版)》2007年第11期。

② 冯振家:《新农村建设中培育和发展先进的村落文化刍议》,《濮阳职业技术学院学报》2007年第2期。

③ 唐金培:《中原民俗文化的当代变迁与新农村和谐文化建设》,《党史文苑(学术版)》2007年第11期。

④ 李阳:《乡村民俗变迁与新农村文化建设》,《沈阳干部学刊》2011年第4期。

农民文化需要的增长。① 三是要在村落文化建设中处理好变迁中的传统与现实、一元与多元、文化事业与文化产业的关系。② 村落的文化建设重在对村落文化资源的利用与整合,在这一点,有学者指出,实现区类文化资源的"全面掌控,集中开发、重点扶持、组合特色、整体和谐"是村落文化建设的关键。③ 学者鞠忠美指出乡村公共空间是村落文化建设的重要场所,并提出了加强村落公共空间建设为村落文化建设重要途径的命题。④ 另外,陈玲从村落文化设施建设、文化队伍建设上提出村落文化建设的对策。⑤

　　文献检索表明,学术界对村落问题的研究取得了令人瞩目的成绩,诞生了一批经典之作,一直在学术界中闪耀着经典的光辉。这些经典的研究成果奠定了村落研究的重要基础,也对未来的村落问题研究起到引领作用。随着时代的发展变迁,尤其是在新的历史发展时期,现代化进程和城镇化进程快速发展,村落文化变迁不断呈现出新的转型与重构现象,对村落文化的研究仍有极大的扩展空间。当前,我国村落文化正经历着历史上从未有过的复杂变迁。在党中央强调要建设社会主义文化强国的时代背景下,村落的文化建设更是一个急需研究的课题。在城镇化、现代

---

① 王国胜:《论传统乡村社会文化变迁与社会主义新农村建设》,《农业考古》2006年第3期。

② 丁榕:《浅议我国社会转型时期的文化变迁与文化建设》,《江苏政协》2006年第6期。

③ 萧洪恩、高婕、杜云素:《新农村建设背景下湖北民族地区村落文化建设研究》,《中南民族大学学报(人文社科版)》2007年第2期。

④ 鞠忠美:《村落公共空间的变化与乡村文化建设——以山东省莱州市碑坡村为例》,《聊城大学学报(社科版)》2011年第6期。

⑤ 陈玲:《村落文化建设的个案分析——以台州市黄岩区西城街道新堂村为例》,《群文天地》2012年第4期。

化、信息化进程加速的时代背景下,村落在面对现代文明与传统文明的不断侵入和影响下,正以极快的文化变迁速度和新的文化形态呈现出来。因此对于村落的文化变迁研究也是一个不断发展的选题。村落文化变迁既是动态发展的,同时也是协调统一的。动态变迁的村落文化是整个村落文化建设体系中的一个环节。因此,研究村落的文化变迁需要结合村落的文化建设,变迁是建设的前提和重要参照基点。同时,文化建设的走向也肩负着引导文化变迁的方向的重任。此外,对于我国广大的民族地区的村落来说,经济发展较落后,社会发育较低。在现代化、工业化和城镇化的进程中,在面对复杂的文化变迁环境中,如何进行文化生态建设是一个亟须解决的问题。

第二节　基本概念

一、民族地区

民族地区,通常也被称为少数民族地区。从广义上讲,民族地区是指历史上某个或某些少数民族世袭聚居并得以形成共同的民族文化的地方。从狭义上讲,民族地区即实行民族区域自治的地区。我国对民族区域自治的划分主要有自治区、自治州、自治县三级。1949 年,《中国人民政治协商会议共同纲领》颁布,其中明确规定,民族区域自治是我国解决民族问题的一项基本政策。随着《民族区域自治实施纲要》的发布,从1952 年起,我国在民族地区开始全面推行该《纲要》。在 1954 年的《宪法》中,民族区域自治的法律地位被明确规定。1984 年,民族区域自治法颁布实施,民族区域自治政策以法律的形式被确定,从此民族区域自治进入了法制化的轨道。当前,我国共建有 5 个民族自治区,分别是内蒙古自治区、广西壮族自治区、新疆维吾尔自治区、宁夏回族自治区和西藏自治区。此外,我国还建立了 30 个民族自治州和 120 个民族自治县(旗)。在此基础上,我国还有诸如云南、贵州、青海、甘肃等属于非民族自治区、但少数民族居住比较集中的省份。综合以上的内容,在本书中,对"民族地区"的界定既包括了 5 个民族自治地区,同时也涵盖了我国少数民族聚居比较集中的如云南、青海等地。

二、文化

文化,是与人类社会联系最紧密的生产和生活现象的集中概括,是对人类发源、繁衍、变迁以及不断创新的系统概括。英语的"culture"词源是拉丁语的"cultura",意为"住、耕耘、耕作"。15 世纪,"cultura"成为"culture",进入英语世界。17 世纪末,文化一词出现在德语世界中,最初是指人的知识、道德能力的提高,随后所指对象逐渐由个体扩大到民族乃至全人类。[1] 18 世纪末,德国学者阿德隆进一步把文化定义为"一个人,或一个民族,精神的、身体力量的全面改善或端正"。人类对文化的认识一直是伴随着理解自然以及创造力不断进步的发展历程。到 19 世纪 70 年代,英国著名人类学家爱德华·泰勒在《原始文化》一书中提出了日后成为文化人类学起点的文化定义,即"文化是作为社会成员的一员而获得的知识、信仰、艺术与技术、法律、道德以及其他,包含所有能力和习惯的复杂的总体。"[2]泰勒对文化的定义侧重了文化的精神方面以及后天所习得和为人类所共享这一特点。

---

① [日]镜味治也:《文化关键词》,张泓明译,商务印书馆 2015 年版。
② [日]镜味治也:《文化关键词》,张泓明译,商务印书馆 2015 年版。

近代以来,德国著名文化史学家诺贝特·埃利亚斯在他的成名之作《文明的进程》中将"文化"与"文明"进行了对比,并指出,"文明"这一概念表现了西方国家的自我意识,或者也可以把它说成是民族的自我意识。它包括西方社会自认为在最近两三百年内所取得的一切成就,由于这些成就,他们超越了前人或同时代尚处"原始"阶段的人们。因此,"文明"是指一个过程,至少是指一个过程的结果,始终在"前进"的东西。同"文明"相对,埃利亚斯认为,"文化"指的是另一种倾向,即那些已经存在的人的产品。就像"田野里的花",指的是艺术作品、书籍以及反映民族特性的宗教和哲学体系。① 埃利亚斯对文化的定义着重强调了文化的民族差异和群体特性。文化这一概念自创立以来,对它的定义便数不胜数,以至 20 世纪中期,美国两位文化人类学权威——克罗勃和克拉克洪在其所著的《文化——概念与定义的批判研究》中,归纳、总结并分类了 160 种关于文化的定义。

总体来看,文化是与人类社会生产、生活密切相依的,对一切创造世界与社会的物质与精神产品的总描述。文化具有传承性、客观性、象征性与复合性等几种特征。文化的传承性指明文化产生与发展的历史继承性;客观性表现了文化不以个人的意志为转移,是历史发展过程中人类群体所创造的产品形式的综合表现;文化的象征性意在说明物象文化载体蕴含着超出物象本身范围的更具宏观的涵义,这也与埃利亚斯所强调的文化的民族差异和群体特性相吻合;同时,任何一种文化现象都不是孤立存在的,而是由多种文化要素复合在一起。构成文化复合体的要素可以分为物质文化与精神文化两大类。而物质文化与精神文化两者又可以再

---

① [德]诺贝特·埃利亚斯:《文明的进程》,王佩莉等译,上海译文出版社 2013 年版。

细分为众多要素。① 由此可见文化具有复合性的特征。

三、村落与村落文化

我国具有悠久的农耕社会史,村落是农耕社会村民的生产、生活空间。在对村落的定义上,费孝通认为,"村落是一个由各种形式的社会活动组成的群体,具有其特定的名称,而且是为一个人们所公认的事实上的社会单位"。② 费孝通注重理解村落的社会联系与相互关系。韩明谟认为,"村落是农民具体聚居的地方,而农村是以农民聚居的村落为中心而形成的,与农民生产、生活相关联的,大面积的自然环境与人文环境。"③ 罗湘林在对"村落"进行界定时,主要强调村落社会的社会关系和社会秩序,并从社区的视角把村落理解为共同的地域关系基础上所形成的社会生活群体。④ 学者们在对村落的定义中几乎都重点强调了村落作为聚居共同体的社会生活和生产实践之间的联系与相互关系。本书将村落理解为在适应古代农耕社会的生产方式中所形成的、较原始的人类生活的聚集体,是与城市社区相对的农业生产和生活空间。因此,村落在一定意义上更多的是指人类共同生活的文化生活共同体,具有地域和文化的双重含义。

在我国,根据村落组织形式的建制将村落分为两种形式:自然村与行政村。自然村是指农村地区的自然聚落。从村落的生成上看,我国数量众多的自然村落是历史上以家族、户族、氏族等形成的居民聚落。与之相

---

① 参见郑杭生主编:《社会学概论新修》,中国人民大学出版社 2008 年版,第 86 页。
② 费孝通:《江村经济——中国农民的生活》,商务印书馆 2001 年版,第 25 页。
③ 韩明谟:《农村社会学》,北京大学出版社 2002 年版,第 84—85 页。
④ 罗湘林:《村落体育研究——以一个自然村落为个案》,北京体育大学 2005 年博士论文。

对应,行政村是国家按照法律规定而设立的农村基层管理单位,其组织形式是村民委员会,是农村村民自治组织。行政村设有村民委员会或村公所等权力机构,并建立党的支部委员会(总支、党委),这也是行政村与自然村的最根本的区别。由此,从隶属关系上看,行政村由一套领导班子(党支部、村委会)管理,其下属的不同自然村则设置平行的不同行政小组(村民小组),每组一个组长。自然村受行政村村委会和村党支部的管理和领导。从村落的规模上看,通常是一个行政村包括若干个自然村。但是也存在一个大的自然村分为若干个行政村的情况。本书中的5个村落从类别上都属于前文所论述的行政村。

村落作为人类适应古代农耕社会的生产方式所形成的、较原始的人类生活的聚集体,在其漫长的形成与发展变迁中,厚积了具有民族与地域特色的村落文化。李银河在《村落与生育文化》一书中指出:"所谓村落文化是相对于都市文化而言的,它指的是以信息共有为其主要特征的一小群人所拥有的文化。"①村落文化是为村落主体所创造、传承和发展的文化,但是,即使是"一小群人"的文化,它依然具有内涵异常丰富、拓展空间异常广泛的特质。这一点,从学术界对村落文化的经典研究中即可窥视。美国学者葛学溥(Daniel Kulp)于1918年和1919年在广东凤凰村进行家庭社会学的田野调查,并于1925年出版了《华南的乡村生活——家族主义社会学》一书,被视为是最早对中国近代乡村社会进行的人类学研究。在著作中,葛学溥以"家族主义"为核心概念,对凤凰村的村庄经济生活、村落政治、社会控制、村庄集市、移民、族群关系和语言等村落文化进行了系统研究。同样,在被认为是"人类学实地调查和理论工作

---

① 李银河:《村落与生育文化:一爷之孙》,文化艺术出版社2003年版,第63页。

发展中的一个里程碑"的《江村经济》一书中,著名社会学家、人类学家费孝通先生对村落文化内涵的界定涵盖了村庄家庭、村庄手工业、农业、渔业和村庄贸易,以此展示了中国乡村在近代化的背景下村庄社会结构和社会变迁的过程。如果说《江村经济》是对中国南方村落研究的经典样本,那么人类学家杨懋春的代表作《一个中国村庄——山东台头》则是对中国北方村落研究的经典呈现。著作以家庭关系和村庄关系为主线,描绘了台头村家庭生活、村落组织、村内关系等一幅完整的村落生活画卷。同样,美籍华裔学者黄宗智以满铁调查资料为主,通过对中国华北地区的小农社会进行的实证研究而写出了《华北的小农经济与社会变迁》。该书集中探讨了如何认识中国小农经济的变迁以及社会变迁对中国小农经济的影响。

由此可以看出,村落文化内涵丰富、视野广阔。村落文化外化于蕴含着丰富的农耕时代时期先民理解自然与征服自然的物质性文化产品;也呈现于以物质产品为载体或无形的精神文化产品之中。此外,村落文化更深的着眼点却是内化于物质与精神文化之中的、以村落经济发展为主线、以村落社会、家庭、个人等而呈现出来的村落关系。在本书中,通过对民族地区5个村落的实地调查,对村落文化的界定与理解定位于三个方面:一是村落的农业生产文化;二是村落的社会民俗文化;三是村落的教育文化。

四、文化变迁

在古典社会学理论中,进化思想一直占据着一定的主导地位。受进化论思想的影响,人们在描述文化的发展变化时通常使用的是"文化进化"一词,认为文化的发展是经由简单到复杂、低级到高级的发展序列,因此也被称为单线进化论。在反进化论思潮兴起的 19 世纪末 20 世纪初，人们开始使用文化变迁一词。从文化进化到文化变迁的转化，不仅仅是文化表意的改变，更多的是在纷繁复杂的社会背景中，文化要素、文化特质、文化形态等文化内涵被赋予了新的含义。不仅如此，对文化变迁的解读也呈现出众多的学术视角。例如，德国文化圈认为，文化变迁即是各种文化现象的转移以及改变的形式；英国文化传播学派认为，文化变迁是各种民族文化的迁徙、融合、涵化等变迁形式与表现的形态；美国历史学派则经常使用文化变迁一词，但用法多变，有时用社会变迁，有时用社会和文化变迁或社会文化变迁；英国的功能学派把文化变迁称之为文化过程、文化转变等。① 功能学派代表人物马林诺夫斯基认为文化变迁是现存的社会秩序发生改变的过程，是社会结构性的变化，变迁的动因是演化和传播。② 美国人类学家、文化生态学的创始者斯图尔德在其代表作《文化变迁的理论》中指出："文化变迁是一个动态的过程，同时这一过程也是与环境不断相适应的过程。环境和文化并不是两个不同的方面，而是有相互的因果关系。"③此外，社会学家戴维·波普诺重在探究文化变迁的推动力，认为："以新的观念、规范或新的人工制品等为代表的新的文化特质是文化变迁的内部的主要根源。除此之外，由于文化传播所产生的文化特质在不同族群中的扩散情形，文化传播也被认为是产生文化变迁的主要原因。"④伍兹对文化变迁所下的定义是："由于内部的发展，或

① 李臣玲、贾伟：《多维民族文化边界地带民族社会文化变迁研究——以丹噶尔藏人为视点》，民族出版社 2010 年版，第 1 页。
② 艾丽曼：《青海河南蒙旗文化变迁研究》，中国社会科学出版社 2012 年版，第 9 页。
③ ［美］斯图尔德著：《文化变迁的理论》，张恭启译，允晨文化实业股份有限公司 1989 年版，第 45 页。
④ ［美］戴维·波普诺：《社会学》（第十版），李强等译，中国人民大学出版社 2003 年版，第 81 页。

由于具有不同生活方式的人们之间的接触,所引起的一个民族生活方式的任何改变;个人指导行为上的改变。"①

我国学者对文化变迁提出了自己的见解。孙本文先生把文化变迁看作是文化特质和文化模式的变化。② 人类学家黄淑娉指出:"文化变迁,就是指或由于民族社会内部的发展,或由于不同民族之间的接触,因而引起一个民族的文化的改变。"③黄淑娉从相对性和绝对性的对比中指出:文化的变迁是绝对与永存的,而文化的均衡与稳定则是相对的。郑晓云指出:"文化变迁是随着时间的推移,在内外部因素的作用下,通过文化内部的整合而出现的为人们所认同的、有别于过去的文化形态。在文化变迁中,包括了时间、变迁的条件、人们的认同结果等诸方面的因素,以及变迁的过程,即内外部因素与原有文化的整合过程。缺失了这些因素,文化的变迁便不能成立。"④

综合以上对文化变迁的解读,本书认为,文化变迁是在人类社会发展特定的时空背景下,文化特质、文化丛以及文化模式等文化结构所发生的从形态到内涵的转变。并且在这一转变过程中,旧的文化形态不断地与新的文化形态发生碰撞、冲突,最终产生新的文化模式并且相互融合发展。

五、文化生态

生态,通俗地讲即是生物的生存状态。但是生存状态就涉及了生物

---

① [美]克莱特·M.伍兹:《文化变迁》,何瑞福译,河北人民出版社 1989 年版,第122 页。

② 李臣玲、贾伟:《多维民族文化边界地带民族社会文化变迁研究——以丹噶尔藏人为视点》,民族出版社 2010 年版,第 1 页。

③ 黄淑娉、龚佩华:《文化人类学理论方法研究》,广东高等教育出版社 2004 年版,第216 页。

④ 郑晓云:《文化认同与文化变迁》,中国社会科学出版社 1992 年版,第 201 页。

自身与外界环境的相依相存或相互博弈的构建过程。自美国人类学家朱利安·斯图尔德(Julian Steward)于 1955 年提出文化生态一词以来,众多学者对文化生态进行了概念解读和界定。斯图尔德以文化生态一词区别于生物生态、人文生态、社会生态,并认为,文化生态所强调的重点在于解释和说明文化特质与文化模式的生成史,并没有适用于任何文化空间的文化通则。① 冯天瑜对文化生态的理解着重从唯物史观出发,指出"文化生态是以人类在创造文化的过程中以天然环境及人造环境的相互关系为对象的一门学科,其使命是把握文化生成与文化环境的调适及内在联系"。在此基础上,自然环境、社会经济环境和社会制度环境是文化生态体系的三个相关层次,并且认为:"文化生态三层次彼此之间不断通过人类的社会实践(首先是生产劳动)进行物质及能量的交换,构成一个浑然的整体,同时,它们又分别通过复杂的渠道,经由种种介质对观念世界施加影响。"②柴毅龙将文化生态的概念分为"广义"和"狭义"两种。广义的"文化生态"是一种世界观,或也可以说是一种文化观,是一种文化的生态学,建立在人类对生态系统的依赖的基础上;狭义的"文化生态",主要是指精神文化与外部环境(包括自然环境、社会环境、文化环境)以及精神文化内部各种价值体系之间的生态关系。③ 邓先瑞指出,文化生态是人类在自然背景下长期的文化活动而形成的自然—社会—经济的复合生态系统,它涉及的不仅有单纯的自然因素,还有社会、经济因素。④ 孙卫卫认为,文化生态则是指一定历史时期、一定社会文化大系统内部诸文

① 艾丽曼:《青海河南蒙旗文化变迁研究》,中国社会科学出版社 2012 年版,第 9 页。
② 冯天瑜:《中华文化史》,上海人民出版社 1990 年版,第 8—9 页。
③ 柴毅龙:《生态文化与文化生态》,《昆明师范高等专科学校学报》2003 年第 2 期。
④ 邓先瑞:《试论文化生态及其研究意义》,《华中师范大学学报》2003 年第 3 期。

化形态之间的相互联系、相互影响、相互制约的方式和状态。①

　　学者们在对文化生态进行界定时,都集中关注了文化生态概念的两个要素。一是把整个人类生存的大的外部环境看做一个系统,此系统包括自然、社会、人类、文化、经济等综合的复合有机整体。另外,在这个复合的有机整体系统之中,各个子系统都处于不断地运动与发展变化之中,同时,各子系统的发展变化也是相互作用、相互关联的。文化生态就是在此综合子系统的作用下而形成的文化状态。综合以上的分析,本书认为,文化生态是在历经自然、经济、政治、社会等综合外部因素的影响与重构下,通过自然变迁与人为引导等方式所形成的文化发展与传承的系统、和谐、平衡的文化发展状态。

　　从对文化生态的界定中可以看出,文化生态是一个由多重要素构成的复合系统,这个系统包含了文化主体——人、文化客体——物质和精神文化以及文化空间等三个主要组成部分。文化生态系统中的文化主体——人,也是文化生态系统中最具主导性的要素。人的主导性功能主要体现在人是具体文化形态的创造者与传承者,人所处的社会发展状态、人的社会思想发展程度以及人的意识形态情况等直接影响与决定着文化的生成方式与表现形态。因此,人是文化诸多要素中的首要主体,同样也是文化生态系统中的具有主导性作用的要素。文化客体包含了文化主体所创造的一切物质和精神文化,是对不同的地理与历史发展时空的不同文化形态的具体呈现,也是文化生态系统中最能直观体现文化发展态势的要素。文化客体作为最具体与最直接的文化模式,是文化生态系统中直接与环境系统发生作用的载体。文化生态系统中的文化空间是指具有

---

① 孙卫卫:《文化生态与先进文化的发展》,《理论探索》2004 年第 3 期。

文化意义或性质的物理空间、场所、地点。① 文化空间界定了不同的文化形态生成、发展与变迁的特定物理空间,是文化生态系统中的客观构成要素。文化空间的客观环境以及人文环境直接影响文化生态的两种发展模式,即文化生态的平衡发展与失衡发展。

在文化主体、文化客体以及文化空间三种要素的构成下,文化生态系统也体现了它的三种特征,即文化与环境的相互关联性、动态的系统协调性以及文化生态的不可再生性。文化与环境的相互关联性是文化生态系统最基本与首要的特征。斯图尔德对文化生态进行研究时,着重关注的即是文化和环境的关系。同时,斯图尔德也引用了"适应"和"环境"两个概念来说明此二者的关系。具体地讲,在整个文化生态系统内部,文化与环境之间类似生物系统中的生物链一样,一定的社会历史与环境会相应地生成与之相适应的文化模式,同样,一定的文化模式也会影响其存在的社会空间环境。文化与环境两者在不断地交互影响与制衡中达到一个相对的平衡点,随即,文化生态系统中的环境发生变化,新的文化形态随即生产,又产生新的文化与环境的制衡与适应。此一循环过程即为文化生态系统中的动态的系统协调性特征。此外,文化生态系统的动态性也决定了文化生态的不可再生性特征。文化所具有的传承性、客观性、象征性与复合性等特征决定了文化的地域、民族以及时空等多元特质,由此,文化便形成了特色突出的民族性与地域性等。文化中心主义也因此将本民族、本群体的文化模式当作中心和标准,以此衡量和评价其他文化。纵然如此,唯物史观认为,世界是物质的,物质是运动的,运动亦是永恒的。由此,文化生态系统中的环境与文化史处于不断变化与动态发展的文化生

---

① 向云驹:《论"文化空间"》,《中央民族大学学报(哲社版)》2008 年第 3 期。

态系统之中,环境改变,新的文化模式生成,旧有的文化模式或被遗弃、或被传承。因此,处于动态发展中的文化生态便造就了具有不可再生性特征的文化生态。

文化生态在发展中也相应地衍生出两种具体的表现形态,即平衡形态的文化生态系统和失衡的文化生态系统。平衡形态的文化生态系统体现为文化与环境的相互协调与促进,是一种常态的发展模式。与之相对,文化生态系统的失衡现象则是在一定历史发展时期的非常态的发展模式。高丙中从文化与社会关系的角度论及文化生态失衡现象,并认为,文化生态是社会关系的表现,社会关系的被扭曲是文化生态失衡的表现形式。①

第三节 研究内容

本书的基本内容可以概括为以下五个部分:

第一部分是民族地区村落乡土文化变迁与文化生态建设的理论视角。文化变迁、文化生态建设涉及社会学、人类学以及生态学的综合研究视角,因此本部分从跨学科的视角出发,主要从哲学、社会学、人类学以及生态学的视角为新时期民族地区村落的文化变迁与文化生态建设的系统论述寻求理论上的支撑。

第二部分是对民族地区村落乡土文化变迁的现状调查。充分了解和调查掌握民族地区村落的文化变迁情况是进行文化生态建设的前提和基础。本部分以实地调查的民族地区 5 个村落的经验资料和定量数据为基

---

① 高丙中:《关于文化生态失衡与文化生态建设的思考》,《云南师范大学学报》(哲社版) 2012 年第 1 期。

础,描述民族地区村落农业生产文化的变迁、社会民俗文化的变迁以及教育文化的变迁,以此分析民族地区村落的文化变迁对文化生态建设的影响与两者的相互建构关系。

第三部分是论述民族地区村落乡土文化变迁中的文化生态失衡现象。本部分在分析第一至第三部分的研究结果的基础上,分析了村落文化生态建设中主体的缺失、村落原生态文化空间的变异、村落文化的历史传承与现代开发之间的矛盾、发展的文化需求与落后的文化产品之间的矛盾等四种村落文化生态失衡现象。

第四部分是民族地区村落文化变迁中的文化生态建设论述。本部分以实地调查的民族地区5个村落的经验资料和定量数据为基础,系统描述所调查的5个民族地区村落新时期的生态建设,主要从民族地区村落建筑文化的保护与传承建设、旅游业的发展情况、文艺队和图书室的发展等情况对5个村落的文化生态建设情况进行了对比分析。

第五部分在具体分析民族地区村落乡土文化变迁与文化生态失衡的基础上,着力构建新时期民族地区村落文化生态建设的发展模式。主要完善民族地区村落的公共文化服务体系、发展民族地区的农村文化产业、培育民族地区农村文化消费市场、建立民族地区农村社会文化组织、建立民族地区村落的文化生态保护区与文化生态博物馆等五个方面构建新时期民族地区村落文化生态建设的理性发展模式。

第四节　调查点介绍

本书选取的5个村落分别为:云南省红河哈尼族彝族自治州石屏县的郑营村和云南省大理白族自治州云龙县的诺邓村、广西壮族自治区富川瑶族自治县的秀水村、青海省黄南藏族自治州同仁县的郭麻日村、内蒙古自治区土默特右旗的美岱召村。在 5 个村落中，云南诺邓村为白族村落、郑营村为汉族村落、广西秀水村为瑶汉混居村落、青海郭麻日村为土族村落、内蒙古美岱召村为蒙、汉杂居村落。

在社会科学研究中，在进行实地调查研究时需要进行样本的选择。这就涉及研究样本选取的"代表性"、"特例"以及"典型性"问题。所谓"代表性"主要指研究样本对研究总体的代表，具有一般性和普遍性的特征，可以用来表述它所代表的研究总体的共性，是研究结果进行推广的重要基础。所谓"特例"是指有别于通常的特殊事例。所谓"典型性"是指具有特殊性以及独特鲜明的特质。从社会科学研究的两种主要研究方法——量化研究与质性研究来看，选择具有"代表性"的研究样本更适合于量化研究，也即利用研究结果的推广与普及。与此相对应，具有"典型性"的研究样本更适合于社会科学中的质性研究，因此研究者更多强调研究结果本身的深入性，研究对象越典型，越有利于质性研究的深入。

本书在研究方法上主要运用的是文献研究法、田野调查法、参与观察法、深度访谈法以及比较研究法等质性研究方法。因此，在进行样本的选择时就遵循质性研究中样本选择的标准，尽量选取具有典型性的村落来进行相关论述。在进行乡村问题研究时，村落的个案选择一直是困惑社会学家的长久问题。费孝通先生很早就意识到，村里研究中存在个案解释力的局限问题，从乡村工业的型式比较，到小城镇的类型比较，再到农村区域发展的模式比较，费孝通一直在探索乡村社区研究的现实类型比较方法，试图通过类型比较，走出村落个案的局限。李培林在《村落的终结》一书中也指出："村落生活千姿百态，每个村落都有自身的一些特殊约束条件。村落的个案研究，尽管可以做得非常深入细致，但也容易囿于个案的特殊性而失去普遍的解释力。"①鉴于此,本书在最初的文献搜索与选点论证时,尽量兼顾民族地区不同发育形态、不同民族类别以及不同文化变迁与建设的村落。

从文献的搜索与整理中,本书对我国民族地区村落的历史生产种类进行了归纳,并归纳出四类村落历史生成的类型:分别为自然地理资源优势、文化资源优势、民族与宗教的融合以及军垦移民等因素促进村落的生成。结合本书对研究地点的定位——民族地区,在村落的选点上尽量涵盖四种村落生成的文化特征,以此期待更加生动与代表民族地区的村落。云南郑营村和诺邓村、广西秀水村、青海郭麻日村、内蒙美岱召村在村落的生成与发育形态上满足了文献综述中村落生成的特定形态;此外,在初次的田野调查中也发现,5个村都蕴含了较悠久的历史文化,在当今城镇化、工业化的背景下村落文化受到的冲击更剧烈,文化变迁发生的范围更广、层次更深;由于村落的历史文化较深厚,加之受到现代文明的剧烈冲击,因此,村落的文化建设更加彰显出时代紧迫感与历史责任感。从民族形态上看,在5个村落中,云南诺邓村为白族村落、郑营村为汉族村落、广西秀水村为瑶汉混居村落、青海郭麻日村为土族村落、内蒙古美岱召村为蒙、汉杂居村落。课题组考虑的是尽可能多的包含民族地区的汉族村落、民族地区的少数民族村落以及民族地区汉族和少数民族混居的村落。

一、云南民族地区村落——郑营村

郑营村在行政区划上隶属于云南省红河州石屏县宝秀镇。从地理位置上看,石屏县位于云南省红河哈尼族彝族自治州的西北部。郑营村位

---

① 李培林:《村落的终结——羊城村的故事》,商务印书馆2004年版,第7页。

于石屏县城西面,距离宝秀镇约十公里。郑营村建村距今约有六百余年的历史。1999 年,郑营村被命名为"省级历史文化名村",也被誉为"云南第一村";2008 年,郑营村被列为第四批"中国历史文化名村";2012 年,该村被列为"中国第一批传统村落"。

云南郑营村远眺

郑营村辖 9 个村民小组,有农户 983 户,乡村人口 3003 人。从人口构成上看,郑营村属于汉族村落。郑营村有国土面积 4.44 平方公里,耕地 2080.04 亩。其中人均耕地 0.7 亩;有林地 4225.80 亩。从地理环境上看,郑营村海拔 1435 米,为中海拔温热坝区。年平均气温 18.20℃,四季光照充足、质好,有"春夏秋冬无寒暑,一年四季百花香"的美誉。2013 年,郑营村经济总收入 1613.00 万元,农民人均纯收入 2594.00 元。① 郑

---

① 引自《石屏县宝秀镇郑营村 2013 年村务工作总结》。

营村的主要产业为种殖业和养殖业,种植业品种主要为水稻、玉米、油菜等。目前该村正在发展大闸蟹养殖、豆制品等特色产业。这两类产品除了销往石屏县城外,本村经营有 3 家农家乐,是主要的销售之处。从 2010 年开始,随着郑营村知名度的不断提高,该村逐渐发展起了乡村旅游业,乡村旅游正在为该村带来经济效益。

二、云南民族地区村落——诺邓村

诺邓村隶属于云南省大理白族自治州云龙县诺邓镇,位于云龙县城以北五公里处。诺邓是一个有着上千年历史的白族村寨,被称为"千年白族村",是一个典型的山地白族村寨。2002 年,诺邓村被列为"省级历史文化名村"。2007 年,诺邓村被列为第三批"中国历史文化名村"。历史上,盐业生产曾是诺邓村的主要经济支柱,村落由盐业兴、也伴随盐业的发展变迁而失去经济发展的支柱而表现出衰退。经济兴则文风盛,历史上,在诺邓村经济繁华时期,也曾文风盛行,并一度在明清时期达到鼎盛。诺邓村辖 25 个村民小组,有农户 781 户,乡村人口 2031 人。全村共有国土面积 32.00 平方公里,有耕地 2894.00 亩,人均耕地 1.42 亩,有林地 40015.00 亩。诺邓村最低海拔 1750 米,最高海拔 2930 米。年平均气温 16.00℃,年降水量 800.00 毫米,适宜种植玉米等农作物。2012 年全村经济总收入 1437.00 万元,农民人均纯收入 4729.00 元。[1] 农民收入主要以种植、养殖为主。诺邓村目前正在发展烤烟、泡核桃经济林果等特色产业。

---

① 云南数字乡村:2015 年 12 月 13 日,见:http://www.ynszxc.gov.cn/S1。

依山而建的云南诺邓村

三、广西民族地区村落——秀水村

秀水村在行政区划上隶属于广西壮族自治区贺州市富川瑶族自治县朝东镇。富川县位于广西壮族自治区的东北部,地处广东、广西、湖南三省(区)的交界处。富川县四面环山,西有西岭山、东临姑婆山、南盘天堂岭、北卧黄沙岭,也因此富川古时被称为"山国"。

富川县自明、清时起就是一个以瑶、汉民族为主体的少数民族聚居县,2012 年末全县总人口 32 万人,其中瑶族人口 15.2 万人,占全县总人口的 47.5%。① 秀水村位于富川县城富阳镇西北,距离县城约三十公里。秀水村历史悠久,始建于唐开元年间,距今已有 1300 多年的历史。秀水村由于秀水大河贯村而过而得名。秀水村在历史上曾经出过状元 1 名,

---

① 魅力富川:2014 年 11 月 18 日,见 http://www.gxfc.gov.cn。

即宋开禧元年状元毛自知,也因此有"秀水状元村"的美誉。2008 年 12 月,秀水村入选第四批"中国历史文化名村"。2012 年 12 月,秀水村入选第一批"中国传统村落"名单。秀水村属于瑶、汉混居村落,其中瑶族人口约占村落总人口的 60%。秀水村全村总人口 2500 多人,辖 4 个自然村,14 个村民小组。

秀水河畔秀水村

村内总面积 13.2 平方公里。秀水村人均年收入约 5000 元。① 从地理环境上看,秀水村所隶属的富川县气候属中亚热带季风气候,光热丰富、雨量充沛,矿产资源和生物资源丰富。秀水村农业以种植业为主,稻谷、玉米、大豆、红薯、芋头、小麦等是主要的粮食作物,辅以油料、麻类、柑橘等经济作物。

---

① 与秀水村村支书毛天全访谈获得资料数据。

四、青海民族地区村落——郭麻日村

郭麻日村隶属于青海省黄南藏族自治州同仁县年都乎乡,同仁在藏语中被称为"热贡",意为"金色的谷地"。同仁县位于青海省东南部、黄南藏族自治州东北部地区,是一个以藏族为主的多民族聚居区,是青海省著名的文化名城及藏传佛教重地。

青海郭麻日村

郭麻日村是同仁土族集中居住的地区,位于同仁县城北部约五公里处。郭麻日村历史悠久,2007 年被列为第三批"中国历史文化名村",是青海省第一个获此殊荣的村落。郭麻日村有 12 个村民小组,共 304 户,1819人。从地理位置上看,郭麻日村所隶属的青海同仁县地处黄土高原和青藏高原的交错地带,为高原亚干旱气候区,属凉温冷温半干旱气候。① 郭麻日

① 同仁县志编纂委员会编:《同仁县志》,三秦出版社 2001 年版,第 3 页。

村村庄经济以农业为主,主要的农作物有小麦、青稞、油菜等。目前村庄经济支柱除农业外还有热贡艺术品制作,人均年收入约为3200元。

五、内蒙古民族地区村落——美岱召村

美岱召村在行政区划上隶属于内蒙古自治区包头市土默特右旗美岱召镇。土默特右旗地处内蒙古的呼和浩特市、包头市以及鄂尔多斯市的"金三角"腹地,北依大青山,南临黄河,是一个以蒙古族为主、蒙汉杂居的民族聚居区。美岱召村地处内蒙古高原上的阴山南部、大青山中段的宝丰山脚下。美岱召村始建于明朝庆隆年间,历史悠久,距今已有400多年。美岱召村因内建有一座城堡、寺庙和邸宅功能兼具的建筑而得名。

内蒙古自治区美岱召村

从地理环境上看,美岱召村位于中温带,属典型的温带大陆性半干旱季风气候。美岱召村的地貌大致分为山地与平原两大部分,村西、村北有少量丘陵地。2012 年,美岱召村户籍人口为 1083 户、共 4500 人,常住人口 2703 人。村内人口以蒙、汉族为主,属于蒙、汉混居村落。全村共有耕地 4200 多亩。农作物主要为玉米、谷子、高粱、豆类等作物。村民收入的主要来源有农业耕种、养殖业和外出务工等形式,2012 年美岱召村农民人均收入 7000 元。

课题所选取的 5 个村落,尽量涵盖民族地区的少数民族村落、民族地区的汉族村落以及少数民族与汉族混居的村落,以期来更加翔实地展现村落的文化变迁与文化生态建设。

第五节　研究方法

结合本书研究主题和研究目的,在研究方法上主要运用的是质性社会研究方法,分别为文献研究法、田野调查法、参与观察法、深度访谈法和对比研究方法。

一、文献研究法

文献研究法是历史学的主要研究方法,也被称为历史文献法,即通过搜集历史文献资料,获取和所研究相关的事实与资料。文献研究法以它的历史性、间接性以及非人为的介入性等特点被广泛地应用在社会科学的研究中。村落的文化变迁和文化生态建设既涉及历时性的变迁与发展的文献资料,同时也需要共识性的文化建设方面的文献。

鉴于此,本研究的文献资料的搜集类型主要有,一是关于村落文化研究的著作、期刊文献以及相关的政府的文件、政策和新闻报道等资料。这一类型的资料收集主要通过购买、借阅、下载等方式来获得。二是关于研究中个案村落的史志资料,具体包括村落所隶属的行政县、市的年鉴资料以及个案村落的地方志资料等。这类资料的搜集主要通过去村落所隶属行政县的文史馆和图书馆中查阅获得。部分史志资料是从调查点的乡政府资料室和村委会处获得。本书中的文献资料还包括一部分档案资料。档案资料是由机构或正式组织保存下来的证书、文件、报告、契约、合同及报表等记录机构或组织重要活动和重要事项的官方材料。本书中所需要的村落文化变迁以及文化建设的相关档案资料主要是通过对当地档案局的资料查阅以及在地方政府的政务网站中获取的。

二、田野调查法

田野调查法又被称为实地调查或者现场研究,是指研究者深入到研究对象的生活场域和劳动现场,去体验和感受研究对象生活世界的一种方法,是研究者获得田野经验和收集资料的重要途径。[①] 田野工作源于人类学家的工作,从最初的人类学家马林诺夫斯基对南太平洋的特罗布里恩德群岛所做的异文化和未开化社会的调查,到费孝通对江苏吴江开弦村文化和文明社会的调查,田野工作已经走出人类学的限制,被广泛运用于社会科学诸多的研究领域之中。田野工作在对村落的研究中也被广泛应用。我国民族地区村落数量众多,村落文化形态以及文化发

---

① 陆益龙:《定性社会研究方法》,商务印书馆 2011 年版,第 115 页。

育状况各不相同,很难提炼出具有绝对典型意义代表性的村落,老一辈社会学家费孝通很早就意识到对村落研究中个案解释力的局限性问题。李培林也指出:"村落研究存在两个重大缺陷,就是类型比较上的困难和概括具有更广泛对话能力的类型上的困难。"①鉴于此,本研究在人力、财力、物力的尽可能许可的条件下,从本书对民族地区的概念界定中选取了 4 个民族地区,分别是广西壮族自治区、内蒙古自治区、云南省和青海省。之后从这 4 个民族地区选取了 5 个行政村为实证调查点。在本课题中,调查研究地点的选择既兼顾了我国五个民族自治地区,同时也考虑了非民族自治地区、但是少数民族居住比较集中的地区。

广西壮族自治区境内聚居着壮、瑶、苗等 12 个主要民族。根据第六次全国人口普查登记,广西常住人口 4603 万人,少数民族人口占总人口的 37.18%,是我国少数民族人口数目最多的省份。从地理位置上看,广西地处祖国的西南边疆,接近沿海发达地区的广东省,北部与湖南等省接壤,交通便利,更易于接近先进的经济文化。从生态环境上看,广西历史上资源丰富,生态环境保存较好。如今广西也是生态环境与历史文化资源保存较好的省份。内蒙古自治区成立于 1947 年 5 月,是五个民族自治区中成立最早的自治区。从地理位置上看,内蒙古的区位更接近我国政治、文化的中心,因此受现代化的影响较多,经济社会总体发展较快。从另一方面,内蒙古地区在现代化的发展进程中也更多地遭受了现代化发展所带来的负面影响,例如对生态环境与资源的破坏等。如今,内蒙古历史上曾经有的"天苍苍、野茫茫,风吹草低见牛羊"的景象相比

---

① 李培林:《村落的终结——羊城村的故事》,商务印书馆 2004 年版,第 7 页。

历史时期已经减少许多。此外,内蒙古地区由于处于多维民族文化地带,具有鲜明的地域亚文化特征和强烈的民族文化融合性,即文化性格中多维民族文化交汇的特性突出。在这样复杂的社会变迁背景下,如何保持原有的民族文化,达到文化融合与共生发展是一个亟须解决的问题。

云南是我国少数民族最多的省份,在全国 56 个民族中,云南就有 26 个民族世代居住。云南总人口 4144 万,少数民族占 38.07%。云南的边疆地理位置特征典型,历史上民族文化交融发展,文化发展历来较为丰厚和融洽。由于云南的交通不便利,经济发展较落后,因此文化也保存得较完整。如今,云南地处"一带一路"的南方丝绸之路发展的经济圈中,文化发展与建设又面临新的历史机遇。青海省位于我国西部的青藏高原地区,是纯内陆地区,经济发展相对滞后。青海省的文化受到藏文化影响较深,也是汉文化和少数民族文化交界的地方,民族文化更加原生态。

此外,在选定的民族地区的村落选择上,本书主要考虑了三点。一是村落的代表性。本书所选的村落要具有较稳定的文化发展模式,进行了较全面的文化生态建设。以此能较全面的对村落的文化变迁与文化生态建设进行对比分析。二是所选的村落要有相对久远的发展变迁历史,通过长时间的历史发展,村落能形成较稳定的文化,更利于观察村落的文化变迁。另外,村落要具有相对完整的历史文献,这样可以比较完整和翔实地提供村落文化历史发展中的印迹。第三,在村落的选取上,要兼顾民族地区的少数民族村落、汉族村落以及少数民族与汉族的混居村落。尽量较完整地反映民族地区村落的文化变迁与文化生态建设情况。结合上面的三点,本书选取的 5 个村落分别是:云南省红河哈尼族彝族自治州石屏县的郑营村、云南省大理白族自治州云龙县的诺邓村、广西壮族自治区富川瑶族自治县的秀水村、青海省黄南藏族自治州同仁县的郭麻日村、内蒙古自治区土默特右旗的美岱召村。在 5 个村落中,云南诺邓村为白族村落、郑营村为汉族村落、广西秀水村为瑶汉混居村落、青海郭麻日村为土族村落、内蒙古美岱召村为蒙、汉杂居村落。

三、深度访谈法

访谈法是根据事先确定的相关问题、与问题相关联的当事人物进行有目的的提问和谈话,收集与访谈之前设定问题相关的信息和资料的社会科学研究方法。深度访谈的目的在于从历史的角度、从整体上去理解当地社会和文化的深层意义。根据本书主题,乡土文化变迁与文化生态建设的资料搜集既涉及相关的村落历史文化知识,同时也涉及现今的村落文化建设的资料内容,访谈因此也是本书最重要的研究方法。在本书中,根据不同的访谈对象和不同的文化相关问题,访谈法中主要运用了无结构式访谈①和结构式访谈②的具体方法。在访谈对象上的类型上,主要有对村民尤其是 70 岁以上村民的访谈,注重对村落文化变迁的口述资料的提供。访谈对象还有村委会的干部、村小学的教师、县旅游局(文史馆)的工作人员等。具体的访谈情况见下表。

---

① 无结构式访谈:又称非标准化访问,是一种半控制或无控制的访问。事先不预定问卷、表格和提问的标准程序,只给调查者一个题目,由调查者与被调查者就这个题目自由交谈。袁方:《社会研究方法教程》,北京大学出版社 1997 年版,第 271 页。

② 结构式访谈,是指访谈限定于一定的结构模式,即按照设计好的访谈结构进行的访谈。陆益龙:《定性社会研究方法》,商务印书馆 2011 年版,第 133 页。

表1-1　5个村落访谈人员情况表　　　（单位：人）

调查村落	访谈总人数	村民	70岁以上村民	村干部	村小学教师	旅游局（文史馆）人员
云南省郑营村	31	16	5	2	5	3
云南省诺邓村	29	15	6	2	4	2
广西秀水村	25	14	4	2	2	3
青海郭麻日村	25	13	6	1	4	1
内蒙古美岱召村	33	16	7	1	5	4
合　计	143	74	28	8	20	13

当然，由于研究调查地点的差异性较大，各个村落的语言、风俗存在较大差异。在访谈中，考虑到这些因素对调查者的考验，每次访谈时都尽量保证请当地的村干部在场，起到"转录"和"翻译"的作用。尽管如此，也难以保证翔实、精确地获取各个村落的文化信息，只能把这个缺憾尽量弥补到最小。

四、参与观察法

英国社会学家摩瑟（C.A.Moser）说："观察可称为科学研究的第一方法。"[①]参与观察法通常是对特殊的文化或亚文化群体进行系统、整体的参与式研究，常被用在人类学和民族志的研究中。针对本书的研究主题和研究性质，参与观察法在本书中占有重要的地位。在本书中的5个村落田野调查点，参与观察的调查成员所采用的主要是带领式的进入。云南的郑营村和诺邓村是成员的家乡，进入的方式是家乡的课题组成员采取带领另一名课题组成员进入，通过这样的方式以"同文化"和"异文化"

---

① 文军主编：《质性研究方法》，北京大学出版社2010年版，第116页。

的视角对两个村落的文化进行共同的参与观察、发现问题、记录并撰写田野调查报告。本研究中的另一名调查成员是记者,曾在内蒙古的农村做过基层工作,对当地的情况熟识。利用这一条件,也采取带领式的方法进入到美岱召村进行参与观察研究。在青海的郭麻日村和广西的秀水村,通过熟人和朋友联系村干部,居住在村干部家,参与村民的日常生活与村落活动,访谈村落的文化变迁史和村落现今的文化建设情况。

五、比较研究法

通过比较研究法,可以更加清晰、系统地把握调查结果,对调查的结论得出具有参考性的依据。在本书中,对每个个案村落文化变迁的研究采用纵向的时间对比的方法,把一个村落置于历史变迁的发展中,对文化的变迁进行对比分析。在对 5 个村落的研究中,主要采用了横向的空间对比的研究方法,把 5 个村落作为一个研究整体,对文化变迁的轨迹、特征、存在问题以及当前文化生态建设的形式、方法与效果等进行横向的对比分析研究。

第六节 创新与意义

一、研究创新

本书的研究创新点主要体现在研究视角的创新和理论观点的创新两方面。

(一)研究视角的创新

本书的关注时间点是进入 21 世纪以来,我国社会转型和城镇化进程加速的历史发展时期;在空间点上,本书定位于我国的民族村落社区。因此,本书的研究主题所关注的是特定时空交融下的村落乡土文化变迁与文化生态建设,辨析两者的相关影响与构建关系。这是一个新的研究视角。

（二）理论观点的创新

本书通过对民族地区 5 个村落的文化变迁与文化生态建设的实证调查与对比分析,提出文化生态建设是人类社会发展到现今阶段以及今后人类社会发展中的必然要求、民族文化生态建设是提升国家文化生产力与国家文化软实力的重要途径、建立文化生态博物馆与进行数字化保护是再现村落文化的必要手段以及在新的历史发展阶段要充分敬畏传统乡土文明,建设现代村落文化等观点。

二、研究意义

在现代化、工业化、城镇化进程加速的社会背景下,我国的村落文化正在经历着变迁、转型与重构。村落文化变迁是中国社会发生变化的深刻反映。本书通过对民族地区村落文化变迁的研究,总结当前民族地区村落文化变迁的特点,并着力提出村落文化生态建设的理性发展模式,以其为我国村落的文化建设提供区域性的参照样本和经验。同时也是丰富并完善村落文化的研究成果,为村落文化研究增添新的学术积累。

首先,研究村落文化是增强文化自觉、弘扬优秀传统文化的重要方式。村落在久远的历史进程中,积累和蕴含了内容丰富、形态各异的文化,是中华民族农耕时代文明在现今的留存和延续。研究村落文化是增强文化自觉的重要方式。文化自觉"是指生活在一定文化中的人对其文化有'自知之明',明白它的来历,形成过程,所具有的特色和它发展的趋向,不带任何'文化回归'的意思"。① 树立和提升民族文化自觉思想,可以让民众对我国厚重的农耕文化、优秀的传统文化以及独特的民族文化有充分的认知和自豪感,充分感知到中华传统文化中蕴含的丰富养分,在对文化的认知自觉中才能不断地提升和培养对民族文化的自信精神,不断增强中华文化的个性。中华民族文化个性的培育问题可以转换为如何实现中国传统文化资源的现代超越和走向世界问题。② 只有把优秀的传统文化精髓融入到民众的骨子里,才会在文化自觉、文化自信的基础上不断地创新发展、发扬自己的文化。

其次,研究村落文化也是加强乡村文化建设、增强国家文化软实力的需要。文化是一个民族的精神特质,文化建设是一个民族极其重要的系统工程。村落文化承载着厚重的中华文明,在文化建设中凸显了重要性的一面。民族地区在城市化进程中建设好村落文化,是保持中华文化的本色与特质、适应现代文化发展趋势的需要。"软实力"概念的提出者——美国哈佛大学教授小约瑟夫·奈曾经指出,一个国家的综合国力既包括由经济、科技、军事实力等表现出来的"硬实力",也包括以文化和意识形态吸引力体现出来的"软实力"。加强村落文化建设,是对中华民族传统文化的继承与弘扬,在此基础上,加强村落文化建设更是提升民族文化软实力,最终是以文化的形式服务于整个经济、社会发展的终极理念。

再次,研究民族地区村落乡土文化变迁与文化建设,是维护和提升民族地区文化安全建设的需要。构建村落文化保护和建设的发展机制、留

① 费孝通:《费孝通集》,中国社会科学出版社 2005 年版,第 448 页。
② 袁三标:《略论非传统安全视野下的中国文化软实力建构》,《西南师范大学学报》(社科版)2010 年第 5 期。

存农耕社会人类发展的历史记忆,这既是保护和丰富我国村落文化的应有对策,也是在现时代国际和国内发展的背景下提升和应对文化安全的首要策略。当前,我国传统村落的文化变迁与发展主要面临国际和国内两种因素的影响。国际上,文化侵略、文化霸权主义等新形式的文化侵略不断伴随着经济全球化而在世界范围内蔓延。这些都将影响我国村落文化中的传统民俗、传统风俗等文化形态不断地受到侵袭和变异。

此外,从国内城镇化的发展进程来看,截至2016年,我国的城镇人口已达7.9298亿人,城镇化率已达到57.35%。城镇化的快速发展引发了城市文明向村落的扩展,在现代城市文明与传统村落文化的交互发展中,村落文化不断地呈现出变异、断裂甚至消失的发展态势。总之,在当今社会发生变迁和转型的背景下,村落文化也在多重、多视角地发生着变迁。现实和历史的文化记忆交相反映在村落目前的文化形态上。文化与经济、政治、社会以及生态之间的联系越发紧密。建立何种形态的村落文化,事关人类发展的未来。因此,有必要在新的历史发展时期对村落的文化变迁与文化生态建设进行系统研究。

第二章

民族地区村落乡土文化变迁与文化生态建设的理论视角

文化是与人类的社会生产、生活实践联系最为紧密的要素。从文化最初的意指"耕种出来的东西",到英国人类学家泰勒对文化从精神层面进行的定义,至今天,学界对文化的定义从内涵已经包含了人类社会活动所创造的全部成果,是人类生产、生活方式的总的表达。鉴于此,对文化变迁以及文化建设的研究就必须涉及相关联的学科与领域,是一个系统的研究内容。本章主要从哲学、社会学、人类学和生态学的视角寻求村落文化变迁与文化生态建设的理论基础。

第一节　哲学的视角

按照马克思主义哲学的观点,从哲学视角看待文化变迁与文化建设的关系有事物是发展的观点、事物是普遍联系统一的观点以及事物是矛盾运动的观点等。

一、发展的观点

马克思主义哲学认为,世界是物质的,物质世界中的一切事物都处于不断地运动即变化与发展之中。事物运动的形式表现为发展和变迁两种形式。发展的实质就是事物的前进和上升,是新事物的产生和旧事物的灭亡。变迁既表现为进步,也可以表现为落后。因此,需要用辩证的眼光看待事物的运动。事物的发展不是平稳的、是前进性与曲折性的统一。因此,既要看到事物发展中曲折的一面,也要看到事物发展的上升前进的一面。按照马克思主义哲学的观点,事物的发展过程有量变和质变两个阶段,起始阶段的变化表现被称为量变。经由起始阶段的量变,事物最终达到的变化状态被称为质变。质变和量变的统一是事物发展变迁的重要特点。从这一路径上看,量变是质变的准备,是质变发生的必然条件。

按照马克思主义哲学中发展的观点来看,村落文化作为一种客观存在的物质,永远处在不停地运动之中。村落文化的这种运动既有来自外在客观世界的推动力,也有自身作为发展变迁主体的内动力,是两种合力运动的综合表现的结果。村落文化的运动所表现出的发展与变迁这两种形式,也是前进性和曲折性的统一、量变与质变的统一。本书中所关注的村落文化的生态建设,可以看做是在村落文化变迁的量变基础上所达到的质变。村落的文化建设是与文化变迁紧密相关的,是在文化变迁基础上与文化变迁相应的文化建设。

二、普遍联系的观点

普遍联系的观点是唯物辩证法的一个基本观点和总特征。人类认识和历史发展的实践也证明,世间宇宙万物所构成的物质世界都不是孤立存在的,事物之间是普遍联系的,绝对孤立的事物是不存在的。哲学范畴上的联系,通常指的是事物的存在和运动所固有的发生于事物之间、事物内部诸要素之间的相互依赖、相互影响、相互制约、相互转化等关系。唯物辩证法所讲的联系,是以区别为前提的,即是指相互区别是事物之间的联系。一切事物都同其他事物既相区别,又相联系,二者的辩证统一体现了联系的客观普遍性。事物的联系具有普遍性、客观性、复杂性以及永恒性等基本特征。普遍性是指宇宙中的任何事物都不是孤立存在的,事物内部、事物之间都是相互联系的统一整体。相互联系的事物构成统一、联系的客观物质世界。联系的客观性是指事物或现象的联系是客观存在的、是不以人的意志为转移的。联系是复杂的,从形式上看,既包括直接联系与间接联系、内部联系与外部联系,同时也包括主动联系与被动联系等形式。正如同事物的永恒运动一样,联系也表现为永不停息地存在。用联系的观点看问题,要求我们坚持整体与部分的统一以及系统优化的方法。坚持整体与部分的统一,要注意整体是全局、主导和统帅,树立全局观念。但同时也要明确,整体是由部分所构成的,部分是整体的部分。因此,要从整体上把握事物的联系,把握事物的全局和发展的全过程。

　　本书中的"联系"既涉及村落乡土文化的变迁与文化建设之间的联系,同时也涉及民族地区与非民族地区文化变迁与文化建设之间的联系,这些都是一个相互联系的统一整体。民族地区虽然所占的面积不大,但却是我国不可分割的统一整体的部分,从价值观、民族认同感上存在着与中华民族不可分割的联系。同样,进行民族地区村落的文化生态建设,既要考虑到民族地区作为中华民族组成部分中的一体性,也要考虑到其作为一部分的特殊性,是部分与整体的关系。另外,村落的文化变迁与文化生态建设之间也具有相互联系性。文化变迁是在客观外部环境和内在应变综合基础上的系统变化的外在表征,文化生态建设是立足于文化变迁基础上的建设,是针对文化变迁而进行的文化建设。文化变迁与文化建设内部的各要素之间、文化变迁与文化建设两者之间、两者与外部的环境与要素之间都是相互关联的统一体。

三、矛盾的观点

辩证唯物主义认为,事物的矛盾性是事物发展的根本原因。事物的矛盾运动规律即对立统一规律,表现的就是物质世界永恒的运动与变化以及发展的规律。也正是如此,事物在矛盾运动中不断地经由低级阶段向高级阶段运动发展。矛盾是客观存在的,即所谓的时时有矛盾、事事有矛盾。矛盾作为既对立又统一的哲学范畴是客观存在的,也是事物发展的源泉和动力。矛盾的属性包括矛盾的同一性和斗争性、矛盾的普遍性和特殊性。同一性和斗争性是矛盾的基本属性。同一性是指矛盾双方相互依存、相互包含的存在态势。此外,在一定的条件下,矛盾的双方也是可以相互转化或相互渗透的。矛盾的斗争性是指矛盾相互对立与排斥的两个方面。同一性与矛盾性从表面上看是矛盾所固有的截然对立、互补相融的两个整体,但是在实际中,矛盾的同一性和斗争性却又是相互联系、不可分割的两个整体。同一性以差别和对立为前提,斗争性则寓于同一性之中,并为同一性所制约。事物也正是经由矛盾双方的对立与统一中,不断地发生运动、变化和发展。矛盾的普遍性和特殊性是矛盾的另外一对属性。前者是指矛盾贯穿于事物发展的任何一个发展阶段以及任何一切事物之中。后者的意涵在于矛盾虽然贯穿始终,但是表现形式却是各不相同的。矛盾的普遍性与特殊性也是相互联结与不可分割的统一体。矛盾的普遍性与特殊性又是相对的,普遍性寓于特殊性之中,并通过特殊性表现出来。

在历史的发展进程中,村落乡土文化的变迁也是在矛盾中发展进行的,文化冲突自始至终地贯穿在文化的发展与变迁之中。村落文化变迁中的矛盾主要表现为传统文化与现代文化之间、外来文化与地域文化之间、文化传承与文化创新之间的矛盾等。村落文化在发展进程中,既要面临自身发展与变迁的矛盾,同时也要应对外部世界的发展变化而产生新的矛盾,这体现了矛盾的同一性和对立性的一面。另外,民族地区由于历史发展的形态和经济社会发展进程的速度等也有自己的独特性,这在文化上则表现为民族地区村落文化的特殊性。同样,民族地区的文化变迁与文化建设也更多地体现出与国内其他地区的文化变迁与建设的形态、特点、问题等相类似的一面,即文化变迁与文化建设中所呈现出的矛盾的普遍性。

第二节　社会学的视角

村落文化的生成过程是在不断地变迁与发展之中,自始至终伴随着生成、消解、变异、冲突、融合与文化的再生产。从社会学的视角看,社会学理论中的文化冲突理论和文化再生产理论对村落的文化变迁和文化生态建设具有一定的指导意义。

一、文化冲突理论

美国著名社会学家索尔斯坦·塞林(Thorsten Sellin)被认为是文化冲突理论的代表,在其 1939 年出版的《文化冲突与犯罪》一书中,对文化冲突理论作了比较系统的论述。塞林区分了纵向和横向两种类型的文化冲突,"纵向文化冲突是指随着文明的发展而发展的,不同时期的文化互相冲突时产生的法律规范的冲突;横向文化冲突则是在同一时期内由于两种文化准则对立而产生的法律规范的冲突"。① 此外,德国历史学家奥斯瓦尔德·斯宾格勒在《西方的没落》一书中指出,西方所具有的发达的工业文明,既是资本主义极度发展、生产力极大提高的正向产物,同时它也是以资源环境的破坏和社会道德的沦丧为代价的。也正因为此产生了新旧两种不同的文化形态,而且在向新的文化形态转化的过程中,新旧文化形态必然引发冲突,而且文化冲突甚至可以引发一场文化危机。斯宾格勒从时间的纵向和横向上对文化的特征进行了对比,并认为文化在时间上具有一定的异质性,在空间上则体现的是同质性。文化冲突正是发生在不同时代、具有异质性的文化之间。对于这种文化冲突的解决,斯宾格勒也提出,资本主义现代文明已经发展到一定的历史阶段,再继续高速发展的可能性较小,在此情况下,用新的文化形态去取代旧文化是解决文化冲突的最佳办法。德国社会学家达伦多夫的社会冲突理论更多地受到了卡尔·马克思的阶级观点、马克斯·韦伯的社会分层与流动观点的启发,从社会动力的视角来理解文化冲突所带来的影响。他认为,从社会整体的结构上看,既存在着维系和谐与稳定的一面,同时也呈现出变迁与冲突抗争。和谐、稳定与冲突的循环交替过程构成了社会现实。从文化冲突的类型上看,既有外来文化与本土文化之间的冲突,同时也存在着本土文化内部的冲突。外来文化与本土文化之间的冲突主要源于国家间经济发展的差异。发达国家以文化霸权主义向发展中国家输出自己的文化形态与文化产品等文化形式,由此引发外来文化与本土文化之间的冲突。

① 郑杭生主编:《社会学概论新修》,中国人民大学出版社 2003 年版,第 415 页。

本土文化内部的冲突主要表现为文化结构系统内部中,由于各文化结构发展的不平衡而导致的冲突。因此,达伦多夫也提出了通过协调与平衡系统内各要素的关系来解决文化冲突的观点。另外,文化冲突也表现为文化中心主义与文化相对主义之间的冲突。文化中心主义者认为,自己文化中所呈现的生活方式、信仰、价值观等是正确的和优于其他文化的,并以此为标准去衡量和评价其他的文化模式。与文化中心主义相对,文化相对主义旨在反对西方的文化霸权主义与积极倡导世界文化的多元化。文化相对主义的代表本尼迪克特认为,文化相对主义论在否认西方文化中心主义的基础上主张世界文化的多元化,并认为各种不同的文化模式是各民族精神相互区别的关键,并不能因此认为不同的文化模式之间存在优劣之差。因此,在对待他民族的文化差异时,应采取理解、尊重以及相互借鉴和学习的态度。由此也形成了保持自己的民族立场、尊敬其他民族的民族尊严的处理文化冲突的基本理念和原则。

文化冲突理论的基本观点对民族地区村落的文化变迁中文化冲突的解决提供了启迪。不同的民族地区,经济社会发展的速度与水平各不相同,民族文化的形态以及发育的程度等都存在较大的差异。因此,在村落的文化变迁进程中,各民族地区内部之间、各民族地区之间的文化冲突不可避免。文化变迁产生文化冲突,文化冲突既有阻碍文化发展的一面,同时它也在一定程度上是促进社会变迁的动力。

二、文化再生产理论

法国社会学家皮埃尔·布迪厄于 20 世纪 70 年代提出了"文化再生产"的概念。布迪厄在"文化再生产"的概念中以文化的动态发展变化为视角,展示的是通过文化的再生产而得以再生产的社会体系。也可以说,文化以再生产的方式促进了整个社会体系的发展和进步。布迪厄主要通过"场域""惯习"和"资本"三个概念对文化再生产进行了解读。布迪厄认为,"一个场域可以被定义为在各种位置之间存在的客观关系的一个网络或一个构型。正是这些位置的存在和它们强加于占据特定位置的行动者或机构之上的决定性因素之中,这些位置得到了客观的界定,其根据是这些位置在不同类型的权力(或资本)——占有这些权力就意味着把持了在这一场域中利害攸关的专门利润的得益权的分配结构中实际的和潜在的处境,以及它们与其他位置之间的客观关系(支配关系、屈从关系、结构上的对应关系等)。"①在布迪厄这里,场域首先具有空间性的基本特征。在此基础上,场域是一个各类社会资本进行竞争的空间场所。布迪厄对于"惯习"的解释为,从实践感中诞生的一种性情倾向或一种存在的生成性的能力。惯习可以理解为文化的主体——人在文化的生成与变迁中对文化存在空间的感知、理解与行动,从而促使新的文化要素或文化形态的生成。布迪厄所理解的"资本"的含义,意指对资源的掌控或占有的能力。他从社会资本、文化资本、经济资本和符号资本四种形式对资本进行了解读。"场域""惯习"和"资本"这三个概念在布迪厄那里是彼此相关联的。"资本"的运动与相互转化形成了"场域",也正是在不同的场域中,会形成不同的性情倾向体系——"惯习"。

用布迪厄的"文化再生产"理论可以解释民族地区村落乡土文化的变迁与文化生态建立。首先,民族地区的村落空间是一个独特的场域,在这个场域中所生成的文化具有一定的地域、民族和历史特殊性。也是在民族地区村落这样的场域中,社会资本、文化资本、经济资本等相互发生

---

① [法]皮埃尔·布迪厄:《实践与反思——反思社会学导引》,李猛、李康译,中央编译出版社 2004 年版,第 133 页。

关联与作用,对该场域中的文化不断地起到或促进、或阻碍、或引导的作用。场域中的文化主体——人,也在惯习的感知与思维体系下,对既已生成的民族文化不断地进行再生产、再创造。

三、文化认同理论

"认同"一词源自心理学术语,最初由心理学家弗洛伊德提出。弗洛伊德从心理学的视角阐述了对"认同"一词认识的过程,从最初的癔症性认同和梦认同到自恋性以及最后把认同解释为个体或群体在心理上的趋同过程。埃里克森后来将"认同"用在对青少年产生同一性危机的研究中,并发展出自我同一性理论。英国社会学家吉登斯从社会学的视角探讨了"认同",在他的著作《现代性与自我认同》中,吉登斯将"认同"解释为自我,即通过个人经历与反思之后所认识到的自我。法国社会学家迪尔凯姆把社会成员所共有的集体意识或共同意识称为"认同"。本书认为,文化认同是拥有共同的文化渊源的文化群体对本民族文化的强烈的认知感和归属感,并在此基础上形成一定的文化自觉。文化认同的基础是对文化价值理念的认同。因此,文化认同也是关系到民族认同与国家认同的重要价值判断。根据费孝通的"多元一体"格局的解释,民族文化认同则包含了三个层次,一是民族内部的文化认同;二是各民族之间的文化认同;三是在前两者的基础上所形成的最高层次,即对中华民族的文化认同。我国历史上形成了数目众多的少数民族并积酝了丰厚的民族文化。民族地区也历来是多种文化思潮相互交融与发生碰撞的地区,极易形成多种多样的文化价值观与多元并存的文化形态格局体系。在对待少数民族文化与中华文化的认同上,我们价值取向的基础是首先在坚持中华民族认同和国家认同的前提下,理解、尊重和包容他民族的文化。我们要坚持中华文化的"一体"与"多元"的理念。"一体"是指中华民族文化的统一性,"多元"是指我国56个民族各自拥有自己本民族的民族文化,是中华民族文化的重要组成部分。中华文化的"多元一体"即多元的民族文化都统一在中华民族文化的统一体系之中,牢记中华文化是中华民族共有的精神家园和增强民族凝聚力的纽带。

第三节　人类学的视角

从人类学的视角来看,功能主义理论与社会变迁理论可以为村落的文化变迁与文化生态建设提供理论上的支撑与参考。

一、文化功能主义理论与结构—功能主义理论

被誉为民族志之父的英国人类学家马林诺夫斯基通过对文化功能的研究论述了文化功能主义论。马林诺夫斯基是从"功能"和"需要"两个视角来解读文化的,他认为:"文化是包括一套工具及一套风俗——人体的或心灵的习惯,它们都是直接或间接地满足人类的需要。一切文化要素,若是我们的看法是对的,一定都是在活动着,发生作用,而且是有效的。文化要素的动态性质指示了人类学的重要工作就在研究文化的功能。"①马林诺夫斯基进而区分了四种文化类型,一是以实物的形式所体现的物质设备;二是包括诸如知识、道德等的价值;三是语言;四是社会组织。在马林诺夫斯基对文化的理解中,"需要"构成了文化功能主义理论核心的含义,而"功能"即满足需求,是为满足"需要"而存在的,不同的功

---

① ［英］马林诺夫斯基:《文化论》,费孝通译,华夏出版社2002年版,第15页。

能所解决的不同需要即构成了相应的文化。马林诺夫斯基对其所理解的"需要"划分为三个等级,分别是基本的需要、衍生的需要和整合的需要。基本的需要也被称为生物的需要,是人作为生物个体所表现的基本生存需求;衍生的需要是指社会方面的经济、法律和教育体系的出现;整合的需要所指涉的是如艺术、宗教等精神方面的需求。每一个等级需要的满足都将产生与之相对的文化,与此同时也会产生新的需要。在新的需要与功能的满足中就形成了新的文化体系。因此,马林诺夫斯基的文化功能主义是建立在不断满足"需要"的基础上的具有整合性与适应性的理论。

与马林诺夫斯基文化满足需要的观念不同,英国人类学家、结构功能论的创立者拉德克利夫—布朗则认为,社会文化的功能是为了维持已有的社会结构。所谓的社会结构,是指整个社会关系网络的总和。发现潜藏于社会表象之下的社会结构,建立结构的模型,再用这种模型去帮助理解社会关系并掌握社会运作的规律正是社会人类学研究的目的。正因为此,拉德克利夫—布朗的理论又被称之为"结构—功能主义"。马林诺夫斯基和拉德克利夫—布朗的观点交融之处在于,二者都一致认为,社会是一个系统的统一整体,构成社会这个系统整体的各个部分都具有各自的功能,社会作为整体系统可以调节由社会内部各个部分失调所引起的失衡。因此,尽管社会系统内部的文化变迁是持续的,但是,趋于均衡与稳定是社会发展的总体趋势。

文化功能主义和结构—功能主义为村落文化的发展变迁形态提供了可以参考的理论解释。民族地区村落的文化形态、文化发展模式都是整个中华民族文化体系中的重要组成体和不可分割的部分,共同构成了中华民族的优秀文化。按照文化功能主义的观点,村落文化的产生是为了满足村落发展过程中产生的某些"需要",在满足不同等级"需要"的过程中产生了新文化体系。从另一个视角来看,村落文化的存在是为了维持已有的社会结构,即维持特定历史发展时期所产生的整个关系的网络。另外,村落文化作为整个社会系统中的一个重要组成部分,村落文化中各个部分的发展变迁并不是协调一致的,文化滞后、文化失衡等文化冲突现象都是相伴而生的。尽管如此,村落社会总体是趋于稳定与均衡发展的状态之中。因此,马林诺夫斯基和拉德克利夫—布朗的理论为解释民族地区村落的文化变迁与社会的均衡发展提供了重要的理论参考。

二、社会文化变迁理论

从学术空间上讲,文化变迁是西方近代文化史上被频繁使用的一个概念。从学科范围上讲,文化变迁是人类学研究中的一个重要选题。文化变迁是指在人类社会发展特定的时空背景下,文化特质、文化丛以及文化模式等文化的结构所发生的从形态到内涵的转变。并且在这一转变过程中,旧有的文化形态不断地与新的文化形态发生碰撞、冲突,最终达到文化的融合发展。社会变迁则关注的是社会系统内部制度结构或者功能发生的变革。文化以其包罗万象的特点与社会相依相存。因此,文化变迁与社会变迁二者也是相伴而行、互融并存的。也因此有了人类学家所称谓的"社会文化变迁"。早期进化学派、传播学派和功能学派都从人类学的视角对社会文化变迁进行了相关论述。进化学派从人类文化发展的纵向指出,人类文化遵循着由低级到高级、由简单到复杂的发展路径。传播学派则从文化发展的横向角度指出,文化变迁主要发生在文化的传播过程中,文化在横向的地理空间的传播是文化变迁的主要途径。功能学派从社会文化的功能和结构的视角指出了文化维持社会稳定和均衡发展的功能。

文化涵化是社会文化变迁理论中的重要内容。美国的民族学局首任局长鲍威尔（J.W.Powell）最早使用了文化涵化一词。其后，人类学家比尔斯（L.Beals）、特恩窝尔德（R.Thurnwald）等先后对文化涵化进行了探讨。赫斯科维茨在《涵化——文化接触的研究》（1938）一书中，重申了他和 R.雷德菲尔德及 R.林顿在《涵化研究备忘录》（1936）中对涵化所下的定义："由个别分子所组成而具有不同文化的群体，发生持续的文化接触，导致一方或双方原有文化模式的变化现象。"罗伯特·L.比（R.L.Bee）在《模式与过程》一书中提出，涵化的定义有几个特点：第一，涵化是文化变迁的一种；第二，涵化是有别于传播过程、创新、发明、发现的一种变迁过程；第三，涵化和传播是密切相关的。但涵化与传播也存在着一定的差异，前者是指文化传递的过程，而后者则被看作是已经成功的文化传递。因此，文化涵化是不同的文化相互接触时文化模式发生变化的过程，文化涵化所引发的结果是文化冲突或文化融合。霍默·G.巴尼特在著作《创新：文化变迁的基础》中从创新的视角解读了文化变迁，并认为文化变迁的基础就是创新，文化变迁相应的就是文化体系中新思想、新行为或新事物的所有表现形式。

我国民族地区的村落在漫长的历史发展中积蕴了丰厚与独特的民族文化，这些凝聚悠久历史的民族文化历经了从简单到复杂、从低级到高级的发展与变迁的过程。在此过程中，各族群的民族文化在历史的进程中都是相互接触的，不存在完全与外界相隔、孤立发展的文化。在各民族文化的接触中，多元民族文化彼此接触，相互碰撞，或引发文化冲突、或包容并存共生发展。

第四节　生态学的视角

英国生物学家阿瑟·乔治·坦斯利在《植物概念术语的使用问题》一文中指出:"有机体不能与它们的环境分开,而必须与它们的环境形成一个自然生态系统。"20 世纪 70 年代以来,生态学的研究重点逐步转向以人类社会为主体,主要考察人类的生态系统。在本书的研究中,生态学的视角具体运用的是文化共生理论。文化共生中的"共生"一词引自生物学的概念,意指不同种类的成员之间的相互联系。在社会科学领域,"共生"的含义被理解为"共生单元之间在一定的共生环境中按某种共生模式形成的关系。"①周炳群认为,所谓文化共生,是指在多元文化时代的背景下,传统文化与现代文化、外来文化和民族文化,以及一个国家和地区内部的多元民族文化之间的相互作用、和谐共存、平等交融,以期实现文化的共同进步、共同繁荣。邱仁富指出,"文化共生是指不同民族、不同区域、不同时代的健康进步文化之间的多元共存、相互尊重、兼容并包、相互交流互动和协同发展的文化状态。"②从文化共生的基本含义中可以看出,文化共生现象发生的基本前提是在多元文化背景下,存在不同的文化形态与文化发展模式。在经济社会发展的宏观背景下,不同的文化形态与文化模式也在经历着相互博弈的发展过程,从最初接触的相互抵触、冲突到后来的学习、借鉴与融合,初元的文化模式都在文化的交融与碰撞中经历了自身的变迁与发展。从另一个角度来看,文化共生是多元文化

---

① 周炳群:《文化共生与民族地区文化发展》,《广西民族大学学报(哲社版)》2008年第 6 期。

② 邱仁富:《文化共生与和谐文化论略》,《天水行政学院学报》2008 年第 2 期。

形态与文化模式相互碰撞发展的终极理想模式。

　　我国广袤的民族地区的村落具有多形态、多模式的民族文化。在历史的发展过程中，不同民族地区、同一民族地区的不同民族之间，都产生和传承着形态各异的多元文化。这些多元文化形态是民族发展的价值所在与精神凝聚力，在精神层次起着主导作用。因此，促进民族地区的文化共融与共生发展是引领民族地区经济社会发展的关键，也是提升民族地区文化融合与文化建设的重要之举。

第 三 章

民族地区村落乡土文化之
农业生产文化的变迁

自渔猎时代结束,我国就进入了漫长的农耕社会时期。与工业社会、信息社会相比,农耕社会是至今为止人类所经历的历时最长的社会生活状态。始于农耕社会时期的村落农业在城镇化、现代化、工业化的进程中呈现出独具特质的变迁与现代重构。农业生产文化变迁在整个村落文化变迁中占据着重要的基础地位。

第一节　村落历史生成中的农耕要素
与农耕文化特质

我国古代的农耕社会,生产条件简单、劳动生产率水平较低,以家庭为生产和生活单位、自给自足为目的、分散式的小农经济是我国村落的主要经济形式。在这样的村落生产背景下,人类社会的先祖在很大程度上是依靠自然而生存和繁衍的。基于此,自然对人类社会的馈予以及人类能对自然的利用便在很大程度上决定了村落生成与发展的形式。

一、天然地理资源优势促进村落的生成

在古代的农耕社会,人类对自然的依赖性极强,天然的地理资源在村落的生成上扮演了重要的角色。云南红河州石屏县的郑营村,就具有极其优越的地理资源优势。明代旅行家徐霞客曾在《盘江考》上记载"余已躬睹南盘源,闻有西源更远,直西南至石屏州,随流考之。其水源发自石屏西四十里之关口,流为宝秀山巨塘,又东南下石屏,汇为异龙湖。"①据传说,郑营村的郑氏始祖郑太武的儿子郑从顺通诗书礼仪、懂地理。当年看到原"普胜村"(郑营村的原名)后山山势连绵,村内有巨塘浩渺,属于易守难攻之军事之地,遂在此定居。因此可以说,在远古的农耕时期,尤其是对于民族地区的村落而言,由于生产力水平和人类对自然的征服水平低下,在村落的生成上,人类先祖对自然资源是十分依赖的。这在一定程度上也形成了民族地区村落地理区位上多是依山而建、临水而居等聚落形态。同样由于地理资源优势而促进村落的生成在内蒙古的美岱召村也有所体现。内蒙古的美岱召村所在的土默特右旗境北部为连绵起伏的大青山中西段山地,南部为开阔平坦的土默川平原。美岱召村即北依大青山、南临黄河故道,整个村庄在地理位置上依山傍水,背风向阳。在生产率水平低下、依靠自然资源生存、发展的远古时代,丰富的土地和水资源为村落的生成奠定了重要的物质基础。

地理环境决定论的代表,德国的 F.拉采尔认为,气候和空间位置等地理因素是人类外在体质以及内在心理、思想意识等形成差距的主要原因,地理因素进而影响并决定国家的历史发展命运。我国古代先祖在建

---

① 高春林:《石屏郑营:云南第一历史文化名村》,云南美术出版社 2006 年版,第2 页。

村选址时,对宇宙、自然与人的和谐共生思考得更为缜密,这也是中国传统哲学中"天人合一"思想的具体呈现。马克思、恩格斯曾经指出,物质生活的生产方式是基础,它制约着包括社会生活、精神生活和政治生活的全过程。在物质生活过程中,经济基础又起到了重要的决定作用。初民社会的人类生活,遵循着"人饥则求食,不食则死;寒则求衣,无衣则僵;避风雨则求庐舍,无庐舍则并。衣食住者实人生所必不可缺之生活资料也。"也正是因为此,"时无论古今,人类必自有其生产方法以生产生活资料而分配之"。①于是,初民社会的先民便在当时自然条件下,依赖自然资源立村发展。由此可见,天然的地理资源在村落的生成上扮演了重要的角色。

二、村落乡土文化的农耕特质

在农耕社会时期,生产条件简单、劳动生产率低下,形成了以家庭为生产和生活单位、自给自足、分散式的小农经济形式。基于此,自然对人类社会的馈予以及人类对自然的依赖与利用便在很大程度上决定了村落文化的特质。与土地相伴、与山水相依,是古代先民与自然相依相存的最淳朴的生存价值观。村落文化的农耕特质便源自这种朴素的生存价值观。

作为一种社会资本,自然、地理资源优势在传统村落的历史生成中扮演了极其重要的角色,也正是这种作为物质资源的社会资本,奠定与凝练了村落独特的农耕文化气质。美国社会学家林南认为:"社会资本表现为在目的性行动中被获取的和被动员的、嵌入在社会结构中的资源。"而在组成社会资本的要素中,林南特别强调资源(可以定义为物质或符号

---

① 李达:《现代社会学》,武汉大学出版社2007年版,第16页。

物品)是社会资本理论的核心。① 法国的 H.孟德拉斯在《农民的终结》中指出,"在农民社会中,技术、人口、经济、社会和心理等不同因素配合得何等密切和巧妙! 最小的技术变化等都会影响到整个系统的平衡,带来整个系统的变动和重组:而变动一旦起始,就受到自身固有动力的驱使,直到建立一个全新的系统"。② 由此可以看出,以田地、山水为典型代表的自然与地理资源作为村落先在的社会资本,引发村落经济的发展,奠定村落的生成与发展优势,进而形成了村落文化的农耕特质。

与村落文化农耕特质源起的自然、地理资源相对应,这种农耕特质最经典的体现便是中国传统文化中的"天人合一"思想。作为中华传统文化主体之一的"天人合一"思想,最早由庄子阐述,在《庄子·达生》中曰:"天地者,万物之父母也。"汉代儒家思想家董仲舒发展为天人合一的哲学思想体系。张岱年认为:"'天人合一'最基本的含义就是肯定'自然界和精神的统一'。"③"天人合一"构成了人类社会中最根本矛盾对立统一体,体现了万物矛盾中内与外、静与动、主动与被动以及思想与物质的对立统一要素,同时也指出了人与自然的辩证统一关系。今天,富含农耕文化特质的村落也是"望得见山、看得见水、记得住乡愁"的情归之处。

第二节　民族地区村落农业生产文化变迁的表现

我国拥有悠久的农耕文化历史,农业在人类先民的生产和生活实践

---

① [美]林南:《社会资本——关于社会结构与行动的理论》,张磊译,上海人民出版社 2005 年版,第 28 页。

② [美]H.孟德拉斯:《农民的终结》,李培林译,社会科学文献出版社 2010 年版,第 24 页。

③ 周桂钿:《中国传统哲学》,北京师范大学出版社 2000 年版,第 13 页。

中占据着极其重要的地位。农业生产是历代先民生存和繁衍生息的主要生产方式,农业生活也是先民认识自然、征服与改造自然,以及与自然和谐相处的重要手段。

一、民族地区村落土地所有制形式的变迁

(一)土地所有制及我国农村土地所有制形式的变迁

农村、农业、农民问题一直是伴随我国现代化进程的重要问题,如何解决土地问题又是"三农"问题中最为核心和关键之处。从经济学的视角来看,土地既是人类社会赖以生存的最基本的物质资源,同时土地是一种劳动产品。但土地这种劳动产品具有一定的特殊性,即土地价值形成过程中具有多元的劳动主体,既包含了土地所有者、使用者的劳动,同时也受外部环境的影响。因此,土地作为劳动产品,是社会和劳动者共同的产品。在此基础上,土地制度是关于土地所有权的形态,是由土地问题衍生出一切关于土地问题的制度。在陈道主编的《经济大词典·农业经济卷》中,将土地制度定义为"土地制度就是土地所有制,是人类社会一定发展阶段中土地所有关系的总称。"[①]综合而言,土地制度即是在一定的社会形态中,由于土地的归属和利用问题而产生的所有土地关系的总称。

在土地制度这一概念体系中,又包括土地所有制度、土地使用制度,以及土地管理制度等三个组成部分。其中,土地所有制是整个土地制度体系中最基本的组成部分,决定整个土地制度的社会性质。土地所有制形式受到经济、社会、历史、文化等多种因素的综合影响,从最根本上讲,生产力水平的发展状况影响社会生产方式,进而对土地所有制形式产生

---

① 陈道主编:《经济大词典·农业经济卷》,上海译文出版社 1983 年版,第 230 页。

影响。从纵向上看,与人类社会所经历的五种社会生产方式相对应,也出现了五种土地所有制形式,分别为原始社会氏族公社土地所有制、奴隶主土地所有制、封建土地所有制、资本主义土地所有制,以及社会主义土地所有制。从横向上看,按照土地所有权的划分,土地所有制主要分为两种形式,即土地公有制和土地私有制。

从历史的发展与变迁来看,我国的土地所有制形式经历了从原始社会氏族公社土地所有制到社会主义土地所有制的转变。从夏、商、周一直到战国时代,原始氏族公社土地公有制逐渐为土地国家所有制所取代。秦汉时期土地在国有制的基础上,实行授田、假田、屯田等形式组织生产。曹魏时期发展了汉代的"屯田制",形成了国家直接组织农民进行农业生产的国有土地使用制度。[①] 从宋朝开始至明清,我国逐渐形成了封建地主租佃制的土地经营形式,土地私有制形式确立。唯物史观认为,从原始社会到奴隶社会、封建社会、资本主义社会都是历史发展的进步,同样,土地所有制形式的变迁也是生产关系的变革与生产力发展水平相对应的生动呈现,具有一定的历史进步意义。

新中国成立后,我国农村的土地所有制形式发生了深刻变革。1950年,中央人民政府颁布了《中华人民共和国土地改革法》,土地改革开始在全国范围内实行。土地改革改变了原有的农村生产关系,彻底废除了封建土地所有制,取消了延续两千多年的封建租佃土地的所有制制度。1949年到1952年,受我国农业生产发展的限制,形成了农业生产互助组。这种具有临时性、自愿性的互助组在新中国成立初期对于恢复农业生产产生了强大的促进作用。1951年,全国互助合作会议召开,会议通

---

① 王琦:《中国古代土地所有制演进的逻辑及其当代启示》,《上海财经大学学报》2010年第4期。

过了《中共中央关于农业生产互助合作的决议(草案)》。以此会议为契机,以互助合作为特征的农业生产初级社开始不断涌现出来。到1955年夏,我国农业生产合作社已发展到65万个。从1955年到1958年,农业生产初级社开始不断向高级社发展。在农业生产高级社不断发展形成的同时,农村土地所有制形式也在发生变化,即土地由农民个人所有变成合作社集体所有的形式。1956年6月,第一届全国人民代表大会第三次会议通过《高级农业生产示范合作社示范章程》,这标志着农民个体土地私有制开始向集体土地所有制转变。①

改革开放以来,我国农村土地制度形式也发生了变化。1978年,家庭联产承包责任制开始在农村实行。在家庭联产承包责任制的框架中,土地产权被分为所有权和经营权,前者归集体所有,后者归农户所有。1980年以来,以家庭承包为主、坚持统分结合和双层经营的家庭联产承包责任制不断充实完善。家庭联产承包责任制的实施,使农民在获得充分的经营自主权的同时,生产积极性也被极大地调动起来,农村生产力获得了解放和提高。家庭联产承包责任制也被誉为是我国农村土地制度的重要改革。改革开放30多年来,我国经济社会获得长足发展。随着我国总体经济社会的发展以及农业机械化水平的提高,实行了30多年的家庭联产承包责任制也不断地呈现出弊端。家庭式的小规模生产和分散经营形式在市场经济和现代化产业前不再具有优势。以农户保留土地经营权,把土地使用权转让给其他农户或组织的土地流转形式悄然诞生。至此,我国土地的所有制形式又开始面临新的形式、发生新的变化。

(二)民族地区村落土地所有制变迁的表现

本书所调查的民族地区的5个村落,都具有较长的生成历史。其中

---

① 巴特尔:《中国农村土地集体所有制成因初探》,《宏观管理》2012年第4期。

村落生成历史最长的为云南诺邓村和广西秀水村,两个村落都已经有1000多年的历史。在5个村落中,村落生成历史较短的为内蒙古的美岱召村,至今也有400多年的建村历史。在论述民族地区村落土地所有制的变迁时,本书把所调查的5个村落放到我国农村历史发展变迁的宏观背景中,以我国农村历史变迁中的重大转折事件为节点来进行描述。其中重点选取了农村土地改革、改革开放以及21世纪的社会转型加速等三个历史发展的节点来进行分析论述。

第一,建村至土地改革前村落的土地所有制形式。历史上,由于村落的地理位置、交通条件、气候特征、资源环境因素以及民族历史发展等的差异,从有历史记录的村落生成以来到土地改革前,5个村落的土地所有制形式经历了整体上相类似、又具有细微差异的发展变迁历程。

表 3-1　土地改革前村落土地所有制变迁的相关因素

村落名称	建村时间	农业有记录历史	农业起源	土改前土地所有制形式
云南郑营村	明朝洪武年间	明洪武十六年	军垦屯田	军田制、沐庄、族田、庙田、学田等封建土地形式
云南诺邓村	汉代	宋代	原始耕种	族田等封建土地所有制
广西秀水村	唐朝开元年间	宋代	耕种	封建土地所有制
青海郭麻日村	明朝洪武年间	明朝洪武年间	耕种、屯田	封建主、宗教寺院占有土地
内蒙古美岱召村	明朝庆隆年间	明朝庆隆年间	游牧、耕种	封建土地所有制

从表3-1对民族地区5个村落土地制度改革以前的对比中可以看出,首先,在土地改革以前,民族地区村落的土地所有制形式都是以封建土地所有制为主,无论是白族村寨——诺邓村,还是以瑶、汉民族为主的秀水村,以及以蒙、汉民族为主的美岱召村。这种封建土地所有制形式具体的表现为封建地主占有绝大部分的土地,农民仅有小部分的土地或者

没有任何土地,由此要租种地主的土地生存,角色也变为封建地主的佃户。这也是土改前我国农村土地所有制形式的具体体现。从我国漫长的农耕社会的发展变迁来看,封闭与凝固是我国封建社会时期、新中国成立前以致改革开放前我国村落社会生活结构的总体形态。费孝通先生在《乡土中国》中开篇提到,中国社会是乡土性的。这也从另一个侧面指出,我国农业社会历时长久,在整个农业社会时期,乡土本性是中国社会的写照。其次,不同的民族村落在土地所有制形式上存在细微差异。从所调查的 5 个村落土改前的土地所有制形式上看,存在着军田、沐庄、族田、庙田、学田等封建土地所有制形式。军田,亦为官田,是经由军垦屯田而形成的村落中,专门供给军营耕种、不得私自典卖的田地。沐庄是专指明初沐英留镇云南时在云南占有的庄园领地,为世袭产业。族田是指由村落的名望家族所拥有的田地,归属本族集体所有。庙田是寺庙积公德、化缘所置,所得租石作维修寺庙,香火及供僧尼生活的费用。学田是由学校所置田产,属公有制,以田租维持学校的费用。军田、沐庄、族田、庙田、学田等封建土地所有制形式的存在,都与特定的村落相关,是在特定历史时期、特定地理空间以及特定的村落历史等综合因素基础上所形成的村落土地的特定所有制形式。在民族地区村落发展的农业历史上,民族地区村落的属性即它的民族特征并不影响村落的农业历史发展,相比之下,由民族、部落的迁移所形成的村落如云南郑营村,以及青海郭麻日村,村落农业生产方式的历史就刻上了军垦屯田的痕迹。相应的,这两个村子在土改之前的土地制度也就涵盖了军田制等多种不同的土地制度形式。最后,从与村落土地所有制相关的因素看,在村落的萌芽初期以及后来的发展变迁中,都是以传统的农业耕种为主的农业生产方式。建村历史的长短以及村落的民族特征等几乎对村落的农业耕种生产方式没有影响。

唯一有差异的是内蒙古的美岱召村,在村落的农业起源上出现了游牧的特征,这由美岱召村村民构成中的蒙古族人民的耕种习性流传下来。由军垦屯田而形成的云南郑营村,以及具有军垦屯田性质的青海郭麻日村,在村落的农业起源上就打上了军垦屯田的印记。此外,云南大理的诺邓村,属于典型的山地白族村落,在村落农业的起源上,原始耕种的痕迹相比其他四个村落就更为明显一些。

第二,土地改革至改革开放前村落的土地所有制形式。我国自古就是以农业生产为主的国家,土地制度的变革对于国家和社会的发展来说至关重要。作为中国民主革命的一项基本任务,中国共产党早在民主革命时期就提出了彻底的土地革命纲领。土地改革最早始于1947年9月中国共产党在河北西柏坡村举行的全国土地会议,会议通过了《中国土地法大纲》。随后,陕甘宁、晋绥、晋察冀等解放区开展了轰轰烈烈的土地改革运动。20世纪40年代末到50年代初,以消灭封建剥削土地所有制、解放和发展农业生产力为目标的土地改革运动在全国农村展开。在土改过程中,农村成立了互助组、农业初级合作社,以及在此基础上的农业高级合作社。到1956年,全国的土改运动及社会主义改造基本完成。土地改革运动在一定程度上促进了生产关系的变革和生产力的解放,促使乡村社会发生质的变迁,从而加速了历史的进步。在本书所调查的5个村落中,根据有限的土改时期的文献资料,①总结了5个村落土改时期的土地制度变迁情况。

①　关于土改时期的文献资料只能停留在对村落所属的县的层面,具体的关于村落的土改文献资料在调查中仅仅查到内蒙古美岱召村的资料。另外,通过对五个村落中70岁以上老师的访谈,所了解到的关于村落的土改资料并不能保证其精确性。在此,尽量以确凿的数据进行描述。

表 3-2　土地改革至改革开放前村落所属的县域土地所有制情况

县域及村落	土改时间	互助组成立	农业初级社成立	农业高级社成立	人民公社成立
石屏县 （云南郑营村）	1951 年	1954 年	1954 年	1956 年	1958 年
云龙县 （云南诺邓村）	1952 年	1952 年	1954 年	1956 年	1958 年
富川县 （广西秀水村）	1952 年	1952 年	1955 年	1957 年	1958 年
同仁县 （青海郭麻日村）	1952 年	1952 年	1955 年	1957 年	1958 年
土默特右旗 （内蒙古美岱召村）	1952 年	1954 年	1954 年	1957 年	1958 年

从表 3-2 中可以看出，总体而言，在 20 世纪 50 年代初，5 个村落的土地所有制情况呈现出一定的共性。具体表现为，5 个村落都开展了土地改革运动。1949—1954 年，在全国农业生产互助组形成的大的环境下，5 个村落都成立了临时或长期的互助组，这在一定程度上改变了旧有的封建土地所有制形式。在互助组的基础上，从 1954 年开始，5 个村落开始出现了建立在生产资料私有制和村民自愿互利基础上、以从事农业生产为主的合作经济组织形式——初级农业生产合作社。初级社实行统一经营、积累了公共财产，虽然土地等主要生产资料仍具有私有性质，但是仍然具有了半社会主义性质。农业初级社是农业生产方式迈向高级农业生产合作社的基础，也是中国农民走上社会主义道路的决定性步骤。从 1955 年开始，全国范围内的农业生产初级社开始不断向高级社发展。高级社实现了村落土地等主要生产资料的公有制和按劳分配的形式，仅村民的生活资料以及家庭副业所需要的工具等为村民私有。因此，高级社是具有完全社会主义性质的农业合作经济组织。本书所调查的 5 个村

落从 1956 年开始逐步在初级社的基础上建立高级社。农业生产合作社的成立在当时适应了社会生产发展的实际,促进了农村生产力水平的提高。到 1958 年,5 个村落所属乡镇都开始成立或并入人民公社,村落农业生产关系不断发生变革。从这一点的对比中可以看出,针对国家层面进行的土地制度的改革,5 个村落的执行情况以及变迁情况都有一定程度的相似性,并没有出现太大的差异性。这也表明,国家层面的农业生产政策、制度等对村落农业生产方式以及组织行为的改变的一致性与统一性。

第三,改革开放以来村落的土地所有制形式。从 1978 年开始,我国农村进行了经营管理体制和所有制结构的改革。农村普遍实行了所有权和经营权相分离、以家庭为单位经营的家庭联产承包责任制。家庭联产承包责任制是在土地公有制不变基础上的农村土地制度的重大变革,奠定了有统有分、统分结合、双层经营的农村合作经营体制。这种新型的以农户为单位的农业耕种模式,开创了我国农业发展的新的历史时期。本书所调查的民族地区的 5 个村落,和全国所有的村落一样,都从 1978 年开始,陆续进行了农村土地家庭经营方式的改革,全面推行了家庭联产承包责任制。

家庭联产承包责任制的实行,对村落经济社会发展带来了巨大变化,在本书的访谈中,家庭联产承包责任制也是受访村民最津津乐道的话题。张姓老人,72 岁,汉族,内蒙古美岱召村村民。目前和 70 岁的老伴一起生活,两个儿子已经成家另过。在谈及近 30 年前实行的这个农业制度时,老人稍微有些浑浊的眼里透出兴奋,向我们娓娓道来:"包产到户之前,我和媳妇、大儿子在生产队挣公分,小儿子还小。我们三个劳动力差不多是村里头劳动力最强的,但是一年到头来,稍微能填饱肚子。80 年吧好像，我们这就包产到户了，我们家四口人，当时分了近四垧地呢，我带着媳妇和两个儿子一起干活。那时没有播种机和收割机啊，全靠手刨啊。头一年，我种的好像都是苞米，老天爷也保佑着，那年风调雨顺，秋天我家就是大丰收啊……随后几年，家里的光景一年比一年好，二个儿子也都娶了媳妇，都是靠着种地啊！"看得出，老人在谈及当年的联产承包责任制时兴奋是溢于言表的。

案例1　L,42岁,女性,汉族,广西秀水村村民。丈夫带着19岁的大儿子在南宁一个建筑工地做工，她与12岁的儿子在老家。L在访谈时有些腼腆，但对她小时候的土地改革却记忆犹新，似乎是对过往岁月的回忆。"好像是我在上小学三年级吧，家里就分了土地，学校也开始放春耕假和秋收假的。我当时还和哥哥、姐姐等一起去盘田。"作为女性，L说她是22岁嫁到现在的村子的，以她的名义分的土地还留在娘家，也就是隔壁的一个村子。问及家庭联产承包责任制对于家庭经济条件的改善，L说："印象中好像没有挨饿呢，但是分田以后家里日子好过了。但我们是女娃，出嫁了就不再盘原来的田了，留在娘家了。"

从访谈中可以看出，同是一项土地制度的改革，由于婚姻、历史文化等因素的影响，它所带来的利益对于男性和女性就产生了从心理到现实的差异。但是毋庸置疑，作为国家层面以政策形式所进行的农村土地制度，家庭联产承包责任制的改革从总体上改变了村落旧有的生产经营方式，这一点并没有因为民族和地域而产生差异。家庭联产承包责任制极大地解放了当时村落的生产力，是农民生产效益极大提高的一个转折点。另外，虽然所调查的村落都选取了具有一定历史文献留存的村落，但是村落的历史文献资料仍具有一定的不完整性，在调查中并没有搜集到具体村落的生产,如收入、经济产值的增加等资料。因此,只能笼统地概括出,自改革开放以来,民族地区村落在实行家庭联产承包责任制以来,村落经济较之前都有了很大程度地提高,极大地促进了农村社会的发展和农业生产力水平的发展,可以称之为新中国成立以来我国农村土地制度的重大变革,对农村乃至我国整体的经济社会运行都产生了巨大影响。

随着改革开放的深入进行,我国经济社会发展不断取得新的成就。农村经济社会发展不断呈现出新的面貌。长期以来村落农业生产中的传统小农经营方式也在现代化的机器生产条件下悄然发生改变。进入21世纪,我国综合国力水平不断提升,农业现代化、城镇化进程不断加速。另外,伴随现代化、城镇化进程的发展,农村的剩余劳动力已经大量转移到城镇务工,传统的农业生产、生活方式改变明显。农村土地制度也在这样的大环境下发生变迁。2004年,国务院颁布了《关于深化改革严格土地管理的决定》,其中明确强调"在符合规划的前提下,村庄、集镇、建制镇中的农民集体所有建设用地使用权可以依法流转。"土地流转的核心是保持农村土地的集体所有、农业用地和家庭承包性质不变,只是将土地使用权让渡给进行专门经营的农户或组织的农业经济行为。2014年,中共中央办公厅、国务院办公厅印发了《关于引导农村土地经营权有序流转发展农业适度规模经营的意见》(以下简称《意见》),《意见》中明确指出,"坚持农村土地集体所有,实现所有权、承包权、经营权三权分置,引导土地经营权有序流转,坚持家庭经营的基础性地位,积极培育新型经营主体,发展多种形式的适度规模经营,巩固和完善农村基本经营制度。"由此,我国农村土地制度又开始了适应时代发展的变革。

表3-3　2000年以来5个村落土地的生产和经营方式

村落名称	耕地面积（亩）	土地流转形式	耕地流转面积（亩）	耕地流转所占比例
云南郑营村	2080	转包、互换、转让、出租	790	38%
云南诺邓村	2894	转包、互换、转让、出租	560	19%
广西秀水村	3100	转包、转让、出租	1085	35%
青海郭麻日村	2300	转包、转让、出租	480	20%
内蒙古美岱召村	4200	转包、转让、出租	1900	45%

资料来源：五个村落村委会的年度总结报告。

从目前所调查的5个村落的耕地流转中可以看出，进入21世纪以来，随着经济、社会的发展和结构的转型，家庭联产承包责任制的实际运作形式也发生了改变。这种变化是顺应经济社会发展的总体趋势而发生的，也在一定程度上适应了当前我国农村机械化生产以及劳动力过剩的情形。相比较而言，在所调查的5个村落中，当前土地流转比例最大的是内蒙古美岱召村，流转比例最小的是云南诺邓村。在实际的土地流转过程中，存在着多种因素的影响，但是从村落的客观以及地理条件来看，美岱召村地处内蒙古高原上的阴山南部、大青山中段的宝丰山脚下，村落可耕种的土地极少有山地、丘陵等南方村落耕地的特征，可以进行现代化大农业的生产，极具现代农业机械推广与普及的有利条件。此外，村落土地的流转也与村民的流动具有一定的相关性。在调查中发现，美岱召村和秀水村的村民外出务工比例较高，这也在一定程度上加速了村落土地的流传。

二、民族地区村落农业生产相关要素的变迁

农业生产文化既是农业经济发展变迁的记录，同时也是整个社会和

时代经济、文化发展变迁的体现。农业生产工具、农作物耕种种类等农业
生产相关要素的变迁也是农业生产文化变迁的具体呈现。

（一）农业生产工具的变迁

地区农业生产条件的变迁，既是地区经济发展的衡量指标，同时也在
一定程度上表明了地区的经济发展特点，以及经济发展的优势与否。农
业生产工具的种类与变迁，既与地区经济发展相关，也与区域社会的客观
自然、地理条件等因素相关。

表 3-4　5 个村落农业生产工具的变迁

村落名称	20 世纪 50 年代农业生产工具	20 世纪 70 年代农业生产工具	20 世纪 90 年代农业生产工具	21 世纪农业生产工具
云南省郑营村	锄、镰刀、拖拉机等	人力打谷机、试用机引犁等	机耕船、铧犁与拖拉机配套使用	农业拖拉机、手扶拖拉机等
云南省诺邓村	锄、镰刀等	锄、镰刀、拖拉机等	农业拖拉机、手扶拖拉机等	农业拖拉机、手扶拖拉机等
广西壮族自治区秀水村	犁、耙、锄、插秧机、打谷机等	锄、犁、耙、插秧机、打谷机等	农用汽车、农业拖拉机等	农业拖拉机、手扶拖拉机等
青海省郭麻日村	锄、镰刀、犁、耙等	锄、镰刀、犁、打谷机等	农用汽车、农业拖拉机等	农业拖拉机、手扶拖拉机等
内蒙古自治区美岱召村	犁、耙、锄、耧等	拖拉机、脱粒机等	拖拉机、脱粒机、农用汽车等	农业拖拉机、手扶拖拉机等

本书所调查的 5 个村落，云南的郑营村和诺邓村同处于云贵高原，郑
营村属于山区里的坝区，诺邓村则属于典型的山区，立体农业、立体气候
明显。广西的秀水村属于中亚热带季风气候，光热丰富。青海的郭麻日
村属于我国内陆的青藏高原与黄土高原的过渡地带。内蒙古的美岱召村
属于阴山山脉中部的土默川平原地区。从新中国成立以来 5 个村落的农
业生产工具，以及机械化的推广程度可以看出，村落地理区位在很大程度
上影响村落农业生产工具的选择，这也最终会影响村落农业经济的发展

水平。处于平原以及坝区的村落在现代农业的推广上具有很大的优势，也因此促进了村落经济的发展。山区的村落则在这一点上变迁迟缓。在5个村落中，从有数据历史的记录来看，农业生产工具最早使用拖拉机、脱粒机等现代机械设备的是内蒙古的美岱召村，而直至20世纪90年代，云南郑营村仍在使用机耕船、铧犁等传统农业机械设备。尤其值得一提的是，由于特殊的地理条件，位于最低海拔1750米，最高海拔2930米的云南诺邓村，至今，所有的农作物依然要靠人背、马驮等方式运到农户家。这也是由于整个诺邓村的高海拔，以及村落民居全部建于平均1000米以上台阶而决定的。由此可以看出，村落的区位地理位置以及经济发展总水平在很大程度上决定了现代农业的规模化发展情况，农业生产工具的变迁仅是外在的体现而已。

（二）农作物耕种种类的变迁

村落农作物耕种的品种，是村落所属地区的气候、资源等综合条件作用下的农业生产形式的表现。在现代农业的发展过程中，村落农作物的耕种形式也体现了农业发展技术的水平，是人类对自然与资源利用水平的表现。本书在调查中考察了民族地区5个村落农作物的耕种品种形式变迁，以21世纪作为时间的区分点。因为农作物的品种变迁是相对较长时间的过程，进入到21世纪后，现代农业的发展进程加快，影响了村落农作物的耕种品种的变迁。

表3-5　5个村落农作物耕种种类的变迁

村落名称	21世纪之前的主要耕种作物	21世纪之后的主要耕种作物
云南省郑营村	玉米、水稻、马铃薯	水稻、玉米、油菜

续表

村落名称	21 世纪之前的 主要耕种作物	21 世纪之后的 主要耕种作物
云南省 诺邓村	玉米、稻谷、豆类、油菜、烟草等	玉米、蔬菜、烤烟、泡核桃
广西壮族自治区 秀水村	水稻、玉米、豆类、薯类、花生等	水稻、玉米、烤烟、柑橘
青海省 郭麻日村	春小麦、青稞、豆类、薯类、黄果	春小麦、青稞、豆类、薯类
内蒙古自治区 美岱召村	高粱、玉米、谷类、豆类	玉米、谷类、红萝卜、西瓜等

从表 3-5 的比较中可以看出,民族地区 5 个村落农作物的耕种品种均有了一定程度的变迁,这种变迁可以归纳为地域环境是首要的影响和制约因素。如青海的郭麻日村,青稞的种植是与地域环境紧密相关的作物。在 5 个村落中,玉米、水稻两种农作物是除郭麻日村和美岱召村外其他 3 个村子的传统耕种的农作物,也是这 3 个村落一直以来的主要农作物。美岱召村由于水源的限制,一直没有水稻的种植。而对于郭麻日村而言,高原独特的地理位置和气候等自然环境决定了农作物的特殊种类。因此,青稞一直是郭麻日村的传统和主打的农作物。此外,从 5 个村落的地理位置和环境来看,位于南方的云南诺邓村、郑营村和广西的秀水村的农作物更多的具有地域特征,如核桃、油菜的种植等。

另外,进入 21 世纪后,村落农作物的品种变迁更多地体现为经济作物的种植,村民在选择农作物耕种的品种时已经从单一的满足饱腹转变紧跟市场行情、为获得更多的经济效益。从广义上讲,经济作物是被用于工业原料的作物,也被称为技术作物和工业原料作物,具有某种特定的经济用途。经济作物具有地域性强、技术要求高,以及产品的经济价值高等特点。20 世纪 80 年代以来,我国经济作物开始逐步扩大耕种面积。从种类上看,我国总体上已经形成了四种主要的经济作物生产,以甘蔗和甜菜为主的糖料作物,以油菜、大豆、花生等为主的油料作物,以棉花、大麻为主的纤维作物,以及烟草、茶叶等特种作物。在所调查的 5 个村落中,经济作物的种植主要为内蒙古美岱召村的红萝卜、西瓜种植,广西秀水村的柑橘种植,云南诺邓村的烤烟和泡核桃种植等。

案例2 M,广西秀水村村民,男,56 岁。M 有三个孩子,大女儿和二女儿都已经出嫁。小儿子刚刚结婚,但是婚后几个月就和媳妇一起去广东打工了,只有逢年过节才回来一下。自 2012 年以来,村里号召大家种植柑橘,还请了县里的农业技术人员进村辅导柑橘的种植,于是 M 就开始和家人在村里种植柑橘。刚开始的两年,由于不懂技术,销路也不是很好,M 种植的 3 亩柑橘几乎没有赚到钱。从 2014 年开始,由于广西柑橘的种植面积不断扩大,也开始有了品牌效应,M 种植柑橘的技术也不断成熟,收入也开始多了起来。M 在访谈时有些黯然地表示,种植柑橘的前景还是好的,他也打算继续扩大柑橘的种植面积,但是家里没有帮手了,老伴的身体不太好,农忙的时候,两个女儿会回来帮一下,但是女儿家也在种植柑橘,忙的时候也帮不上什么。即使这样,在广东打工的小儿子还是不愿意回来和他一起种植柑橘。毛某所说的代表了两代农民对生活方式的不同选择。

从现代农业的发展来看,经济作物的高价值性和高商品性使经济作物具有一定的发展前景,但同时,经济作物又对技术有着较高的要求。这也对新生代的农民职业选择提出了时代的要求与期许,也许,这也是我国现代化进程中的一个需要破解的难题。

第三节 流动的土地:从联产承包到土地流转

自古以来,我国就是以农业生产为主的农业大国,对于农业而言,土地是农业生产最基本的物质生产资料,因此,土地制度也是最基本和重要的制度之一。

一、家庭联产承包责任制的历史选择与发展局限

从 1947 年到新中国成立以来,在我国总体经济社会发展水平较低的情况下,我国农村实行了农村土地改革制度。土改后,农村又掀起了农业合作化运动。具体分为初级农业合作化阶段和高级农业合作化阶段。土地改革制度以及其后实行的互助组、农业合作社等制度形式在特定的历史时期极大地解放了生产力,促进了农业生产的恢复和发展。到 1957 年,全国共建立了 74 万个农业高级社,1958 年,农业高级社又合并成 2.6 万个人民公社。在当时的经济社会和生产力发展水平下,高度集中的劳动方式和分配中的平均主义极大地影响了农民的生产积极性,导致农村经济的发展受到制约。

从 1978 年开始,伴随着改革开放的进程,破茧于安徽小岗村农民包产到户的家庭联产承包责任制开始在全国范围内实行。在家庭联产承包责任制的制度体系中,土地产权分为所有权和经营权。所有权归集体所有,经营权则由集体经济组织按户均分包给农户自主经营,集体经济组织负责承包合同履行的监督,公共设施的统一安排、使用和调度,土地调整和分配,从而形成了一套有统有分、统分结合的双层经营体制。截至 1983 年,家庭联产承包责任制已经在我国 90% 以上的农村地区实行。家

庭联产承包责任制的推行,既发挥了集体统一经营的优越性,又在一定程度上调动了农民的生产积极性,适应了当时农村经济社会发展的实际和生产力的发展水平,是我国土地制度改革的一项重大成就。

随着改革开放的深入发展,我国经济社会发展不断呈现新的发展趋势。在我国总体社会发展水平不断提高的社会背景下,村落的经济社会发展也与之相应呈现新的形态。作为农村土地制度重要改革的家庭联产承包责任制,也在面对新的变化。1992 年党的十四大提出发展社会主义市场经济。到了 21 世纪,我国已经基本上建立了市场经济体系。作为一种经济体系,市场经济在进行资源配置时要透过产品和服务的供给和需求而产生复杂的相互作用,进而达成自我组织的效果。市场化也是农业产业化经营的特征之一。在此背景下,由于家庭联产承包责任制中土地经营的分散化,农民在面对市场时就会难免出现生产经营上的盲目性。此外,农民分散成交的市场交易方式也大大增加了市场交易的成本。毋庸置疑的是,在家庭联产承包责任制的经营中,以户为单位的经营规模较小,这既增加了农业生产的管理成本,不利于现代农业科技的推广,同时我国农业的规模经济效益根本无法显现出来。随着我国农村生产力水平的不断发展,家庭联产承包责任制的弊端不断彰显。

二、时代变迁中的土地流转制度

作为家庭联产承包责任制的延伸和发展,农村土地流转制度是我国乡村财产制度的一次重大变革。从最基本的概念上讲,土地流转是指土地使用权的流转,即拥有土地承包经营权的农户在保留承包权的基础上,通过转包、转让、入股、合作、租赁、互换等方式将土地经营权(使用权)转让给其他农户或经济组织。土地流转最早可追溯到 1987 年,国务院提出土地使用权可以有偿转让。1990 年,国务院颁布了《城镇国有土地使用权出让和转让暂行条例》。1995 年,国家土地管理局公布《协议出让国有土地使用权最低价确定办法》,提出培育和发展土地市场的 8 项要求。2004 年,国务院颁布了《关于深化改革严格土地管理的决定》,其中明确强调"在符合规划的前提下,村庄、集镇、建制镇中的农民集体所有建设用地使用权可以依法流转。"2008 年,党的十七届三中全会部分承认农民的土地物权中的流转权,农民可以部分获得流转权收益。2014 年,中共中央办公厅、国务院办公厅印发了《关于引导农村土地经营权有序流转发展农业适度规模经营的意见》,《意见》表明要大力发展土地流转和适度规模经营,5 年内完成承包经营权流转。

土地流转制度是我国当前快速发展的城镇化进程的必然选择。从 20 世纪 90 年代以来,我国城乡间的社会流动加速。快速发展的城镇化进程也促使城市与农村之间的二元结构受到冲击。进入 21 世纪以来,我国大量的农村出现了学界所谓的"空心村",留守字样频出。农村的土地经营也不再满足村民的生存与发展需要。此外,土地流转制度也是农村产业结构调整的现实需要。随着我国经济社会的不断发展,工业化、信息化进程的加速,农业生产不断迈向现代农业生产的进程。现代农业的规模化、产业化、技术化也对现有的农业生产方式提出了要求。与此同时,我国第一产业的劳动力人口不断向第二、第三产业转化,这也对农村土地流转提出了现实的紧迫要求。进入 2008 年以来,我国农村地区的土地流转面积和比例不断扩大。

三、以农民为本的土地制度变革

改革开放以来,从家庭联产承包责任制到土地流转,农村土地制度的形式发生了较为深刻的变革,但是从总体上看,土地制度的变革坚持了两点最为基础和关键的要素,一是坚持土地的集体所有权性质。这也是我国的土地制度自土地改革以来最为鲜明的特点。保持土地的集体所有权,也即坚持了土地的社会主义公有制的性质。从家庭联产承包责任制到土地流转,既是顺应经济社会发展的现实需要与选择,也是适应生产力发展的需要,不断调整农村产业结构的结果。在这种土地制度的变迁中,另一个关键的要素就是始终坚持农民在土地制度中的主体性,具体表现为农民对土地的使用权和经营权的占有和支配。从而也在农村生产经营中保障了农民的主体地位。因此,纵观改革开放以来的两次农村土地制度的变革,都从总体上解放了生产力,适应了时代发展对农业生产方式提出的新要求。

第四节 流动的村民:从安土重迁到离土又离乡

一、安土重迁的传统社会心理

我国自古就是以农耕为主的农业国家,土地是人们赖以生存的重要物质,由此人们也在漫长的农耕社会进程中形成了对土地的深厚情感。对土地怀有深厚的情感也是人类所共有的情感,美国人类学家雷德弗尔德说:"赋予土地一种情感和神秘的价值是全世界农民特有的态度。"[①]在我国古代漫长的农业文明的进程中,基于特定的文化传统,孕育了"安土重迁"的乡土观念。《汉书·元帝纪》云"安土重迁,黎民之性",颜师古

———————

① 周晓虹:《传统与变迁——江浙农民的社会心态及其近代以来的嬗变》,三联书店1998年版,第44页。

注："重,难也。"重迁,难迁,即安于长期定居的生活习性和社会心理。安土重迁的心理和情感一方面体现了传统社会中农民对土地的依赖,另一方面也体现了小农经济社会中尚稳恶动的心理状态。社会学家费孝通先生也从乡土社会中血缘与地缘的关系探讨了这种稳定,"血缘是稳定的力量。在稳定的社会中,地缘不过是血缘的投影,不分离的。'生于斯、死于斯'把人和地的因缘固定了。"费老进一步讲到,"自给自足的乡土社会的人口是不需要流动的。"①千百年来,我国村落社会的先民就遵循这样的生活习性与心理,在相对封闭的乡土社会中,"常态的生活是终老是乡"。② 随着社会的发展变迁,安土重迁观念也受到了来自工业化、城镇化的冲击,传统的乡土社会模式开始发生深刻地变革。

二、城镇化与我国城镇化的进程

作为人类生存的聚落形态,与村落相对应的城市是人类进入文明时代以后产生,主要由从事非农业活动的人口构成的较大规模的地域生活共同体。城市的出现是人类历史上具有划时代意义的事件,以致于德国历史学家奥斯瓦尔德·斯宾格勒在其著名的《西方的没落》一书中说"世界的历史就是城市的历史",虽然这样的断言值得商榷,但是足以证明城市在人类发展史和人类文明的进程中所占的重要地位。城市化,亦称城镇化,通常是指伴随人口集中,农村地区不断转化为城市地区的过程。城市人口比重上升,农村人口比重下降是城镇化的一个显著标志。一般认为,世界城镇化发端于 18 世纪 60 年代英国的产业革命。在此之前,世界的城市发展处于十分缓慢、曲折的过程之中。世界城市人口历经长达

---

① 费孝通:《乡土中国》,北京大学出版社 1998 年版,第 70 页。
② 费孝通:《乡土中国》,北京大学出版社 1998 年版,第 10 页。

1000 年之久,始终停留在 3% 左右的水平。而产业革命刚刚进行了几十年,世界城市人口占总人口的比重便以每 50 年翻一番的速度增长:1800 年为 3%,1850 年为 6.4%,1900 年为 13.6%,1950 年为 28.2%。① 城镇化率或曰城镇化的进程对人类社会的发展影响重要,我国作为农业大国和人口大国,城镇化的进程更具有重要的地位。根据全国第六次人口普查的数据,中国内地人口总数约为 13.4 亿,居世界首位,农村人口超过 6.74 亿。城镇化率的表征之一便是农村人口向城市人口的集中和市民身份的改变,由此可见,我国的城镇化进程呈现出一定的特殊性。经济学家斯蒂格利茨曾预言:中国的城市化与美国的高科技发展将是深刻影响 21 世纪人类发展的两大课题。②

　　关于城镇化的起点,学界统一的认识为以城镇人口占总人口数的 10% 来衡量。据此,我国是新中国成立后才开始进入城镇化的起步阶段。从新中国成立以来,我国的城镇化进程大体经历了三个阶段。一是城镇化的快速发展阶段。从新中国成立初到 1957 年,伴随国家社会主义建设的全面展开,农村人口被大量地吸收到城市。到 1957 年,我国的城镇化率达到 15.4%。二是城镇化的起伏与下跌阶段。1958 年实行的"大跃进",导致我国城镇人口急速上升,城镇化率一度达到了 19.8%。此后我国进行国民经济调整,压缩城市人口,到 1965 年,城镇化率回落到 14%。改革开放以后,我国的城镇化率进入到全面提升阶段。城镇化率从 1979 年的 13.2% 提升到 1996 年的 30.48%。2006 年,城镇人口比重上升到 43.9%。2011 年是我国城镇化进程中的关键一年,这一年我国城镇化率首次超过 50%,达到了 51.3%,这也意味着我国城镇人口数首次超过了

---

① 郑杭生主编:《社会学概论新修》,中国人民大学出版社 2003 年版,第 298 页。
② 李强:《中国城镇化"推进模式"研究》,《中国社会科学》2012 年第 7 期。

农村人口数。① 随后几年,我国城镇化进程不断发展,到 2014 年,我国城镇人口总数达到 74916 万人,城镇化率达到 54.77%。我国城镇化进程的迅速发展,对农村的经济社会发展都产生了深远的影响,也直接影响了我国传统社会中千百年来所形成的社会生活方式和心理行为。

三、从安土重迁到离土又离乡

在快速发展的城镇化进程的背景下,我国传统的乡土社会所固有的社会生活方式开始发生了变化,即开始从安土重迁走向离土又离乡。传统社会生活方式的变化既是我国经济社会发展以及城镇化进程所带来的社会现实,同时它也将这种社会变革所面临的问题与矛盾呈现出来。这也昭示着,传统社会生活方式的变革,必将引发我国村落社会深层次的变革。无论是从对城镇化的定义上,还是从我国城乡之间的发展态势来看,社会流动的加速都是自改革开放以来我国最大的社会现实。因此可以说,城镇化与社会流动是相伴而生、相互促进的。广义的社会流动是指个人社会地位结构的改变,狭义的社会流动常常指人的职业地位的改变。从总体上看,社会流动意指人们在社会关系空间中从一个地位向另一个地位的移动。② 作为人类社会普遍存在的现象,社会流动是社会进步的动力之所在。合理的社会流动是促进社会良性运行和协调发展的必要条件,也是打破阶层藩篱、促进社会各阶层接触与有序重构的重要方式。社会流动研究的创始人,美国社会学家索罗金在 1927 年出版的《社会流动》一书中指出,社会流动意味着个人或社会的事物或价值,即由人类活

---

① 郑杭生主编:《社会学概论新修》,中国人民大学出版社 2013 年版,第 342 页。
② 郑杭生主编:《社会学概论新修》,中国人民大学出版社 2013 年版,第 297 页。

动所创造的或改变的一切事物从一个社会位置向其他社会位置的移动。① 纵观我国始于改革开放以来的大规模的社会流动，宏观社会发展与变迁是这种社会流动产生与发展的主要力量。"迁移法则"和"推拉理论"可以对这种社会现象进行有效地解读。早在 19 世纪 80 年代，英国经济学家和社会学家雷文斯坦就提出了关于人口流动的"迁移法则"，并就迁移模式和距离、迁移动机和迁移者特征等提出著名的"迁移七大定律"。在其后的 20 世纪 60 年代，美国人口学家比（E.S.Lee）提出了关于人口迁移的"推拉理论"。在比看来，正是由于具有消极因素的推力和具有积极因素的拉力二者的共同作用，促使由农村向城市的社会流动的产生。

改革开放以来，我国大规模的社会流动也不断呈现出新的发展变化态势。其中经历了"离土不离乡"到"离土又离乡"的模式的转变。具体表现为从改革开放到 20 世纪 90 年代中期的短距离、季节性的"候鸟式"迁移，以及 20 世纪 90 年代中期以来的长距离、离乡式的迁移。这种转变是与我国总体的经济社会发展背景紧密相关的。20 世纪 80 年代以来，我国农村开始出现了以集体经济组织或农民投资为主、在乡镇（包括所辖村）举办的承担支援农业义务的乡镇企业。到 20 世纪 80 年代中后期，这种在由原来的社队企业基础上发展而形成的乡镇企业达到发展的第一个"黄金期"，产生了乡镇企业中的苏南模式、珠江模式等形式。与此同时，我国农村开始出现剩余劳动力。根据农业部门的调查统计，1985 年，大多数农村地区的剩余劳动力占农村劳动力总数的 30%—50%，绝对规模在 1 亿人以上，如果再加上被抚养人口，则总数可达 2 亿人。② 乡镇企

---

① 刘豪兴：《农村社会学》，中国人民大学出版社 2004 年版，第 193 页。
② 王桂新：《改革开放以来中国人口迁移发展的几个特征》，《人口与经济》2004 年第 4 期。

业开始大量吸收农村的剩余劳动力。"离土不离乡"的农村迁移模式逐渐形成。20世纪90年代以来，随着我国改革开放不断向纵深发展，沿海地区依靠区位优势迈上了更快的发展进程。由此引发我国农村剩余劳动力人口开始形成由乡镇向大城市、由内地向沿海的迁移走向。我国的社会流动也在逐渐由"离土不离乡"向"离土又离乡"转化。这种转变是在我国改革开放、世界经济不断向全球化发展的大背景下产生，并且不断向纵深发展的动态历程。从流动的土地到流动的村民，从表面上看是村民社会生活方式与行为方式的改变，但是这种在政策主导、外在社会宏观背景的变革已经开始引发农民心理上的改变，即由传统农业社会的生活方式不断向现代工业社会的转变，这既是人类去弊从利的理性行为，也是现代文明所引发的迁移和变革。最终，农民传统生活方式的变革又将导致村落社会的深层次的变革。

第五节　探索与反思：农业生产文化
变迁中的村落与村民

从上述本书所调查的民族地区5个村落的农村生产制度和农业生产文化的变迁中可以看出，由外到内存在几种引发和促进村落农业经济变迁的力量。正是这些力量的合力，引发或促进了民族地区村落的农业文化变迁。

一、政策制度主导引发村落农业生产文化的变迁

由国家政策主导而引发的村落农业生产文化的变迁在村落土地制度的变迁中表现得最为明显。这也与我国长时期处于农业社会，以及土地

对于村民的重要性有直接的关系。费孝通先生认为,土地的占有通常被看作习惯上和法律上承认的土地所有权,他更引用马林诺夫斯基的话来加以说明这种占有关系,"这种体系产生于土壤的用途,产生于与其关联的经济价值。因此,土地的占有不仅是一种法律体系,也是一个经济事实。"①因此,土地对于村民来讲,千百年来一直是安身立命的基本物质生产资料。土地制度的变革也因此会对农村、农民、农业产生牵一发而动全身的效应。

从 5 个村落土地制度以及农业生产文化变迁的分析中可以看出,国家政策制度是主导村落农业生产制度变迁的主要力量。国家政策制度是从宏观和顶层设计上指导村落农业文化变迁的主线。在不同的历史发展时期,在不同的形式和内容的政策制度的主导下,村落的农业生产、经营方式就会做出不同形式的回应,这也直接促成了不同历史时期的村落农业生产文化的形成和积淀。当然,从历史的发展进程来看,并不是所有的政策制度都能很好地促进和提升当时农业生产经营的发展,但是每一时期都形成了特定的农业生产经营文化,也沉淀了村落特定的农业生产文化。

二、农业生产经济的发展推动农业生产文化的变迁

毋庸置疑,政策制度是村落农业生产文化变迁的主导,但是在村落农业生产文化的变迁中,农业生产经济的发展状况也是村落农业生产文化变迁的重要决定力量。马克思主义哲学强调,经济发展是基础,经济基础决定上层建筑,足见经济在社会发展中的基础和重要作用。人类历史的

---

① 费孝通:《江村经济:中国农民的生活》,商务印书馆 2005 年版,第 154 页。

发展进程也表明,经济基础是推动社会发展的关键力量。经济基础所引起和促成的社会生产力的发展是历史发展的重要推动力。村落农业文化的发展变迁历史也表明,村落农业生产经济的发展直接推动村落农业生产文化的变迁。并且这种对农业生产文化的推动主要体现在村落农业生产物态文化的变迁上,以实物和有形的方式凝结了农业的生产文化。在所调查的 5 个村落中,内蒙古的美岱召村和广西的秀水村的村落经济发展较好,相应地体现在对农业生产文化的影响上力度也最强。

由村落的经济发展而引发推动的村落农业生产文化的变迁可以看作是村民的一种自发性社会行为。这种社会行为首先是来自村民对经济理性的追求。可以说,这种行为符合马克斯·韦伯所界定的目的合理性的性质,即通过对外界事物的情况和其他人的举止的期待,并利用这种期待作为"条件"或者作为"手段",以期实现自己合乎理性所争取和考虑的作为成功的目的。① 由此看来,以村落的经济社会发展为前提而引发的村落农业生产文化的变迁是村民在农业生产中所进行的理性行为,这种具有目的合理性的行为方式,是推动农业生产文化变迁的基础和重要组成力量。

三、思想观念的变迁引发村落农业生产方式的变迁

从政策制度主导村落的农业生产文化变迁到农业生产经济的发展推动农业生产文化的变迁,进而到农民思想观念的变迁需要一个较长的时期,但是一旦上升为农民思想观念的变迁就会引发巨大的变迁推动力。从国家层面的政策制度的制定执行到农民对政策制度的认识和接受需要

———————

① ［德］马克斯·韦伯:《经济与社会》,商务印书馆 2004 年版,第 57 页。

一个过程,但是必须要经历这个过程,才能从实质上促进农业生产的变迁与发展。农民是村落的主体,也是村落农业文化变迁的主体。也正因为此,作为主体者思想的更新与发展在村落的农业文化变迁中既是文化创造者,同时也是文化接受者。法国的孟德斯鸠在谈到农村变迁的力量时指出:"在缓慢变化的社会里,人们更为关切的是维护传统,而不是弹性和适应,当这种社会和处于这种社会中的人们必须跟上迅速变化的工业社会的节奏时,他们就茫然不知所措了。一切机构、一切社会机制和心理机制都必须要改变,人格结构必须重组。"①我国的村落变迁,是在我国城镇化进程的大背景下发生的。进入 21 世纪以来,我国的城镇化进程快速发展,2011 年,我国城镇化率达到 51.3%,历史上第一次城镇人口数量超过了乡村人口数量。随后几年,我国的城镇化率更是快速增长。根据国家统计局的数字,到 2015 年,我国城镇化率已达到 56.1%。与法国的孟德斯鸠所处的 18 世纪的社会背景相异,我国的村落变迁是处在现时代快速的城镇化、工业化,以及信息化的进程中,因此,村民思想观念的变迁是处在外界强大的社会变迁的宏观背景下,个人的思想观念的变迁是主动与被动变迁的统一体。因此,村落农业生产文化的变迁是综合了政策制度主导、经济发展的推动力和农民思想观念变化的合力的综合发展的表征。也因此,变迁着的村落农业文化也是历史和时代综合变迁的记载和见证。

四、地区差异导致村落农业生产文化变迁的差异

自古以来,我国就是农业生产大国,进入农耕社会的时间较早,所经

---

① ［法］H.孟德斯鸠:《农民的终结》,李培林译,社会科学文献出版社 2010 年版,第 40 页。

历的农业社会时期也较长,因此在历史上的农业社会时期,也更多地受到与农业生产相关的自然、地理环境的影响。我国的气候主要受亚洲大陆影响,冬季形成了干冷天气,夏季受季风的影响,通常有大量的降雨,充沛的雨水和大部分地区的低纬度的高温日晒,有利于农作物的生产。但是我国较辽阔的幅员面积,地理区位上的差异,仍然产生了农业生产上的区位差异。从总体上来看,我国南方的农业产区由于气候等原因,多种植温带、亚热带的作物,一年两熟成为可能。在我国北方的粮食产区,多种植抗寒等作物,多为一年一熟。此外,区域的地理条件也影响了农作物的生产。我国南方多山地、高原,以及丘陵等地带,北方多为平原。这种区位地理的差异也是现代农业生产方式变迁产生差异的原因所在。现代农业机械设备是现代农业生产的一个主要标志,但是现代农业机械设备在实际的生产操作中却受限于田地的地势与面积等。在北方的平原地区,更适于现代农业设施的操作。南方的山地中的田地,地势较高,多为顺山势而犁成的面积较少的田地,还有的为梯田。因此,便在一定程度上限制了现代农业机械设备的使用,也限制了现代农业的发展。

此外,从现代农业发展的规律来看,规模化经营是现代农业的发展趋势,也是现代大农业的主要生产方式。在土地制度的变迁上,通过对民族地区 5 个村落的调查分析可以得出,在传统的农业生产时代,5 个村落的土地制度与发生的变革基本相同,都是在小农经济主导下的土地制度的变迁。但是进入到现代规模化农业生产时期,5 个村落的变迁就出现了差异。最典型的差异是进入到 21 世纪以后,内地土地制度变迁速度增快。这与地区的区域经济发展水平是紧密相关的。例如本书中的内蒙古美岱召村所属的土默特右旗为促进农村土地流转专门制定了优惠政策,为农村土地流转的加速进行,以及形成大规模的农业生产奠定了基础。

另外,地理位置以及农业生产条件也是引发或阻碍农业生产方式变迁的主要原因。本书中的云南郑营村和诺邓村,由于地处高原,以及丘陵地带,无法进行现代化大农业生产,加之总体上农业生产经营条件较差,也在一定程度上阻碍了农业生产经营方式向现代化的转变。因此,由区位地理上的差异而导致的农业生产文化的变迁将较为长久的存在。

第四章

民族地区村落乡土文化之社会民俗文化的变迁

村落社会在漫长的历史进程中,厚积了丰富与独具特质的社会民俗文化资源,这些文化资源在一定程度上体现了中华民族悠久的历史与独特的精神特质,极具民族文化的本源性和历史传承性。

第一节　村落历史生成中的传统文化
要素与传统文化特质

"传统"一词,具有时间纵向和空间横向的双重含义。"传",是指时间上的历时性、延续性,是指那些过去有的,现在仍然在起作用的东西,是一代一代传下来的活的东西;与之相对,"统",既指空间上的拓展,也蕴含权威性的含义。按照《辞海》中的解释,传统是指"历史上流传下来的社会习惯力量,存在于制度、思想、文化、道德学各个领域……对人们的社会行为有无形的控制作用。"[①]作为历史上延传下来的制度规范、道德风

---

① 《辞海》,上海辞书出版社1989年版,第242页。

俗、宗教艺术乃至思维方式、行为方式等,传统一词着力强调了思想文化的厚重性,以及延续性这两种特性。

一、村落历史生成中的传统文化要素

源于拉丁语的"文化"一词,伴随人类的发展进程,意涵从最初的耕耘、耕作等逐渐扩展为涵盖人类物质行为和精神行为的一切要素总和。文化所具有的超生理性和超个人性、复合性,以及文化的象征性和传递性,[①]决定了文化注定是内涵丰富的人类历史实践中所创造的产品总和。同时,文化也是人类精神和物质归属的家园,是各民族绵延中的独特基因留存,即民族分野的标志。村落是凝聚人类社会农耕文化和社会民俗文化最集中的地理空间和社会空间,村落也因文化基础的差异而体现出变迁与发展的迥异。

(一)村落初元的文化底蕴积淀村落生成的文化优势

本书中的广西秀水村地处富川县西北,富川瑶族自治县古属楚、越交界之地,文化底蕴深厚。秀水村始建于唐朝的开元年间,距今已有1300多年的建村历史。相传秀水村的始祖名为毛衷,原籍省衢州江山县江郎村人,唐开元年间进士,为广西贺州刺史。辞官后与其三子毛傅卜居富水鳌岗,后迁秀水村。毛氏始祖注重耕读,自建村立寨起,就把"读书荣身"作为宗族思想,以毛氏家族为始祖的秀水村世代注重读书,读书之风在村寨盛行。据考证,自唐科举开考,秀水村共有进士26名、宋代状元1名,即宋开禧元年乙丑状元毛自知,秀水村也因此被称为名副其实的"状元村"。

---

① 郑杭生主编:《社会学概论新修》,中国人民大学出版社2003年版,第67页。

广西秀水村状元楼

历史上,秀水村还兴建书院,对村寨孩童进行开蒙教育。先后创建了鳌山石窟寺书院、山上书院、对寨山书院、江东书院等四座书院,文脉之风绵延千年之久。村中保存有明清时期的状元楼、进士屋、古门楼、祠堂等元代及明清时期被赐予的款式各异的匾额等。

云南红河州的郑营村也是人杰地灵,文化底蕴丰厚,历史上曾出过众多名人。明朝崇祯年间,郑营村人张一甲中二甲第二名进士,后任礼部主事、四川叙马卢兵备道等职。1713年,张一甲曾孙张月槎中进士,被点为翰林,授翰林院庶吉士,后调任河南府知府。23年后的1736年,56岁的郑营人张月槎被召试策论,御定二等第三名,二入翰林院,成为名噪全国的"二次翰林"。光绪二十七年辛丑(1901年),郑营人陈鹤亭中举人,两年后中进士,次年被派往日本考察政务学务。历史村落丰厚的文化底蕴深深地积淀在村落的变迁中,奠定了村落独特的文化优势。

(二)民族与宗教的融合发展促进村落的生成

我国历史上就是多民族共存与发展的国家,多民族的共同发展创造了内涵丰富、形态各异的民族文化。宗教作为民族文化中重要的组成部分,较集中展示了少数民族人民的价值取向和精神归属。在民族地区村落的历史生成中,民族融合与宗教融合也是促进村落生成的主要因素。

通过民族互通、融合发展以此促进村落的形成在本书中的美岱召村和郭麻日村表现得较为明显。前文所述,内蒙古的美岱召村是一个蒙、汉民族混居的村落。美岱召村因有美岱召庙而得名,召是内蒙古地区对寺庙的特有称谓。从殷商到战国前,美岱召村境内先后有土方、鬼方、猃狁、戎狄、林胡、楼烦等少数民族活动。战国时,赵武灵王"逐胡开疆","攘地至阴山",村境属赵国云中、九原地。三国时,曹操把云中、九原等地居民迁于并州,鲜卑等随后占据,魏太武帝时,迁 10 万敕勒人驻牧于漠南千里之地,名其地位敕勒川,村境恰在敕勒川上。到明正德五年(1510 年),达延汉统一蒙古各部落,建 6 万户,分封其子统治。其中 3 万户之一的土默特部万户驻牧丰州滩,后更名为土默川。"16 世纪 60 年代中期,成吉思汗第十七代孙阿勒坦汉在大青山脚下主持修建了城寺结合、人佛共居的寺庙,即今天的美岱召。"①由此奠定了美岱召村蒙古族村落最初的民族构成形式。

至清代以后,在大规模的"走西口"中,大量的山西、陕西的汉族民众迁移至今天的美岱召村境,从此蒙汉混居、通婚沿袭至形成今天的美岱召村。此外,从村内著名的城寺结合的庙宇——美岱召的建筑特色上也能体味出民族融合、共同发展的意涵。始建于明代万历年间的美岱召在建

---

① 美岱召村志编写组:《美岱召村的建置沿革及村名变迁》,《西口文化》2012 年第 1 期。

大青山下的美岱召庙宇

筑特色上仿中原汉式,融合了蒙、藏风格,反映了蒙汉和好、民族团结的历史蕴含。

同样,青海省黄南藏族自治州同仁县的郭麻日村也很好地体现了多民族的融合发展。郭麻日村位于黄河支流隆务河以西地区。隆务河流域在秦汉以前被称为"羌戎之地"。自唐高宗龙朔三年(663年),同仁地区成为唐与吐蕃对峙之地。安史之乱后,吐蕃人占据河西、陇右之地,安多藏区逐渐形成,同仁地区成为以藏族为主的聚居区。

公元1227年,成吉思汗所部攻占河湟地区,同仁地区归属蒙古汗国。明朝实行的军垦屯田制度也对郭麻日村的民族融合发展产生了影响。明洪武十三年(1380年),调拨河州48户农民至贵德、肯种守城。至永乐九年(1411年),同仁县境内设吴、计、李、脱四屯,其中李屯即今天的郭麻日

青海郭麻日村藏族风格的郭麻日佛塔

村。至此,通过屯田制汉族已经开始在郭麻日村与当地原有的藏族融合发展。清顺治九年(1652 年),顾实汗第五子伊勒都齐之次子博硕克图济农成为黄河南部地区的实际统治者。蒙古族(土族)开始在郭麻日地区聚居,汉族和藏族在郭麻日村日渐撤离或被同化,蒙古族(土族)逐渐成为郭麻日村的主要世居民族。

此外,云南大理的诺邓村虽是白族聚居的村寨,但是在村落的生成与发展变迁中,也在一定程度上体现了民族的融合发展。据考证,诺邓村的先民,应是如今大理白族的土著远祖。由在大理云龙县出土的文物考证,诺邓的土著应是大理洱海区域原始人类的一部分。随着诺邓盐业生产规模的增大,外来围井居民日益增多。至元代,诺邓已成为以盐业为主的一方商贸中心。"从明洪武十六年(1383 年)起,中央政府在诺邓设五井盐课提举司,其下还设有诺邓井盐课司大使。许多到此为官的汉族姓氏从此落籍诺邓。成化年间福建的黄孟通、嘉靖年间江西的李琼等历任提举而先后落籍诺邓。在元、明、清时期(主要是明代)诺邓村形成的诸如杨、李、黄、徐、段等20余姓氏分别来自江苏、福建、河南、四川等省。从清代中叶至民国年间以致新中国成立后,诺邓村仍有外来姓氏落籍。"①至此,诺邓村在原有土著白族的基础上,不断融合外来嵌入的汉族,历经千年的民族同化与融合发展,逐步演化成今天的白族村寨——诺邓。

宗教作为社会意识形态的一种表现方式,以文化现象的形式表征了人类社会历史发展到特定阶段所产生的一种世界观和价值信仰。宗教具有如道德规范、协调社会稳定与调节人的心理等功能。在我国少数民族较集中的民族地区,宗教信仰无论是从渊源流传、还是从信仰的相对人数等,都具有较明显的表现。在民族地区村落的生成上,也留有宗教的融合并存对村落生成作用的体现。

在本书所调查的民族地区的5个村落的生成中,体现较明显的有青海的郭麻日村以及云南大理的诺邓村。如前文所述,历史上,随着安史之乱后吐蕃人的侵入,安多藏区逐渐形成,藏传佛教开始在青海的郭麻日地区盛行。至宋元时期蒙古族进入郭麻日村所属的同仁地区,蒙古族与当地藏族开始有了交融发展。其后,蒙古族(后一支为土族,逐渐成为郭麻日村的稳定聚居族群)。综合并存藏族、蒙古族和汉族的宗教文化特质,郭麻日村在宗教文化上形成了以藏传佛教为主、与蒙、汉民族文化相兼容并包的独特文化特质。这也明显呈现出与纯藏区不同的文化发展形态。

云南大理白族村寨——诺邓村在宗教信仰上也呈现出独特的一面。

---

① 黄金鼎、李文笔编著:《千年白族村——诺邓》,云南民族出版社2004年版,第52页。

诺邓村属于白族村寨,白族的三崇本主崇拜是诺邓村民的主要宗教信仰。同时,佛教也是诺邓人信奉的宗教之一。诺邓村明朝初年即供奉孔子塑像。乾隆九年(1744年),诺邓村又修建了孔庙。由此,诺邓村宗教信仰上呈现出数教一体、多主同奉、多元宗教和谐共处的一面。

云南诺邓村的文庙

另外,历史上的南诏时期,佛教就已经传入诺邓村。至明、清朝中叶时期已经在诺邓盛行,清末后期佛教在诺邓村中逐渐减退。目前,村内还建有佛寺庵堂。在诺邓的村落生成史上,很好地体现了本土传统宗教与外来宗教的融合并存,宗教的融合发展也是村落生成以及村落文化变迁与发展的推动力量之一。

(三)屯田文化扩展了村落生成的历史内涵

"明初,南北方农村同时经历了一次大规模的移民活动,在北方即从山西向华北平原移民,在南方则是著名的'江西填湖广,湖广填四川',中国村落在这一时期经历了一次广泛而深刻地重建。"①经由移民而产生的村落在我国的村落生成中也占有一定的比例。

云南红河州石屏县的郑营村原名"普胜村",是一个在明朝洪武年间由移民而生成的村落。在郑营村,村中的大姓为郑姓、陈姓、李姓等。始祖郑氏祖籍浙江金华府江县。明洪武十四年(1381年),郑氏始祖郑太武随沐英将军的部队入滇,在蒙自落籍,驻于滇南蒙自县黑坡村。几十年后,郑太武的儿子郑从顺从蒙自迁移到石屏驻扎,后来又迁入石屏赤瑞湖南岸的土著村落——普胜村。后来郑从顺将普胜村改名为"郑营","营"取自"军营、驻扎"的含义。从此浙江郑氏在此繁衍生息、开基创业。明朝洪武中后期,朱元璋实行"移中土大姓以实云南"的政策,于是又有数百万江南、中原的汉人迁移到云南。"明朝军户子孙世袭,当时规定军丁必须携带妻儿甚至全家迁移。无妻室者,则令当地娶妻。联姻带来了当时汉民族和少数民族的文化交融。"②这一时期,原来只有郑氏一族定居的郑营又有陈姓、李姓、张姓等江浙皖籍汉人不断地迁入,郑营村也就变成了一个多姓汉人聚居的大村落,直到今天,郑营村仍然是一个边疆民族地区的汉族村寨。

同样,军垦移民也是青海郭麻日村历史生成的主要原因。"明洪武十三年(1380年),朝廷调拨河州48户农民至贵德、肯种守城。至永乐九年(1411年),郭麻日村所隶属的同仁县境内设吴、计、李、脱四屯,其中李

---

① 王德福:《南北方村落的生成与性质差异》,《西南石油大学学报(社科版)》2011年第6期。

② 高春林:《石屏郑营:云南第一历史文化名村》,云南美术出版社2006年版,第18页。

屯即今天的郭麻日村。"①云南大理白族自治州诺邓村在一定程度上属于由移民而形成的村落。诺邓村的先民自元、明以来,从南京、浙江、福建、湖南、江西等地陆续有移民或因经商或因仕宦之故迁来,在同当地原住民融汇结合后,形成了诺邓村现有诸家族。此外,内蒙古自治区的美岱召村在清代以后,大规模的"走西口"②活动轰轰烈烈地展开,更多的山西、陕西民众迁徙到美岱召村周围居住,逐渐形成了几个居民点,最终组成了大的自然村落。③ 由此可以看出,在久远的农耕社会,在村落的历史生成中,由于政府组织或者受自然生存条件限制而导致的迁徙在一定程度上促进了村落初元生成。

二、民族地区村落历史生成中的传统文化特质

(一)村落文化中的传统文化特质

传统村落文化的"传统"特质表现为它很好地诠释了包括中国古代儒家思想在内的优秀中国传统文化的精髓。这种文化精髓首先表现为"礼"的思想。儒家中"礼"的思想浓缩了四书五经、诸子百家和二十四史的精华。"礼"既是一种政治原则,同时也是一种社会制度和规范。因此有所谓的"礼之所去,刑之所取,失礼则入刑,相为表里者也"。我国的村落建村久远,在漫长的村落生成与变迁中,作为村落文化资本具体形态的

---

① 根据《同仁县志》资料整理,三秦出版社 2001 年版。

② 西口:狭义的西口指长城北的口外,包括山西杀虎口、陕西府谷口、河北独石口。后西口泛指在长城以北的内外蒙古从事农业、商品交易的地方,包括陕西西北部的神木口,河北北部的张家口以及归化城(今呼和浩特市和包头市)。民间所说的"走西口"中的西口指长城北的口外。西口是晋商、陕商出关与内蒙外蒙贸易的地方。走西口的主力人群包括晋北人、陕北人、河北人。"走西口"是一部移民史与创业史。"走西口"开发了内蒙古地区,给处于落后游牧状态的内蒙古中西部带去了先进的农耕文化。

③ 胡云晖:《美岱召村汉语方言中的蒙古语借词考》,《阴山学刊》2012 年第 4 期。

文化知识、文化技能以及综合文化素养等以"礼"的形式所厚积和呈现出来。"礼"既体现在物态的传统建筑如庙宇、祠堂等所蕴含的思想文化上，也体现在传统的民风、风俗等方面。

其次是村落传统文化中所呈现的中庸思想。社会学家潘光旦先生从中庸思想的"致中和，天地位焉，万物育焉"之义提炼出"中和位育"的概念，"位"是指天与地各安其位，"育"是指万物在天地间生长发育，很好地诠释了传统村落文化所体现的个人与个人、个人与群体乃至民族和国家、人类与自然环境的良性互动。最后是儒家中"尚教"思想的体现。这从我国古典文献最早对文化的阐述中可以看出，战国末期的《易·贲卦》的《象传》中说："观乎天文，以察时变；观乎人文，以化成天下。"西汉以后，刘向在《说苑·指武》中把文化作为专用名词使用，如"凡武之兴，为不服也，文化不改，然后加诛。夫下愚不移，纯德之所不能化，而后武力加焉。"再如束晳在《补亡诗》中曰："文化内辑，武功外悠。"因此，中国古代典籍中文化之意涵，与武力征服相对，体现了文治教化，与天造地设的自然相对称，与无教化的"质朴"和"野蛮"形成反照。①

（二）村落文化中的宗族特质

宗族，亦称"家族"，属于人类学术语，是指拥有共同祖先、通常表现为同一个姓氏的人群在同一聚居地形成的大的聚落形式。一个宗族可以包括很多家族。中国的家与宗族，有其独特的意涵。社会学家费孝通认为，"在中国的乡土社会，家并没有严格的团体界限，这社群里的分子可以依需要，沿亲属差序向外扩大。但是在结构上扩大的路线却有限制。中国的家扩大的路线是单系的，就是只包括父系这一方面"。因此，我国

———————
① 冯天瑜：《中华文化史》，上海人民出版社 2010 年版，第 4 页。

的宗族是父系单系亲属集团,即以一成年男性为中心(称"宗子"或"族长"),按照父子相承的继嗣原则上溯下延,这是宗族的主线。家之父受制于族之宗子,即所谓"父,至尊也""大宗,尊之统也"。族内有家,宗族是在家庭基础上由血缘关系而形成的家庭的联合体。

村落文化的宗族特质主要表现为,一是血缘纽带和凝聚力强,二是地缘特征明显,三是宗族文化的家园意识与家园精神。从最基础的方面看,拥有共同祖先、生活在共同时空下的宗族聚落首先是人类先祖面对严酷的自然以及社会的生存斗争而选择的结果。由血缘关系作为基本纽带、共同经历社会生产实践,由此形成了宗族聚落较强的世袭性、稳定性与凝聚力的特性。人类学家林耀华在其1936年发表的《从人类学的观点考察中国宗族乡村》中指出,"宗族乡村是乡村的一种,宗族乡村四字连用,乃采取血缘与地缘兼有的团体的意义,即社区的观念。"宗族文化的地缘特征明显,其一是表现为不同的宗族都是在特定的地域空间形成与变迁的,是与特定地理环境紧密相关的。其二意为从我国的宗族文化形成的总体上看,广东、福建、浙江等江南与华南地区宗族较发达,秦岭,以及黄河以北地区宗族发育较薄弱。此外,宗族文化的家园意识与家园精神是国家内聚力和认同感的基础,是提升中华民族内聚力和认同感的重要基础!这种宗族特质是拓展与提升村落文化的最高境界与最现实的体现。

第二节　民族地区村落社会民俗文化变迁的表现

从一定意义上讲,村落的社会民俗发展变迁史也是村落经济、政治等变迁史的一种表现形式。本课题所调查的5个村落的社会民俗文化,虽然源自不同的文化起源,但从整体上仍呈现出一定程度的相类似的变迁规律。从总体上而言,村落社会民俗文化呈现出消失与同化、传承与复兴两大主要变迁特征。

一、消失与同化:村落传统民俗文化的嬗变

(一)逐渐消失的村落传统社会民俗文化

自改革开放以来,伴随我国总体经济社会的发展,我国工业化、城镇化、信息化进程总体加快,与之相伴的是社会流动的加速。社会流动,一方面表现为农村人口向城市地区的转移,即城镇化进程的总体加快。在人口流动的同时,城市文明也开始伴随着工业化、城镇化的进程,以现代产品为主要载体和媒介形式,不断向农村地区流动。城市文明以它的新奇、独特或与现代社会的契合性,在广大的农村地区找到了适合生长的土壤,但是这种城市文明却对旧有的村落文化产生了一定的冲击与影响。这种冲击与影响主要表现在两个方面,一是旧有的村落文化在面对现代城市文明时逐渐退出历史的文化空间,直至消失;二是现代城市文明以其所特有的实用性和信息表征等形式在村落空间不断与旧有的村落文化相结合,从而使村落文化在发展变迁中呈现出新的文化发展形态。总体而言,民族地区村落的社会民俗文化变迁最明显的表现是随着现代社会文明向村落的不断传输,村落地区传统的社会民俗等文化形态有所减少。如郑营村所隶属的云南省石屏县等地在历史上有祭孔的习俗,祭孔是儒家文化思想的经典传承方式。改革开放后,祭孔在石屏地区已经消失。再如美岱召村所隶属的内蒙古土右旗地区,蒙族的传统节日祭脑包和糕灯节在今天已经消失。此外,5个村落的方志等历史文献中都提到,在古代的婚姻形式中都存在包办婚姻、同姓不婚以及异族不婚等现象。但是新中国成立以后,随着改革开放的发展,社会变迁加速,在5个村落中都

已经是实现了婚姻自主、异族通婚的婚姻文化形式。这种婚俗的变迁,在调查时也是让课题成员感受最深的。

案例3 24岁的C是云南郑营村村民。22岁的Y是C的新婚妻子。Y是云南文山人。两年前,同在昆明一家服装公司打工的两人相识并相恋。C是汉族,Y是壮族。据访谈得知,二人在谈恋爱前,就知道各自的民族,但是在两人看来,不同的民族对恋爱和婚姻并没有什么影响,作为汉族的陈某甚至还觉得找个少数民族的妻子很"划得来"。这种"划得来"表示将来他们的孩子也可以是少数民族,在读书、就业和工作中会享受到一些少数民族的照顾政策。同时,C也高兴地向我们介绍,如果是在几十年前,他的漂亮妻子是不会被家人允许和汉族人结婚的。如果不是出来打工,身在云南红河的C也几乎不会和身在云南文山的Y相遇和相识。C有些兴奋地告诉我们,他们夫妻领取了结婚证后,在昆明举办了一次酒席,宴请的都是在昆明工作中的朋友等。这次回家乡,是和妻子办第二次婚宴,也是最隆重的一次,主要宴请男方家乡的亲戚朋友等。C说,下个月,两人还要一起回到文山,在妻子的家乡再举行一次婚宴,宴请女方的亲戚朋友。这种异地的婚姻形式以及婚俗的变迁,在几年前的郑营村是很少见的。现在,两人已经离开原来一起打工的服装公司,在昆明市的最大商品批发市场——螺蛳湾商贸城租了摊位,开始了自己的创业生涯。

当前,随着外出务工青年的增多,婚俗的变迁成为乡村社会文化变迁的主要形式之一。传统的"盆地式"①婚姻开始减少,跨县、甚至跨省的婚

---

① 盆地式婚姻:社会学上把传统社会中空间地理位置较近,通常是本村、本乡的婚姻形式称为盆地式婚姻。——笔者注

姻开始增多。相应的,传统社会中特定族群、特定文化的婚俗形式逐渐呈现出现代社会的演变。这种演变既包含了部分传统社会民俗文化元素的消失,同时也包含了传统社会民俗文化被同化的形式。

(二)村落社会民俗文化的同化与融合发展

与部分村落的传统民俗消失形成对应的是,在所调查的 5 个村落中也发现村落民俗文化的另一种嬗变,即文化的同化现象。这种同化既表现为民族的同化也表现为地区的同化。民族同化在民族混居的地区比较明显。地区同化表现在民族村落在发展变迁中不断被汉族文化所同化。广西的秀水村是瑶、汉杂居村落,内蒙古的美岱召村是蒙、汉杂居村落。这两个村落在文化上表现为被汉族文化的同化现象最为明显。仅从服饰上,如果不去刻意地询问,已经区分不出民族的归属。

案例 4　F 是广西秀水村的小学教师,汉族。在谈及秀水村汉族与瑶族的文化发展变迁时,这位老师有些无奈地表示,当前,仅从学校教育来看,瑶族的文化在学校课堂上并没有得到很好的传承与发展,在整个村小学,瑶族学生仅占了 30% 左右。学校的课程设置,都是上级教育部门统一规定的,关于民族文化传承的乡土教材仅在学校的图书室中陈列,目前还没有在课堂上讲授。瑶族的学生在平时的衣着上已经和汉族学生没有区分了,民族服饰只在特定的民族节日中才有人穿。整个村落最重要的节日也是春节。因此,F 表示,从村民的社会习俗发展与变迁上看,瑶族文化受到汉文化的影响和同化是很大的,大家在日常共同的生活空间中已经开始慢慢相互融合。

另外在节日等民俗上,在少数民族与汉族杂居的村落中,春节等重大节日已经成为村民共同的传统节日。与此相应,即使在纯粹的民族地区的民族村落,也在社会发展中逐渐被以汉族为主的文化所同化,例如云南的诺邓白族村、青海的郭麻日土族村等。在文化的发展与变迁中,更多地呈现出汉族的特色,并逐渐与汉族文化融合共生发展。

二、传承与复兴:村落社会民俗文化变迁的新趋向

在民族地区,村落的传统民俗文化除了表现为消失和同化,传承与复兴也是另外一种较明显的表现形式。在本书的调查中,对村落传统民俗文化的传承表现得最为突出的是青海郭麻日村,尤以对传统热贡艺术的传承。内蒙古美岱召村和云南诺邓村则在对村落传统文化的复兴上表现出较为独特的一面。

(一)村落传统民俗文化的传承

本书所调查的5个民族地区的村落,均具有较深厚的历史文化底蕴,村落历史文化的留存较好。即使在现代化、信息化与工业化的快速发展进程以及城市文明的扩张中,村落文化仍体现出了被较好传承的一面。在这一点上,青海郭麻日村对热贡艺术的传承就是典范。热贡藏传佛教艺术最初始于13世纪的元代,在青海省最初产生于曲麻、夏卜浪等村,后来逐步扩展到本书所调查的郭麻日村。热贡艺术以绘画为主要表达内容,绘画的形式主要为唐卡①和壁画。除绘画外,热贡艺术还包括彩塑、雕刻以及堆秀等形式。

在调查中获知,目前在郭麻日村,热贡艺术传承与发展得很好,村里除郭麻日寺有专门的喇嘛在进行唐卡绘画外,村民中有40%的人都有唐卡的绘制技艺。村民中唐卡技艺比较好的大约有二十几人。所创作的唐卡除少数进行珍藏外,其余都以文化艺术品的形式进行出售。唐卡销售

① 唐卡,是热贡艺术的主要代表形式,具有藏族风格、表现佛教内容的卷轴画。该艺术讲究内容、材质的选取,以对称和均衡为其笔法。——笔者注

青海郭麻日寺的喇嘛在绘制唐卡

也是目前郭麻日村里经济收入的一部分。

以青海郭麻日村为例，当前，村里的郭麻日寺有大约100名喇嘛，他们都住在村内的城堡里。这些喇嘛出家前都是本村的人。平日里画唐卡也是他们主要的工作之一。作为热贡艺术的主要代表形式，唐卡绘制技艺在郭麻日村的盛行也很好地体现了对传统民俗文化的传承。

案例5　D是郭麻日寺的一名喇嘛，35岁，出家已经20年了。D在郭麻日村里有一间自己的小屋，屋里的陈设满是绘制唐卡的各种工具等。平日里除了寺庙里的一些事宜外，D的大部分时间都在这间小屋里绘制唐卡。D也自豪地向我们介绍，他绘制唐卡的技术基本是整个郭麻日村最好的了，他的顾客来自全国各地。他绘制的唐卡最贵的能卖到几万元，几千元的也有，最少的也要卖几百元一幅。

在所调查的云南的诺邓村,火把节这一传统民俗文化也被很好地传承下来。诺邓村的火把节属于地道的南诏遗俗。每年的农历六月二十五日,诺邓村民便开始庆祝传统的民族节日——火把节。诺邓村火把节的火把用柱子一般粗、长约三丈的木杆制成,再用长约三尺多的松柴,围着木杆,一节套一节,由上往下扎紧。平年扎十二节,闰年扎十三节,顶上插上用竹篾编扎、彩纸裱糊的升斗,里面伸出三支戟的"连升三级戟"。入夜,经三牲祭奠后点燃,顶端"斗把"渐渐烧断落下,家无子嗣的已经候着抢"连升三级戟",抢着斗儿,被认为会生育男孩接续香火。谁家抢到了,第二年火把节就要由这家出资扎火把。大家边观赏边拾那些烧落下来的果子粑粑,场景热烈欢畅。诺邓的火把节还要举办赛马活动。赛马的场地就在玉皇阁后的平地上。家有坐骑的于早餐后给马儿配上华丽鞍鞯。观众人山人海,呐喊助威,热闹非常。①

对村落传统社会民俗文化的传承,一方面体现了在现时代的文化变迁中,这种传统文化的广泛适应性;另一方面,在传统社会民俗文化的传承中,也增强了对中华民族深厚文化的认同感与自豪感。

(二)村落传统民俗文化的复兴

在对民族地区 5 个村落的社会民俗文化变迁的调查中发现,除村落传统民俗文化的传承外,村落的传统文化也存在着复兴的趋势。例如,云南诺邓村祭孔仪式的恢复以及内蒙古美岱召村传统庙会的恢复都具有典型的代表性。历史上的诺邓村,由于盐业而带动了村落经济的振兴,也因此成为滇西的商业重镇,鉴于其重要性和特殊性,朝廷特许诺邓村建起一座孔庙。此后,诺邓村文风盛行,文人辈出,祭孔大典也延续了数百年。

---

① 罗杨主编:《中国名村——云南诺邓》,知识产权出版社 2013 年版,第 168 页。

历代学宫皆祀孔子。据诺邓至圣宫碑记载"旧有至圣与二氏列像于东山萧寺(道一庵)",当是诺邓最早祀孔的场所。① 新中国成立后,诺邓村的祭孔仪式曾一度中断。2008 年,祭孔仪式在诺邓村重新恢复举行。直至今天的每年农历 8 月 27 日,诺邓村都将举行盛大的民间祭孔仪式,传统的儒家文化传统在古村不断延续。

内蒙古的美岱召村,在每年的农历五月十三日都要举行为期大约一周的传统庙会,又叫"灌顶经节"。历史上,美岱召的庙会是纪念俺答汗皈依佛教而举行的灌顶法会。"文革"期间,美岱召召庙中一座三层歇山式城楼被拆毁,殿宇被充当粮库,召内的历代文物、典籍也遭到了不同程度的破坏,传统庙会一度中断。1985 年,美岱召传统的庙会又得以恢复。从 1985 年以后,庙会不再由以前的召庙主办,而是转由民间主办。如今传统的庙会又被赋予了新的文化内涵。自 2009 年起,美岱召庙会被命名为"三娘子旅游文化节"。除了传统的庙会内容外,还增加了具有地方特色的文娱活动展演等形式,集旅游、商贸等于一体,成为闻名遐迩的土默川盛会。庙会带动了村落经济的发展与繁荣,成为美岱召村每年一度的经贸与旅游盛会。

村落传统民俗文化的传承与复兴是我国优秀传统文化不断发扬的基础,是优秀中华文明不断发扬的必由之路。2013 年 3 月 17 日,习近平同志在十二届全国人大第一次会议上明确指出:"实现中华民族伟大复兴的中国梦,就是要实现国家富强、民族振兴、人民幸福。"实现中华民族的伟大复兴,最终在于实现中华文明的复兴与发扬光大。2016 年,习近平同志在全国哲学社会科学工作座谈会上的讲话中强调"我们说要坚定中

---

① 黄金鼎、李文笔:《千年白族村——诺邓》,云南民族出版社 2004 年版,第 117 页。

新建的内蒙古美岱召博物馆

国特色社会主义道路自信、理论自信、制度自信,说到底是要坚定文化自信"。在庆祝中国共产党成立 95 周年大会的重要讲话中,习近平总书记再次强调:"全党要坚定道路自信、理论自信、制度自信、文化自信。"并指出:"文化自信,是更基础、更广泛、更深厚的自信。"由此可见,文化在国家民族不断走向复兴中的巨大力量,也即文化的力量助推中华民族伟大复兴的中国梦的实现。

第三节　民族地区村落社会民俗文化
变迁中的文化重构

"重构"(refactoring)一词源于计算机语言,被誉为软件开发"教父"马丁·福尔韦斯(Martin Fowler)在《重构:改善既有代码的设计》一书中对"重构"的界定为，"在不改变代码外在行为的前提下，对代码做出修改，以改进程序的内部结构。"①将计算机语言"重构"与文化相结合，所要体现的是文化进化与变迁中的一种形态，也是文化变迁后所呈现出的一种文化适应的状态。

一、文化重构：在历史与现实、村落与城市之间

新进化论学派的代表，美国人类学家斯图尔德在《文化变迁的理论》一书中对文化进化的单线进化论和普遍进化论进行阐述，并提出文化进化的多线论思想。斯图尔德认为多线进化基本上是一套方法论。他认为演化的方法论建立在两个重要的假设基础上，即"形态与功能的雷同可发生于数个没有历史关联的文化传统或阶段中；这些雷同可以用同一因果律在不同个别文化中的独立运作来解释"，多线进化的方法论"是科学的而非历史的，是追求共性的而非追求个性"，它"关注的是不同文化地区一再重现的平行发展与类似特质，而非独特与发散的模式或文化特质"，其任务是"努力寻找出一再重现的模式与过程，并努力于以法则来论述现象间的交互关系"。② 进而斯图尔德认为，一个社会的演化是从一个阶段的某一个文化类型演化为下一个阶段的某一个文化类型，生动地呈现了文化进化过程中在不同时空的适应与演化，也即文化的一种重新建构形式。由此可以看出，文化重构即是在历史变迁的时空中，文化的发展在外来异文化的影响下，原生的文化要素、文化符号等文化形态不断与

①　[美]马丁·福尔韦斯：《重构：改善既有代码的设计》，侯捷等译，中国电力出版社2003 年版，第 3 页。
②　陈兴贵：《文化生态适应与人类社会文化的演进——人类学家斯图尔德的文化变迁理论述评》，《怀化学院学报》2012 年第 9 期。

异文化相互碰撞,最终形成以原生文化为主体、并伴有异文化要素的新文化形态的产生过程。

从村落文化的变迁来看,文化重构发生在两组相互关联的要素的互动中,即历史与现实的时间因素,以及村落与城市的空间要素。历史与现实是文化重构发生的前提与基础。文化的发展是动态的,动态的文化从萌芽、发展、形成到传承,经历了从历史到现实转向的漫长时空,在此期间,文化的诸要素面临不同历史时期中的文化主体与文化外在空间,因此极易也一定会出现文化变迁。文化变迁是文化重构发生的基础阶段,并不是所有的文化变迁都会引发重构,只有在特定的时空中,原生的文化形态在与异文化相结合,达到文化重组,并且这种重组后的文化具有一定的运作功能时,文化重构才切实地发生。从文化发展的外部空间来看,全球化是文化发生重构现象的场域空间。全球化不仅仅是经济的全球融合发展,更带来全球多元文化的碰撞与激荡,由此带来文化重构发生的历史背景与现实选择。

在我国现阶段,文化重构发生所需要的这种特定的时空即为城镇化、工业化、信息化的发展,进而带动城市文明向村落的流动。快速发展的城镇化进程带动农村人口不断涌入城市,在日益加速的城乡流动中,工业化、信息化以物质载体的文化形式呈现出来。于是城市文明就在这种流动中源源不断地流向村落,加速村落社区的文化重构。因此,村落文化的重构是发生在历史与现实、村落与城市时空变换中的文化变迁与重新建构的一种文化的动态现象。

二、村落社会民俗文化变迁中文化重构的方式

文化重构的发展,最终以文化意义和文化形态改变的方式呈现出来。

在民族村落社区,从所调查的村落社会民俗文化的内容来看,文化重构的方式主要有两种,即村落原生社会民俗文化形态的改变和村落原生社会民俗文化意义的改变。

从文化建构的外在表现形式来看,呈现出原生文化形态的改变。文化通常依附于一定的载体,代表或表示一定的内涵。文化的内涵或意义都以文化的具体形态的方式呈现出来。在文化变迁中,文化形态也发生变化。从文化变迁到文化重构,文化的形态在变迁中也被逐渐赋予了新的内涵。这种原生文化形态的改变主要源于具体要素、文化空间以及文化主体的改变。

在所调查的广西秀水村,村中有一个明清时期的古戏台。当年是村里演戏、举行仪式等活动的场所。近代以来,随着社会的发展,人们业余文化生活的形式发生改变,古戏台渐渐退出了历史舞台。如今的古戏台,依然屹立在村中的空地上,但是已经不再具有当年的文化象征和符号意义。更多的时候,古戏台附近的空地已经成为村里妇女跳广场舞的小广场。在明清时期,唱戏对于秀水村来说,是一种民族文化的呈现,在一定意义上,也成了村民的一种仪式。因此,纵然表现此文化的文化符号与文化要素均在,但是文化形态已经开始发生改变。

从文化建构的内在表现形式来看,表现为原生文化意义的部分改变。文化载体呈现和代表着文化的含义,但是这种含义具有一定的历史性,即在不同的历史时空,同一文化载体所蕴含的意义也会发生改变。这与文化复合性紧密相关,即文化从来不是以单一与孤立的形式存在,文化是与外在的客观环境紧密相依,同时文化也在一定程度上是外在客观世界的体现。

宗祠是我国历代社会中宗族祭祀先祖、召开重要家族会议的场所。

本书中的云南红河郑营村,有郑氏和陈氏两座宗祠。郑氏宗祠始建于清朝光绪年间,坐北朝南,整座祠堂是由祠门、中殿、正殿、偏殿所组成的三进四合大院。宗祠建筑为木质结构的建筑雕梁画栋、描金绘彩。宗祠占地面积711.42平方米,通面阔21.3米,进深33.4米。陈氏宗祠建造于1925年,为清末进士陈鹤亭所建。宗祠坐南朝北,属土木结构、青瓦三进四合大院。整座宗祠通面阔23.8米,总进深52.1米,占地面积2577平方米。1993年,两座宗祠同时被命名为云南省省级文物保护单位。2007年,陈氏宗祠又被列为国家级文物保护单位。

随着时代的变迁,原隶属于家族内的宗祠也开始对公众开放,宗祠也由原来的家族事物场所变为国家的保护文物。宗祠原有的文化意义发生了部分改变。

三、村落社会民俗文化变迁中文化重构的路径选择

首先,坚持政府在社会民俗文化重构过程中的主导和引导作用。文化是一个民族的精神灵魂和传承的纽带,文化的发展与繁荣也是一个国家经济与政治发展的前提基础。在新的社会发展时期,文化全球化发展迅速,人们传统的价值观念、道德意识、思维模式和行为方式都容易受到冲击,而且这种冲击有时会超出传统文化的承载力,导致了失范和越轨行为,诱发各种社会问题。这就需要正确的思想政治教育和舆论引导。树立和发扬传统的、优秀的价值观和理念,使传统美德和正确的行为观念根植于心,成为全社会的共同理想和精神支柱,从而增强社会的凝聚力、向心力和整合力,促进社会的稳定和发展。为此,政府应根据文化重构中的特征,加强社会主义主流文化的建设,奠定社会稳定与发展的思想文化基础。

其次,坚持优秀社会民俗文化的传承发展。同所有的文化一样,我国村落的社会民俗文化也是既有精华,也有部分糟粕。在对待村落的社会民俗文化时,也要保持清醒的头脑,即坚持村落的优秀社会民俗文化的传承发展。传承优秀的村落社会民俗文化,既是对村落文化的认同与肯定,同时也是对村落历史的总结与发扬。是让子孙后代了解民族历史与文化,增强民族自信心与自豪感的重要方式,也是增强中华文化自信的路径之一。

最后,坚持社会民俗文化传承中的创新发展。文化重构是在社会变迁中文化变迁所呈现出来的新形态,是适应新的经济社会发展以及客观环境的文化结构以及文化功能的新的体现。因此,村落文化重构的前提是要坚持村落文化的本原性与主体传承性,文化重构是在文化的传承基础上、坚持文化本原性的建构。文化的传承是在新的历史发展时空中的新发展,因此,要坚持文化传承中的创新发展。任何一种文化形态自产生以来都是在不断发展变迁的,不同的历史时空以及客观环境都是文化变迁的外部土壤,承认文化的变迁,是要坚持优秀文化的传承,以及在传承中的创新发展。在此基础上的文化重构才是顺应时代与潮流,源远流长的文化。

第四节　探索与反思:社会民俗文化
变迁中的村落与村民

在现代化的进程中,面对新的历史时空,村落社会的民俗文化不同程度的或消失、或被同化、或在经历着传承与复兴的发展。从总体上看,村落的社会民俗文化变迁是外部时空与内部发展变迁的综合表征。

一、现代性:村落社会民俗文化变迁的重要影响因素

村落文化所表征出来的文化模式、文化丛等形式都是在特定的历史文化基础上沉淀而生成的。村落的民俗文化也正是在村落的文化底蕴基础上发展和变迁的。由于文化所具有的复合性和传递性,村落社会民俗文化也在发展变迁中表现出极强的复合性和传递性。村落社会民俗文化的复合性表现在它融合了历史因素与现代发展中人的主观与客观的文化感知;传递性则表现为社会民俗文化虽然在历经发展变迁,但是村落文化传统的主旨内涵依然没有改变。村落的社会民俗文化,既是村落历史发展变迁中的记忆留存,同时也是内化在村落文化主体——村民心灵深处的精神所在。这样的记忆留存与内化在心灵深处的文化具有较强的传承性,不容易受到外界客观环境的影响。也正因为此,民族地区村落的社会民俗文化在面对现代性的发展时,所表现出来的文化变迁主要为文化表征形式的变迁,也即社会民俗文化外在表现形式的变化。体现在村落社会民俗文化的基本内涵与实质并未发生较大变迁。

文化以它社会整合的能力,"将境遇、背景各不相同的个体和家庭结合到一个集合体中,在这个集合体中,人们形成了强烈的相互认同,获取基本的意义,并找到情感的满足。"[①]因此,村民习惯于固守已有的社会民俗文化,变迁是来自外界的推动力而不是内发的力量。因此,村落社会民俗文化的变迁依旧主要遵循村落的旧有文化传统。"第昔时农业自足之社会,人民耕而食,桑芋而衣,伐木艺竹而材,服先畴而习俗规变

---

① ［美］戴安娜·克兰主编:《文化社会学》,王小章、郑震译,南京大学出版社 2006 年版,第 18 页。

迁甚微。"①这也很好地诠释了村落社会民俗文化的变迁。总之,民族地区村落的社会民俗文化在现代性的影响下,虽然也在不同程度发生了变迁,但是,这种变迁更多的是一种在内在文化传统影响下的文化表征形式的转变,文化底蕴的传统依然是固有的和深刻的。

二、从被动到主动:社会民俗文化变迁中的村民

在村落社会民俗文化的变迁中,村民作为文化变迁中的主观主体和文化的受众,经历了从被动接受到主观参与的过程。村落社会民俗文化的变迁,是在我国整体城镇化、工业化和信息化的背景下发生的,文化变迁始于文化的物质载体形式的变迁,进而改变人们的思想意识。当人们的思想意识与外界变迁的文化载体相吻合时,便会加速文化变迁,促使新的文化形态的生成。在村落社会中,促使社会民俗文化发生变迁的主要力量,一是制度性的变迁力量,二是由外部的社会环境变化而产生的变迁推动力。无论是哪种推动社会民俗文化变迁的力量,在传统的村落社会,村民在开始面对这种陌生的变迁时,都会在不同程度上表现出一种本能或天生的抗拒感。对这一点,法国的社会学家 H.孟德拉斯曾经指出"'传统'的农民不会怀疑'传统',在他们看来,'传统'是理所当然的,是生活和工作必须遵循的正常方式。"②由此可以看出,在社会民俗文化变迁之初,村民在变迁中基本处于被动的角色。但是随着社会民俗文化变迁的加速,或者当这种变迁已经开始呈现出一种势不可挡的力量、抑或变迁能

---

① 何廉:《定县社会概况调查·何序》,见李景汉编著:《定县社会调查》,上海世纪出版集团 2005 年版,第 9 页。

② [法]H.孟德拉斯:《农民的终结》,李培林译,社会科学文献出版社 2010 年版,第30 页。

带来经济社会生活中的改变时,村民也会慢慢接受这样一种变迁,并开始在新的社会文化中寻求生存与发展之道。这也可以称之为村民角色从被动到主动的转变过程。这可以用马克斯·韦伯的价值合理性进行解释,在韦伯看来,"通过对外界事物的情况和其他人的举止的期待,并利用这种期待作为'条件'或者作为'手段',以期实现自己合乎理性所争取和考虑的作为成果的目的。"①由此,村民也经由被动地面对或抗拒社会民俗的变迁变为接受、进而在新的社会民俗文化中谋求新的理性发展。

三、责任与担当:社会民俗文化变迁中的文化传承人

文化传承人,也叫非物质文化遗产传承人,是在继承传统中有能力作出文化选择和文化创新的人物,并在非物质文化遗产的传承、保护、延续、发展中起着超乎常人的重大作用,受到一方民众的尊重与传颂的人。文化传承人的认定与非物质文化遗产紧密相关。根据联合国教科文组织的《保护非物质文化遗产公约》定义:非物质文化遗产指被各群体、团体、有时为个人所视为其文化遗产的各种实践、表演、表现形式、知识体系和技能及其有关的工具、实物、工艺品和文化场所。各个群体和团体随着其所处环境、与自然界的相互关系和历史条件的变化不断使这种代代相传的非物质文化遗产得到创新,同时使他们自己具有一种认同感和历史感,从而促进了文化多样性和激发人类的创造力。公约所定义的"非物质文化遗产"主要包括口头传统和表现形式,包括作为非物质文化遗产媒介的语言;表演艺术;社会实践、仪式、节庆活动;有关自然界和宇宙的知识和实践以及传统手工艺等。村落社会民俗文化具有一定的民族认同感和历

---

① [德]马克斯·韦伯:《经济与社会》(上),商务印书馆1997年版,第56页。

史感,是一个地区世代相传、体现这一区域人文历史的文化总汇。此外,村落的社会民俗文化也具有一定的独特性和延续性,因此社会民俗文化也属于非物质文化遗产。

在村落社会民俗文化的变迁与传承中,传承人的作用主要表现为对社会民俗文化的传承与创新发展。目前我国所认定的传承人主要集中在口头文学、表演艺术、手工技艺、民间知识等领域。作为非物质文化遗产的传承人,传承是首要和基础的使命。任何一项可称之为非物质文化遗产的文化,都蕴含了沧桑的发展与变迁历史、凝聚了民族独特的文化。文化传承人正是在某一文化领域掌握突出的技艺或起到决定性作用的匠人。因此,把文化传承人喻为文化遗产传承代代相传"接力赛"中处在当代起跑点上的"执棒者"和"代表人物"。在本书中的 5 个村落,仅有云南诺邓村的火腿制作技艺被命名了传承人。2015 年,诺邓村村民黄树江被云南大理州云龙县命名为云龙县非物质文化遗产传承人。2016 年,诺邓村村民杨伍松被命名为大理州第四批州级非物质文化遗产项目代表性传承人。

第 五 章

民族地区村落乡土文化之
教育文化的变迁

乡村发展变迁的历史,在很大程度上与乡村教育发展变迁紧密相关,甚至在某种程度上可以说,一部乡村发展变迁的历史,就是一部乡村教育发展变迁的历史。乡村教育也是重要的社会学议题之一。法国社会学家布迪厄曾指出,教育社会学是知识社会学和权力社会学的一个篇章,而不是一个微不足道的部分——更不用说它对于权力哲学的社会学意义了。[①]

第一节 教育之于乡村:良性互动中的相互建构

教育是增进人们的知识与技能、传承人类文明的一种社会性活动。人类自进入到文明时代以来,经历了漫长的农耕社会。教育之于乡村,在人类文明的进程史上,具有极其重要和不可替代的作用。

---

① 熊春文:《"文字上移"——20世纪90年代末以来中国乡村教育的新趋向》,《社会学研究》2009年第5期。

一、教育与乡村互构之肇始

我国历来是一个农业大国,农业人口曾经很长时期都占据总人口数的很大比重。按照学术界的统一认识,以10%作为城镇化的起点,我国是新中国成立后才开始进入城镇化的起步阶段。而世界城镇化的发端为18世纪60年代英国的产业革命,比我国整整早了近二百年。不仅如此,我国的城镇化率从10%到城镇人口首次超过农村人口,即城镇化率达到50%以上,经历了60余年。因此,从我国农村人口总体数量的发展变迁来看,乡村教育在我国教育发展史上占据了重要一席,知识界对乡村教育的探索与实践也从未停止过。

1898年,当时的清政府下令把全国各省的书院改为学堂,农村各地开始出现了由乡绅等设立的私立小学堂。1903年,《奏定学堂章程》又明确提出要建立实业学堂,并提出要设立初等农业学堂。从总体上看,19世纪末20世纪初,我国的乡村教育一直是处于追随城市教育以及教育改革的形式,并以此建立了许多新式学校。但是,此时的乡村教育存在一个明显的局限,即教育与社会生活实际相脱节,教育理念与思想并不能用于解决当时的社会问题。进入到20世纪以来,国内局势发生变化,辛亥革命推翻封建专制制度,军阀开始割据、混战,此时整个国家经济社会发展缓慢,加之自然灾害的发生,经济近乎崩溃,农村面临着深重的社会危机。开始于1919年的新文化运动引发了我国现代教育思想的变革,实用的教育观开始酝酿和形成。这一时期,也形成了一些注重理论和实践相联系的民间教育团体,如分别于1915年和1921年间成立的全国教育会联合会和中华职业教育社等。此后的20世纪二三十年代,我国教育史上出现了轰轰烈烈的乡村教育运动,这也在我国教育史上留下了浓墨重彩的一笔。

二、我国近代以来的乡村教育探索

近代以来,饱受封建社会影响之深,加之军阀割据,我国处在内忧外患之中。乡村社会处在一片凋敝之中,乡村教育更是尽显衰败之势。面对处于危难之中的民族与国家,一批有识之士开始寻求救国、救民之路。20世纪二三十年代,我国教育史上出现了著名的乡村教育运动,一批思想家、教育家走上了以乡村教育来拯救国民之路。

余家菊,字景陶、子渊,湖北黄陂人,生于1898年。余家菊是我国近代著名的教育家,也是我国近代史上最早的乡村教育的倡行者和理论构建者。1919年12月,余家菊在《教育改进》上发表《乡村教育的危机》一文,在文章中,余家菊首次明确提出我国近代乡村教育的危机所在,即乡村教育相比于城市教育严重落后的事实。探究造成这种问题的原因,还在于我国当时内忧外患的社会情况,以及由此而造成的农村社会结构的危机等情况。此文发表之后,即引起了广泛关注,《中华教育界》对此文高度赞誉并在第10卷第1期进行了全文转载。余家菊也因此成为"乡村教育"一词的首创者。此后的1920年到1922年,余家菊陆续发表了《乡村生活的彻底观察》《乡村教育的涵义和方向》《民族主义的教育》以及《乡村教育的实际问题》等文章,系统阐述对乡村教育进行实践和改良以及保持民族自尊心和国民性等教育思想。1931年,余家菊完成了他的乡村教育思想的代表作——《乡村教育通论》。此外,余家菊还编辑了中国现代第一部教育辞典——《中国教育辞典》。[①]

周辛,号葆儒,原名周廷珍,生于1891年,教育学家,社会教育家,我

---

① 根据章开沅、余子侠主编:《余家菊与近代中国》,华中师范大学出版社2007年版,第391页。

国社会教育和乡村教育运动的倡导者和践行者。1917 年,周辛毕业于南京高等师范,即被留校任教。从 1931 年起,周辛开始在暨南大学、中山大学等任教。1931 年,我国著名的教育家、社会活动家梁漱溟赴山东邹平筹办山东乡村建设研究院。从 1931 年到 1937 年间,梁漱溟倡导乡村运动,出版《乡村建设理论》一书。受此影响,周辛于 1935 年追随梁漱溟来到山东邹平,并任山东乡村建设研究院的导师,同时兼任邹平简易师范教导主任。由于种种原因,周辛仅在山东邹平工作了八九个月,便离开了山东乡村建设研究院。周辛的著述主要为《华南的一个乡村教育实验区》《从乡村建设说到乡村小学》《基础教育的教师》《学制改造的商榷》《学校兼办社会教育问题》《国民教育与学制改革》《教育为一切事业的基础》《基本教育的意义》《基本教育的鸟瞰》等。

　　梁漱溟,我国乡村建设运动的创始者及重要领导人物,在近代中国的乡村教育事业上绘出了浓重的一笔。梁漱溟,1893 年生于北京,原名焕鼎,字寿铭,中国著名的思想家、哲学家、教育家以及社会活动家。梁漱溟一生著述颇丰,著有《印度哲学概论》《东西文化及其哲学》《中国文化要义》《人心与人生》等经典著作。20 世纪 20 年代初,梁漱溟完成他的《东西文化及其哲学》,之后便开始了对解决乡村问题的思考。1924 年,梁漱溟辞去北京大学的教职,赴山东试办曹州中学高中部。这也是梁漱溟乡村教育的初次实践。虽然曹州办学最后以失败告终,但是对梁漱溟后来的乡村教育实践却产生了重要影响。1927 年,梁漱溟应李济深等人邀请,赴广州筹办乡治学院。在此期间,梁漱溟向乡治讲习班的学员作了"乡治十讲",较全面地阐述了他的有关乡村教育问题的理论主张。此后,梁漱溟又应邀参加创办河南村治学院,并任教务长,主讲乡村自治组织等课程。在此期间,梁漱溟的乡村教育实践不断走向深入。20 世纪 30

年代,梁漱溟在山东进行了长达 7 年的邹平乡村建设实验,期间兴建了 200 余所各类学校。梁漱溟的山东乡村建设,既有乡农学校(乡学、村学)实验、县政改革实验、农业科学实验及农民自卫训练等丰富的实践操作内容,同时也有理论框架,取得了较明显的成效。梁漱溟在此期间也不断形成他的乡村教育理论的思想,1937 年,出版《乡村教育理论》。

　　陶行知,安徽人,生于 1891 年,教育家、思想家,伟大的民主主义战士、爱国者,中国人民救国会和中国民主同盟的主要领导人之一。1923 年,陶行知与晏阳初等人发起成立中华平民教育促进会总会,后赴各地开办平民识字读书处和平民学校,推动平民教育运动。1926 年,陶行知在"中华教育改进社"下设"乡村教育研究部",同时聘请东南大学赵叔愚教授,金陵大学教仲香教授,共同制定乡村教育计划。同年 12 月,在《中国乡村教育之根本改造》的报告中,陶行知提出了乡村教育试验总纲领:"我们要从乡村实际生活产生活的中心学校;从活的中心学校产生活的乡村师范;从活的乡村师范产生活的教师;活的乡村教师要有农夫的身手,科学的头脑,改造社会的精神。"①1927 年,陶行知创办乡村师范学校即晓庄学校和第一个乡村幼稚园——燕子矶幼稚园。1932 年,陶行知创办山海工学团,提出"工以养生,学以明生,团以保生",将工场、学校、社会打成一片。陶行知形成了系统的关于教育的论著,如《中国教育改造》《教学做合一讨论集》《中国大众教育问题》以及《普及现代生活教育之路及其方案》等。

　　晏阳初,生于 1890 年,四川巴中人,中国平民教育家和乡村建设家,一生致力于平民教育与乡村改造事业,被誉为"世界平民教育之父",著

---

　　①　陶行知:《中国乡村教育之根本改造》,《陶行知全集》(二),湖南教育出版社 1985 年版,第 5 页。

有《平民教育的真义》和《农村运动的使命》等。1923 年 8 月,"中华平民教育促进会总会"(以下简称"平教会")在北京成立,晏阳初任总干事。"平教会"主要采取平民学校、平民读书处和平民问字处三种形式,以《平民千字课》为教材,开展以识字、读书为主的平民教育活动,当时的教育对象主要是城市下层平民。[①] 1926 年,"平教会"在当时的河北定县开始乡村平民教育实验。1929 年晏阳初及其同仁又举家离开大城市,迁到定县,调查和实施"平教会"的"平民教育计划"。从 1940 年到 1949 年,晏阳初在重庆歇马镇创办中国乡村建设育才院(后名乡村建设学院),组织开展华西乡村建设实验。晏阳初认为,中国的大患是民众的贫、愚、弱、私"四大病",主张通过办平民学校对民众首先是农民,先教识字,再实施文艺、生计、卫生和公民"四大教育",即"文艺以攻愚,生计以治穷,卫生以扶弱,公民以克私"的连环并进方式来进行农村改造方案。

纵观我国 20 世纪二三十年代的乡村教育运动,在我国整个教育史上占有极其重要的地位。乡村教育运动中出版了一批具有鲜明特色的乡村教育论著,形成了较为系统的乡村教育思想。从整体上看我国近代以来知识分子的乡村教育实践,一个鲜明的特点即是,都拥有坚定的理想与信念,"改造乡村,再造民族",也即教育救国。面对危机多难的国家,教育救国是一代知识分子最首要与直接的选择。从余家菊、周辛、梁漱溟、陶行知到晏阳初,无不是教育救国论者的实践践行者。如余家菊的教育改良思想,提出要靠改进乡村教育来救济乡村社会危机。周辛的包括女子教育、清洁、农事、扫盲与体育等五个方面内容的乡村教育尽显赤子情怀等。此外,这一时期的教育家在乡村教育的实践中也呈现出思想与聚焦

---

① 张惠娟:《评晏阳初的乡村教育思想》,《教育探索》2005 年第 8 期。

上的差异。如乡村运动的重要创始人梁漱溟,把之前所形成的文化观的思想也呈现在他的乡村建设的思想中。走乡村建设的道路,"从中国旧文化里转变出一个新文化来。"①也成为梁漱溟乡村建设的目的。因此梁漱溟也把乡村建设称为"一种最实在的文化运动"。

陶行知则认为,在当时,教育的目标日益偏离中国农村的实际,乡村教育脱离了中国乡村实际。据此陶行知深刻地批判:"中国乡村教育走错了路! 他教人离开乡下向城里跑,他教人吃饭不种稻。穿衣不种棉,做房不造林。他教人羡慕奢华,看不起务农。他教人分利不生利,他教农夫子弟变成书呆子。"②晏阳初乡村教育实践的目标则为:其一是养成自读、自习、自教的能力;其二是灌输公民常识,培养国民应有的精神和态度;其三是实施生计教育,补助、指导、改善平民的生活。更加指向乡民的微观社会生活,并提出以"学校式、社会式、家庭式"三大方式结合并举践行乡村教育实践。但是,把拯救社会危机的希望全部寄托在改造乡村教育之上,以乡村教育的改造来救赎整个危机深重的民族仍然具有一定的局限性,也是教育所不能承受之重。正如袁阳先生称梁漱溟为"浪漫的补天者,即人格、思想和行为的浪漫",这既呈现了梁漱溟文化救国的热切情怀,也遗憾地道出梁漱溟乡村教育的艰难实践。

三、村落经济发展与村落教育的良性互动

文化所展示的是各民族的物质和精神的底蕴以及特质总和,没有所谓的高低贵贱之分,文化中心主义忽视了文化的地缘多样性和文化因素

---

① 梁漱溟:《梁漱溟全集》第一卷,山东人民出版社 1991 年版,第 614 页。
② 陶行知:《中国乡村教育之根本改造》,《陶行知全集》(二),湖南教育出版社 1985 年版,第 5 页。

的独特性①。丰厚的文化基础和底蕴会在一定程度上促进和加速人类的历史发展进程。同时,相对厚重的文化也会形成相应的经济、政治发展的良性循环态势,最终表现在文化所属的人类社会生产力的综合提升上。这在云南大理的诺邓村的发展历史上表现得较为明显。据云南省最早的史籍《蛮书》中记载,自唐代南诏时期开始,"诺邓"这个村名一直没有改变,因此也被称为"千年白族村"。明清时期,诺邓村文风蔚然、人才辈出。明初,诺邓设立了提举衙门。至明代中叶有三任提举(福建黄孟通、江西李琼、河南李山峰)落籍诺邓。嘉靖年间诺邓村内已"书声响逸、鼓乐喧哗"。玉皇阁等建筑已成规模。至乾隆年间,诺邓孔庙等相继建成。传统的儒家文化在诺邓古村源远流长,明清时期 40 多年间,诺邓村中连续出了 5 名举人、2 名进士、50 多名贡生。②

第二节　民族地区村落教育文化变迁的表现

一、早期村落的书院和私塾教育

村落的教育文化变迁也是村落文化变迁的表现形式之一。我国教育史上传统的书院以及私塾教育在民族地区村落的教育历史中都有不同程度的体现。村落书院以及私塾教育在一定程度上满足了当时情况下村落民众对教育的需求。同时,村落书院也开了我国当时少有的书院教育之先河,为现代的村落初等教育发展奠定了基础。

---

① 文化中心主义也被称为种族中心主义,指各个国家、各个民族都有一种倾向,常易于将自己的生活方式、信仰、价值观、行为规范看成是最好的,以此衡量和评价其他文化。——笔者注

② 黄金鼎、李文笔:《千年白族村——诺邓》,云南民族出版社 2004 年版,第 57 页。

云南诺邓村古民居——贡爷院

（一）云南郑营村的书院和私塾教育

从教育的历史上看，云南由于地处边疆以及多民族聚居等原因，学校教育设置较晚。至元二十九年（1292年）四月，始设云南诸路学校。延佑年间（1314—1320年），江南诸路学及各县学内设小学，其好事之家出钱粟赡学者并立书院。至明代洪武二年（1369年）十月，诏天下府州县皆立学。洪武八年（1375年）又诏天下立社学。郑营村所隶属的石屏县自元至正年间（1341—1368年）建文庙，立庙学，建学设科。据文献记载，当时由于重教兴文，地方风俗大变，民间不问贫富之间，皆以教子读书为荣。

在石屏县兴办教育的氛围下，郑营村由于经济较发达，也开始了兴教办学。明代万历年间（约1595—1598年），知州萧廷对在郑营村所隶属的宝秀镇创建宝山书院。年束修银十五两，京斗谷十四石四斗。宝山书院至清朝咸丰九年(1859年)毁于兵。除书院外，石屏当时还设置了私塾这种古老的办学形式。据《石屏县志》中记载："官聘之师，上者为书院山长，下者为义学师，然不如私塾之盛。"①当时郑营村的私塾名为郑锦泉私塾，于明代设置，该私塾设于祖祠。至民国时期，石屏县教育又有进一步发展，开始兴办各种公立、私立、乡立学堂。小学生、中学生人数极大地增加。自民国肇兴至新中国成立，石屏县小学校数量最高年达128所，教师将近200人，学生数近3000人。中学二所，师生共二三百人。

由于地处边疆以及综合经济发展等原因，在云南整体教育相对较落后的情况下，村落书院以及私塾教育在一定程度上满足了当时情况下村落民众对教育的需求。同时，村落书院也开了我国当时少有的书院教育之先河，为现代的村落初等教育发展奠定了基础。虽然与全国相比，石屏以及郑营村的私塾教育处于较落后的水平，但是在当时的云南，石屏教育较先进，仅次于昆明和大理两地，也因此素有"文献名邦"以及"文学南滇第一州"之美誉。

(二)云南诺邓村的书院和私塾教育

据史料记载，诺邓最早的村落教育可以追溯到明朝时期的乡学和庙学。诺邓村玉皇阁碑记中写有明嘉靖年间祭官黄诏发起建阁时，"谋于庠友杨廷兰"，句中"庠"，就是乡学。东山张姓始祖幕序为嘉靖二十八年"诺邓社教碧溪段锦书"，"社教"就是社学教师。"洪武七年始召天下立社学，弘治十七年令府州县各立社学，正统时州府县令社学生员补儒学生员"。诺邓为提举司治，当时即已有社学。另外，尊儒祀孔在诺邓一直有着悠久的历史。诺邓村于乾隆时期便建起孔庙。在封建社会，凡立庙祀

---

① 参见石屏县志编纂委员会编纂:《石屏县志》，云南人民出版社2005年版。

孔的地方，都属于有了社学。诺邓的孔庙在当时也被称为庙学。

云南诺邓村古书院

私塾教育在旧时的诺邓也存在，多数在家设馆授徒，也有在当时村里的香山寺、文昌宫、财神殿、文庙、玉阁静室、老关王庙等地设馆的。至清朝雍正三年（1725年），云龙知州陈希芳在州治雒马井设传心、修翎二书院，并在诺邓设了分院。由此可见，云南诺邓村的书院和私塾教育开设得较早，也形成了一定的规模，产生了一定的影响，在所调查的5个村落中处于首屈一指的地位。

（三）广西秀水村的书院和私塾教育

秀水村隶属于广西贺州富川县。历史上，富川地处湘、粤、桂交界的三角地带，是中原文化传入粤、桂的一个通道口。清代，广西富川农村办学馆、学堂较为普遍。当时村民合资办的学馆，被称为"村塾"。当时富川的村塾有低级和高级之分。低级村塾通常称为"蒙学"，就学者多为本村儿童。"蒙学"的教材主要有《三字经》《百家姓》《千字文》等国学经典著作。高级村塾通常称为"经馆"。"经馆"的基本教材以《四书》《五经》为主。书院的设立是秀水村教育史上最为浓重的一笔。但是关于秀水村书院的史料留存极少，仅查到关于书院的名字等寥寥资料。秀水村历史上的四座书院分别为：鳌山石窟寺书院、山上书院、对寨山书院以及江东书院。设立最早的江东书院于宋嘉定十四年（1221 年）由秀水村淡然居士毛基修建，因位于秀水村秀水河东，故取名"江东书院"。[①] 秀水村书院的设立，为村落留下一笔独特的村落教育文化的精神遗产。

二、近代以来民族地区村落的学校教育

（一）云南郑营村的学校教育

光绪三十一年（1905 年）"诏停科举"后，郑营村所隶属的石屏县始于清朝光绪三十四年（1908 年）开始兴办小学堂。郑营村村民最早可以读书的小学名为"宝秀五三高等小学"。清朝光绪三十二年（1906 年）由许兰皋先生筹办。"五三"指当时宝秀区内昌明、正街、前所、外三甲、七甲等五乡，以及郑营、张本寨、罗泊地等三个村寨。由该五乡三寨共同出资筹建了这所小学。当时学校在太和寺上课。宣统二年（1910 年），学校新建了两间教室，大门悬挂"钟灵毓秀"匾。1941 年，五三高等小学增办师范班。1942 年，由于各乡村小学的发展，五三高等小学更校名为简易乡村师范，原高小办至第 35 班结束。1944 年 8 月，"宝秀五三高等小学"改名为宝秀六乡镇联立初级中学。

在宝秀五三高等小学最初设立的同时，郑营村也创建了自己的村办

---

① 富川瑶族自治县志编纂委员会编：《富川瑶族自治县志》，广西人民出版 1993 年版，第 512 页。

云南郑营村小学俯视图

小学,即清朝光绪三十二年(1906年)由郑营村人陈鹤亭创办的郑营小学。当年,学校校舍未建立,先招收了一、二年级学生共80余人,借村中郑氏宗祠上课。至1911年,陈鹤亭弃官回归故里,捐银百元,开始倡办新学。郑营小学于1913年在村中西侧落成。至今,郑营小学已经走过了百余年的发展历程,为郑营村初等教育的发展作出了卓越的贡献。2001年,郑营小学重新扩建了教学楼。今天的郑营小学仍然在发挥着为郑营村等周边村寨进行初等教育服务的功能。当前郑营小学有在校生约320人。郑营小学也在百余年的建校历史中培养了一批杰出人才,如新中国第一批工程师,中国汽车制造的元老陈昆瑞、我国著名动物专家陈服官、北京军区《战友报》原总编室主任、副社长郑健等当年均在郑营小学就读过。郑营村没有设立初级中学,村里的小学毕业生要到郑营村所隶属的宝秀镇就读宝秀中学。

（二）云南诺邓村的学校教育

雍正十一年（1733 年），知州徐本仙在诺邓玉皇阁的文昌宫增设义学。光绪三十一年（1905 年），慈禧颁立停科举诏。次年，义学改为初等小学堂。民国年间，初等小学堂改称小学校。当时在诺邓村的万寿宫还办有"内北乡乡立女子初等小学校"，经费由寺庙公款内开支。1913 年，村内开始集资筹办高等小学，并于 1914 年在诺邓的玉皇阁设立了"内北乡高等小学校"。1924 年，"内北乡高等小学校"改名为"诺里乡中心国民小学校。"①

今天的云南诺邓村完全小学

目前，诺邓村小学依然屹立在玉皇阁附近的山顶上，是一所山村完全小学，承担着诺邓村初等教育服务的功能。当前，诺邓村完小有在校生约

---

① 黄金鼎、李文笔：《千年白族村——诺邓》，云南民族出版社 2004 年版，第 117 页。

120人,教师10人。诺邓村同众多的村落一样,没有设立初级中学,村里的小学毕业生要去诺邓村所隶属的云龙县就读云龙县民族中学。

(三)广西秀水村与青海郭麻日村的学校教育

广西秀水村与青海的郭麻日村同云南的郑营村和诺邓村一样,村里都建有一所完全小学,供本村的学龄儿童就读。广西秀水村完小目前在校生约200人,教师9人。村里没有设立初级中学,小学毕业生要到秀水村所隶属的朝东镇就读朝东中学。青海郭麻日村的小学教育历史相对悠久,郭麻日藏族初小创建于1953年,当时有在校生44人。郭麻日村完小目前有在校生约230人,教师8人。与秀水村完小不同的是,郭麻日村完小的日常教学只有语文用汉语教学,其他学科都是用藏语教学。郭麻日村也没有设立初级中学,村里的小学毕业生要到郭麻日村所隶属的年都乎乡就读于年都乎中学。

青海郭麻日村完全小学

（四）内蒙古美岱召村的学校教育

在所调查的民族地区的 5 个村落中，现代的学校教育创办的最好的要数内蒙古的美岱召村。美岱召村是所调查的 5 个村落中唯一设立初级中学的村落。美岱召中学创建于 1956 年，至今已有近 60 年的历史。美岱召中学是内蒙古土默特右旗境内建校最早的一所农村中学。美岱召中学目前是小学和初中教育合一的学校。"学校占地面积为 47979 平方米，建筑面积 17070 平方米。现在教职工有 108 名，30 个教学班（其中初中 23 个班，小学 7 个班），在校生达 1500 多人。"六十余年来，美岱召中学共培养出两万余名毕业生，其中涌现出一大批出类拔萃的人物。

三、乡村教育精英：乡村教育的点睛之笔

我国历史上就是农业大国，在发展变迁中也经历了漫长的农耕社会。乡村教育因此也扮演了重要的角色。乡村教育，既包括古代村落社会的学堂、私塾等狭义上的旧学，同时也涵盖了现代的新式学校教育。乡村教育之成果，以乡村教育精英为点睛之笔。

（一）云南诺邓村教育精英

历史上，由于盐业的带动发展，诺邓村文风昌盛，历代人才辈出，以致人才济济，辈有新人，被称为滇西的"文墨之邦"。

黄文魁，字念桥，号月襟。明朝万历年间入泮为廪生，并于万历末年中恩选贡。黄文魁是黄姓落籍诺邓后的第一位贡生，也是诺邓史上第一位贡生。后被任命为奉直大夫，广东提举。雍正《云龙州志》和光绪《云龙州志》将黄文魁载入乡贤之列，并有事迹记载："抵任未七月乞归，悠游泉石，恰退可风。"光绪十七年，云龙知州张德霈《观风告示》中亦称赞他"气骨归田"。诺邓村玉皇阁碑记上记有黄昭倡建玉皇阁后，"嗣君月襟更扩琳宫梵刹于前后"。黄文魁看诺邓村前山峰数峰突起,是"天水生金之地,三华聚顶之龙",在广东任上即许愿要在上面修建数座寺庙以状景观,回归后即倡议建成观音寺。

黄文魁长子黄翔龙,明朝天启年间恩选拔贡。曾任四川省新宁县知县,后升任达州知州,能文事武备,战守有功,敕加监军道按察司金事。明崇祯末年,农民起义军张献忠部攻达州,黄翔龙孤军坚守无援,城破被掳。因誓死不屈而亡。至清朝,依旧"国史载其绩"。康熙三十一年(1692年),云龙知州丁亮将他举为忠烈,入忠义祠崇祀。雍正、光绪《云龙州志》均有记载。诺邓村玉皇阁《黄土巩固》碑记是他的手书。

黄桂(1700—1775 年),清乾隆丁卯科(1747 年)乡试中举,为亚元。黄桂是云龙县历史上第一位著名诗人,一生留下不少著作,有《观易之门》《清华文集》《青云馆集》等。一部分收入《皇朝经世文编》,有的收入《滇系》。部分诗作收入《滇南诗略》。还有部分遗稿收入光绪《云龙州志·文艺》中。黄桂和本邑贡生杨元复、廪生杨瑗、生员杨秉正等倡议修建了孔庙和崇圣宫,并设学舍于其中,帅一井之弟子,蒸蒸然以兴于学,文风从而大盛。

李信,字也成,生于康熙六十年(1721 年)。明朝正德年间落籍诺邓的五井提举李山峰第八代孙,是诺邓邑庠生文林郎李时畅的次子。因父母早故,弟兄二人孤苦伶仃,生活极端困苦,但他们贫且益坚,学习非常努力。无钱买油点灯,便效仿"凿壁偷光"的典故,借邻居照入家里的灯光学习。哥哥李智,从小就有眼疾,视力极弱,不能继续看书吟哦,所以经书子史全靠弟弟李信早早晚晚朗诵声入心融,苦读十年,学有所成,临考即兴赋诗,得到学使和州官的同情和赏识,取他为廪生。李信同时入泮,41岁时中乾隆壬午(1762 年)科第三十八名举人。省提督学正赐匾"文魁",授鹤庆州学正,"以文学著称鹤阳"。

黄绍魁,字希桥,号砥石。生于清雍正五年(1727年)。16岁入泮,25岁由州学廪生中乾隆壬生(1752年)科第三十五名举人。33岁赴京应乾隆庚辰(1760年)科会试,中第一百七十名进士,殿试取为第三甲第九十名赐进士。考取后归班候选达十年之久。于乾隆三十四年选授直隶顺天府宁河县知县。六年后升刑部广西司主政,敕授文林郎,赠承德郎。

黄云书,字特登,号炳史,进士黄绍魁长孙。生于乾隆三十四年(1769年)。21岁时与孪生弟弟黄云瑞齐考入泮。至27岁,乾隆六十年(1795年)黄元瑞饩为廪生,黄云书由州学附生中乙卯恩科第二十一名举人。黄云书在此后的二十年间五次进京会试不第。直到55岁第六次上京应道光三年癸未科会试才考中。之后,钦命以知县即用,因亲老,不忍远离,呈请改授教职,奉旨以教授用,即授顺宁府教授。黄云书一生写了很多诗文,现幸存少许。黄公继承先辈遗愿,于村子对面山巅,文昌宫左峰上倡导修成了以阁体为主,两院相连前有圆窗照壁的魁星阁。为诺邓村又添一绝妙景观。

黄云叶,字金柯,是黄云书的三弟,贡生。光绪《云龙州志》列为乡贤,"生而性气刚方,二兄先后逝,遗子俱幼,视为己子,培成亲事。其侄亦以父事之,乡党称焉。"黄云叶文才谋略俱佳,曾上书陈述反帝安民之策《论平夷事宜拟稿》,文中将当时帝国主义入侵者称为"夷"。忧国忧民之心,跃然纸上。黄云叶擅书法,写得一手好字。诺邓村玉皇阁"一望琼楼""山中有何"等许多匾联都是他的手迹。黄云叶晚年对诺邓黄姓谱牒进行认真考证。重修编纂,撰写宗族史略,详列一至十六代世系。不仅使黄姓知有所本,而且对了解诺邓史具有较高的价值。①

---

① 参见黄金鼎、李文笔:《千年白族村——诺邓》,云南民族出版社2004年版,第281页。

（二）云南郑营村教育精英

郑营村地杰人灵,历史上曾出过众多名人。郑营村教育底蕴深厚,在石屏以及云南的村落教育史上都占有重要的一席之地。

明朝崇祯年间,郑营人张一甲中二甲第二名进士,任礼部主事、四川叙马卢兵备道等职。锦服加身,光宗耀祖,开郑营进士之风。张一甲任中多有惠绩,有诗文传世。张一甲一生著作不少,如《止园诗集》《古柏山房文章》《集诗古辑》《集诗今辑》等。

郑营村人张汉,号莪存,晚号蛰存,字月槎,进士张一甲曾孙。张月槎从小刻苦勤学,先后从学于"星聚馆"和石屏有名的"龙泉书院"。传说他有过目不忘的特殊记忆。在历次考试中一路顺风,临安中秀才,昆明中举人,皆名列前茅。1713 年张月槎中进士,被点为翰林,授翰林院庶吉士,后调任河南府知府。后因直书直谏被解甲归田。23 年后的乾隆丙辰(1736 年),56 岁的张月槎被召试策论,御定二等第三名,二入翰林院。成为名噪全国的"二次翰林"。当时皇帝赐匾一块称:"滇中有一人"。张月槎说:"滇中人才颇多,并非我一人"。足见其谦虚高洁,此匾额后改成"滇中有人"。张月槎第二次取翰林后,一度留作京官,后迁任山东道御史。张月槎居官廉洁,敢于为民请命,有《请疏通江汉水利以济生民疏》《请祀孝子贤良祠疏》等奏疏,深得士民拥戴。张月槎一生才华横溢,著作等身,有《留砚堂集骈文》二卷,清乾隆刻本,一册。《留砚堂集》七十三卷,清道光二十四年刻本,十八册。《留砚堂诗抄》六卷,(民国)袁嘉谷辑,稿本六册。《留砚堂诗选》六卷,民国六年袁嘉谷辑,云南丛书刻本。《咏史新乐府》二卷,旧抄本一册。此外还有《续河南府志》《坪阳逸史》等著作。

陈鹤亭,郑营村承前启后的人物,是石屏的名人、滇东南的名人,亦是云南省的名人。清光绪二十三年丁酉(1897年),先生以最好的成绩成为州学可保送入京的拔贡生而进入京师"国子监"。光绪二十七年辛丑(1901年),中举人。两年后的光绪二十九年癸卯(1903年),中进士,次年被派往日本考察政务学务。陈鹤亭生前曾经倡导并资助办起了石屏小学、郑营小学、东陆大学(现云南大学前身),为云南的教育事业作出了贡献。1922年,云南军政府委派先生以省代表身份兼任个旧锡务公司经理。先生受命于危难之时,以其雄才大略和人格魅力作出决策,向银行贷款,并打通了香港销路,挽救了一个即将破产的云锡。

宣统二年(1910年),法国人从越南把铁路修到昆明,大量掠夺我国资源,并把大量洋货运进中国,使中国的民族工商业受到极大冲击。法国政府还想着修通碧色寨至个旧的铁路,拥有运输权。陈鹤亭先生果断提出个碧铁路由民间自修,废除久议未决的官修方案。创设了个碧铁路银行,多方集资,铁路破土动工。1936年10月10日铁路直通石屏,称个碧石铁路。由此,中国土地上出现了当时我国主权最完整的一条民营铁路。个碧石铁路的诞生,大长了中国人的志气。同时也对经济的发展产生了重大影响,使文化交流更加快捷。石屏县也因铁路的修通成为新的商业区,成为茶马古道的一个重要的商品集散地。

(三)广西秀水村教育精英

广西秀水村始建于唐朝开元年间,至今已有1300多年的历史,秀水村也被称为"状元村"。状元即指宋开禧元年乙丑状元毛自知。同时,秀水村也是广西唯一的科举历史文化学术考察胜地。据广西富川县县志历代科举进士名录记载:自唐、宋、元明清以来,富川全县中状元、进士133名,其中秀水村就占了33名。

据史载,秀水村始祖毛衷,唐开元年间进士,贺州刺史。唐开元十三年(725年),毛衷在贺州做刺史时,无意中发现了秀水村,见其山川秀美,曰此地后世当有聚豪者出,当下即有落户之意。毛衷卒官后携子来此居住,从此子孙繁衍,日渐兴盛。始祖毛衷是为后辈子孙立下了"耕读传家"的祖训。毛自知,生于南宋淳熙四年(公元1177年),为清漾毛氏第31代孙。其父毛宪曾任宋代云贵知府,为官清正廉明。毛自知出身于书香门第,27岁乡试中举,中状元后,授为承事郎,签书镇东军节度判官。后韩侂胄北伐出师不利,宋军大败。奸臣史弥运乘机倒韩,并敦请宁宗清洗"韩党",有人上疏弹劾,毛家父子亦受牵连,其父毛宪被罢官,毛自知亦被降名第五甲。他的父亲毛宪、枢密院详诸房文字从六品京官也因此受到牵连而被罢官。此后数年,毛自知一直郁郁不得志,于嘉定五年(1213年)逝世,年仅36岁。

村落的教育精英是村落历史与发展中一笔重要的精神财富,这笔财富既表现在乡村教育精英对村落教育的反哺与回馈上,同时,乡村教育精英也是乡贤中的一部分,以乡中德高望重之精神而存在,在乡村治理中也发挥着重要的作用。

第三节 乡贤与乡村教育

一、作为"社会事实"的乡贤文化

"乡贤"一词始于东汉,多意指饱学之人、贤达之士。乡贤是我国古代传统农耕社会的产物。从最基本的意义上讲,乡贤是指乡里品德高尚之人,并且能受到当地百姓的广泛认同和推崇。乡贤,也是数千年中华优秀传统文化塑造的理想人格。在传统的乡村社会,乡贤主要是耕读故土的贤人志士、叶落归根退居乡里的官员等。乡贤由于其德行影响,而在乡里居于独特的受推崇的地位。"传统时代的身份等级制度赋予'乡贤'独特的社会地位,并以此来维系正常社会秩序中的官、绅、民三种力量,使自身所扮演的角色在维护乡村社会文化习俗中显得更加重要而且多样化。"①乡贤作为我国传统农耕社会的产物,广泛存在并对村落的发展与村落治理等起到重要的作用。由乡贤而产生的乡贤文化在一定意义上即是法国社会学家迪尔凯姆所讲的"社会事实"。

在迪尔凯姆的代表作《社会学方法的准则》一书中,"社会事实"被定义为"存在于个人意识之外的具有明显属性的行为方式、思维方式和感觉方式"。不仅如此,这种被迪尔凯姆界定为社会学研究对象的"社会事实"还"存在于个人意识之外,而且具有一种必须服从的,带有强制性的力量,它们凭借着这种力量强加于个人,而不管个人是否愿意接受"。②从迪尔凯姆对"社会事实"的论述中可以看出,乡贤文化由于农耕社会的传统特质,在我国具有了广泛地培育和生长的土壤与空间。同时,乡贤文化思想所表现出来的崇德敬德、尚教、敬爱乡邻等也形成了一种无形的标杆与财富。乡贤文化这种"社会事实"从在广阔的乡土社会萌芽与慢慢地形成衍化之日起,便开始以一种道德意义上的无形力量而存在。这种存在既是在每个乡民的个人意识之外,同时也再现了迪尔凯姆"社会事实"所表征的"必须服从"与"带有强制性"的特点。这种"必须服从"与"带有强制性"即是乡贤文化的引领与感召的作用。也因此,在"皇权不下县"的传统农耕社会,乡贤文化也是乡村社会治理的主要手段之一。

---

① 郭勤华:《乡贤文化与和谐社会》,《宁夏社会科学》2015 年第 3 期。
② [法]E.迪尔凯姆:《社会学方法的准则》,狄玉明译,商务印书馆 2007 年版,第24 页。

乡贤以及由此所产生的乡贤文化是我国传统农耕社会宝贵的精神财富。

二、乡村教育中的乡贤

在农耕社会时期,由于乡村整体经济的发展水平较低,我国整体的乡村教育也处于发展较不完备的水平。兴起于 20 世纪二三十年代的乡村建设与乡村教育运动也仅仅在我国的少数几个县进行了试点,加之抗日战争爆发等原因,乡村建设与乡村教育运动也仅仅持续了不到十年。在更多的乡村教育实践中,乡贤由于特殊的身份,在乡村教育中扮演了重要的角色。具体地讲,乡贤是乡村教育的引领者、倡导者与乡村教育的实际践行者。

首先,从最基本的层面上看,乡贤是乡村教育中的引领者。乡贤一词,具有一定的地域空间界定的含义。我国古代的传统乡村社会,"以农为生的人,世代定居是常态。乡土社会的生活是富于地方性的。地方性是指他们活动范围有地域上的限制,在区域间接触少,生活隔离,各自保持着孤立的社会圈子"。① 因此,相对孤立并自成体系的村落就是一个小型的社会空间,这个社会空间传承着具有地域特色的文化历史记忆。在这一地域空间与文化空间便产生了一定的乡土情感,乡贤正是这种乡土情感或乡村文化认同感的精神标尺。在乡村教育中,乡贤由于自身的德、行等精神品质,在相对落后的乡村社会中,乡贤是广大乡民的精神世界所认同和推崇的乡土社会的文化精英。

其次,乡贤在乡村教育中也扮演了践行者的角色。从 19 世纪末 20 世纪初,我国的乡村虽然建立了许多新式学校,但是乡村教育却一直是处

---

① 费孝通:《乡土中国》,北京出版社 2005 年版,第 6 页。

于追随城市教育形式时期。乡村教育也在较大程度上落后于城市教育。我国传统农耕社会中的乡贤,除品德高尚、具有一定的社会威望之外,很大一部分都接受过不同程度的教育。此外,一部分乡贤即是通过科举走出乡村,做官之后告老还乡之士。因此,通过建立乡村学堂、私塾等形式对乡民进行教育便是对故土最好的回馈方式。乡村教育也由此薪火相传下来。

此外,乡贤由于自身所具有的社会威望与才学品德等也在实际生活中扮演了乡村教育倡导者的角色。乡贤,重在品德高尚,为乡人所推崇。乡贤中的一部分即为乡绅,乡绅是我国封建社会一种特有的阶层,由于土地和房产的占有,使乡绅阶层在经济地位上远远高于农民。从政治地位上看,作为乡贤的乡绅是乡村社会的政治首领或政治代言人,在乡村社会拥有一定的政治威望。最重要的一点,从乡绅的文化地位上看,乡绅或受过较为系统的教育、或是科举中的佼佼者、或是还乡的官员,总之乡绅阶层是我国儒家传统文化的忠实践行者。较高的政治、文化与经济地位促成了作为乡绅的乡贤对乡村教育的倡导与实践。今天,部分村落社会在农耕时期所留存下来的庙宇、祠堂、学堂等都深深地打上了乡绅践行村落教育的印记。

第四节　探索与反思:乡村教育文化
变迁的互构性与延续性

一、基于村落经济发展上的乡村教育

经济发展的基础作用不仅体现在社会的物质生活中,在社会的精神生活层面,即经济发展对教育的影响作用也是巨大的。经济地位以及对生产资料的占有形式也是历来划分阶级或阶层的最基本的标准。列宁从对劳动占有上把阶级定义为:"所谓阶级,就是这样一些集团,由于它们在一定社会经济结构中所处的地位不同,其中一个集团能够占有另一集团的劳动。"①马克思在论述阶级的划分标准时也指出,资本的私人占有以及由此形成的各种生产关系导致阶级以及社会不平等的产生。由此可以看出,村落在拥有一定的经济发展的基础上,乡村教育也在经济发展中顺势而为或乘势而上。

从民族地区村落的教育设置的发展变迁来看,村落经济的发展是村落教育创立与发展的首要条件。在村落经济发展的基础上,民众才能有对精神生活层面的追求。体现在旧时的村民意愿上,村民更直观地表现为通过村落书院和私塾来获得教育,以致获得科举上的功名利禄,进而以实现家族的荣耀。这虽然有一定的时代局限性,但是不能否认,也经由此路径,造就了一批村落中接受教育的贤士。这些接受教育或者加官晋爵的乡贤并没有止于此,他们中的一大部分人又从思想和行动上反馈于村落的教育与文化发展,这从另一个层面又促进了村落的经济社会发展。受村落教育和熏陶的影响,村落社会也从经济到村民的精神层次发生了变化。因此可以说,村落教育文化的发展得益于村落基本经济的发展。村落经济与文化呈现出正相关的循环态势。

二、现代性与乡村教育发展的相互建构

村落经济以其最直接的方式对乡村教育产生影响,可以说,村落经济

---

① 《列宁选集》第四卷,人民出版社1995年版,第11页。

的发展也是促成村落现代性的主要力量。现代性在以其特有的方式影响村落教育文化发展的同时,村落教育文化的发展变迁也在一定程度上建构着村落的现代性。最早使用"现代性"一词的是法国文学评论家波德莱尔。在波德莱尔那里,"现代性"一词主要是用来表示人或事物所具有的一种性质或品质。吉登斯作为第一个明确提出"现代性是社会学的基本问题"的社会学家,在《现代性的后果》中指出,"现代性是指社会生活或组织模式,大约十七世纪出现在欧洲,并且在后来的岁月里,程度不同地在世界范围内产生着影响。"①吉登斯也进一步将现代性阐述为现代社会或工业文明的缩略语,包括复杂的经济制度以及涵盖民族国家和民主意涵的一系列政治制度等。由此,现代性的发展与教育便产生了千丝万缕的关联。

现代性的发展对村落的影响最初是村落社会的经济,在此基础上,现代性不断渗透到对村落教育文化发展变迁的影响上。村落教育文化的发展则又促进村落的经济社会发展以及村落民众精神层次的提高。因此,村落教育文化的发展对村落现代性的发展又起到一定的促进作用。村落的经济与村落教育发展呈现出一定的良性循环的状态。但是,现代性的发展有它的不可抗力的一面,吉登斯在说明现代性的特征时指出,现代性具有全球性的特征。因此,村落教育文化的发展也必须放在现代性的全球性的特征之下进行考虑。

三、乡村教育文化发展的延续性

乡村教育是促进乡村经济社会发展、乡民整体素质提高的重要方式

---

① [英]安东尼·吉登斯:《现代性的后果》,田禾译,译林出版社 2000 年版,第 1 页。

与手段。因此可以说,乡村教育是乡村社会、乃至整个民族的重要无形财产。从经济学的角度上讲,乡村教育是一种资本,按照林南的阐述,"资本是在以追求利润为目标的行动中被投资和动员的资源。"①乡村教育即是乡村社会结构与社会系统中的重要资本,这种资本主要是以文化资本的形式存在和发挥作用,并在乡村社会发展中以延续性为最明显的特征。布迪厄把资本分为经济资本、社会资本和文化资本三种具体的形态,其中又把文化资本具体划分为三种存在形式,一是体现的形态,即表现在心智和身体的长期持续的性情之中;二是客观化的形态,表现在文化商品(绘画、书籍等)的形式中;三是制度化的形态。② 从布迪厄对文化资本的形态分离中可以看出,文化资本以有形或无形的形态存在着,但是无论是何种形态的文化资本,最大的特点都是它所代表的文化意涵的延续性。因此,在文化资本延续性的前提下,教育也呈现出一定的延续性。不容置疑的是,教育对人的思想行为的影响一经发挥作用,就具有很强的传承性和延续性,并将深刻而久远地影响人的行为。在这一前提下,乡村教育也在发展与变迁中呈现鲜明的延续性,乡村社会也因此呈现出文化上世代延续的特征。

---

① [美]林南:《社会资本》,张磊译,上海人民出版社 2005 年版,第 3 页。
② [美]马克·格兰诺维特等:《经济生活中的社会学》,瞿铁鹏等译,上海人民出版社 2014 年版,第 104 页。

第六章

民族地区村落乡土文化变迁中的文化生态失衡

在人类的发展历程中,文化是各个民族与种族的精神系结物、是凝结人类发展智慧精华的载体。同时文化也是处于经济、政治、社会、生态体系中的一部分。既然文化与经济、政治等是统一的整体,因此整体中的部分在各自的发展变迁中就难免出现不协调与不一致的情形。文化生态建设中的不协调与不一致也被学术界称为文化生态的失衡现象。本章在调查民族地区5个村落文化变迁与文化建设的基础上,系统归纳出民族地区村落文化失衡的四种表现形态,分别是村落文化建设中文化主体的缺失、村落文化原生态空间的变异、村落文化的历史传承与现代开放之间的矛盾以及发展的文化需求与落后的文化产品之间的矛盾表现。

第一节　文化生态失衡问题的提出

从文化的发展历程来看,文化变迁与文化建设是相互影响、相互建构的两个统一体。具体地讲,文化是动态发展的,即变迁是文化最基本、最鲜明的特征之一。此外,变迁着的文化同时又是被建设的,即在文化的传承中,适应经济社会发展的需求,新的文化形态也在不断地产生。文化的变迁与建设并非总是处于相对均衡与平衡的状态,而是在或隐性、或显性的抗衡与博弈中相互共生与发展。任何一个时期、一个民族的文化都是这两种因素相互建构而呈现出的一个相对暂时的、平稳的节点。文化生态的失衡现象即所谓的文化变迁与文化建设中的抗衡与博弈的情形。文化生态失衡的提法最早见于1994年的《我国文化生态失衡受到舆论界关注》。文章中主要描述的是我国20世纪90年代末期公共文化产品的锐减情况,其中包括书店以及农村集镇文化中心的减少、县文化馆和乡镇文化站的缺失等,把此类现象称为文化生态的失衡现象。这是首次以消息或新闻的形式对文化生态的论及。学术界对文化生态从学理上的分析与阐述始见于方李莉的《文化生态失衡问题的提出》[①]。文章认为,在日益加速发展的工业文明以及由此而产生的先进的生产力的基础上,人们可以创造出一个自成体系的人工自然,由此文化创造的传统方式即对自然和环境的依赖与相适应也被随之改变。此外,高丙中从文化与社会关系的角度论及文化生态失衡现象,并认为,文化生态是社会关系的表现,社会关系的被扭曲是文化生态失衡的表现形式。[②] 文化是与经济、政治、社会、生态联系在一起的统一体,文化生态失衡的提出为文化变迁与文化建设提出了警醒与更具挑战性的问题导向,即文化建设中的平衡发展状态,也即本书所论述的文化的生态发展与建设。

综合上面的分析,本书认为,文化生态失衡是指构成文化系统中的文化要素、文化形态以及与之相关的经济、政治、社会等诸因素之间的不和

---

① 方李莉:《文化生态失衡问题的提出》,《北京大学学报(哲社版)》2001年第3期。

② 高丙中:《关于文化生态失衡与文化生态建设的思考》,《云南师范大学学报(哲社版)》2012年第1期。

谐的表现形态。考察村落的文化生态失衡现象,必须把村落文化的发展
与变迁置身于现代化的社会时空背景之中。这一时空背景最为明显的表
现为现代化、工业化以及城镇化的进程加快。从外在的表征来看,现代化
和工业化始于人类文明的集中聚集地——城市,正是城市这一地域空间
和文化空间才赋予了现代化和工业化以滋生繁衍的土壤。但是,透过这
一外在的表现形式我们不难发现,现代化和工业化的发展涉及人力资源、
土地资源等相关因素。这些相关因素又是与城市相对的聚落空间——村
落紧密相连的。因此,文化生态失衡现象的分析也就与人的因素、空间的
因素等密切相关。

第二节　村落文化生态建设中主体的缺失

文化的核心要素也即文化的主体是人,只有人才是文化的初元创造
者、实践的传承者以及最终的受益者。当前,在村落的文化生态建设中,
文化建设的主体——人的要素的相关变化尤其要引发关注。

一、村落文化生态建设中主体缺失的表现

在文化建设中,始终要强调文化建设的主体——人的地位的重要性。
当前,我国村落文化生态建设中文化主体缺失的两个最典型表现为,一是
我国整体村落数目的消减;二是村落实际居住人口数目的消减。

（一）村落数目消减造成文化生态建设的主体缺失

自改革开放以来,我国村落的经济与社会发生了翻天覆地的改变。
城镇化是我国当前经济社会发展中表现最为突出的社会生活实践。不同
的学科从各自不同的视角对城镇化进行了解读。人口学上的城镇化关注

的是由农业人口向城市人口转变、迁徙和聚集的历史过程;经济学上的城镇化关注的焦点是从传统的、农村原有的小生产或自然经济向现代城市和机器大工业生产经济转变的过程;社会学上讲的城镇化是指人口向城镇集中的这一过程,主要表现为城镇数目的增多和城镇人口规模的不断扩大两种形式,其中包括人类生活方式的转变、同时也涵盖了人类文明的转变。我国的城镇化被西方学者称为"继文艺复兴后人类历史上最重要的社会事件"。2011 年是我国城镇化进程中的关键一年,这一年我国城镇化率首次超过 50%,达到了 51.3%,这意味着我国城市人口比率开始超过了农村人口比率。到 2013 年,我国城镇化率更是达到 53.7%。快速发展的城镇化进程一方面加剧了农村社会的转型,另一方面也导致了我国现有行政村数量的绝对缩减。

表 6-1 我国近十年村委会数目变化情况表　　（单位:个）

指　标	2004 年	2006 年	2008 年	2010 年	2012 年
村民委员会数	652 718	640 139	603 589	594 658	588 407

资料来源:国家统计局网站。

从这样的一组数据对比中,我们不难看出,最近十年,随着我国城镇化进程的不断加快,我国行政村的数量在不断地消减。村落数量在消减的同时,也表现为村庄人口即村落文化建设主体的消减。

（二）村落人口数量消减造成文化生态建设的主体缺失

改革开放以来,随着我国经济社会整体发展水平的快速提升,社会结构转型加速,城乡间社会流动不断加快。2011 年,我国城镇化率首次超过 50%,达到 51.3%,这也意味着我国农村人口数量超过了城市人口数量。2011 年也因此成为我国城镇化进程中关键的一年。伴随着城镇化进程的不断加快,与之相对,农村社会结构的转型、农村人口数量的变化都呈现出新的发展态势。农村人口数量的绝对下降所导致的村落文化建设主体的缺失已经是不争的事实。仅以我国近十年来城镇、乡村人口数目为例,见下表:

表6-2　我国近十年城镇、乡村人口数目表　　（单位:万人）

指　标	2004 年	2006 年	2008 年	2010 年	2013 年
乡村人口	75 705	73 160	70 399	67 113	62 961
城镇人口	54 283	58 288	62 403	66 978	73 111

资料来源:国家统计局网站。

　　从近十年我国城镇人口和乡村人口数量的对比表中可以看出,在城镇人口快速增长的同时,我国乡村人口在近十年呈现出绝对数量的急速下降趋势。乡村人口数目的缩减,已经并且还将持续引发乡村社会的深刻变革。从文化传承的主体来看,村落人口数量的消减主要表现为农村大量剩余劳动力的外出务工,村落变成以老人和儿童为主的“空心村”。另外,村落的传统文化也在一定程度上面临着“断层”的状况。随着现代社会的发展,机器大工业的生产在人类的生产和生活中不断占据重要的影响。我国传统的农业社会是以家庭为主、作坊式的小农经济生产形式。在现代化的工业社会的进程中,传统的农业生产方式受到了严峻的挑战。一方面,现代化以及工业化的生产方式提高了劳动生产效率,把人类从千百年来事必躬亲的、传统的农业生产与劳作方式中解放出来;另一方面,现代化与工业化的生产方式在提高劳动生产效率的同时也产生了大量的农村剩余劳动力。与此同时,现代化与工业化的发展在它的诞生地——城市也相应地创造了不断增长的劳动力空间市场。由此,在城市与村落之间便形成了农村剩余劳动力资源的大量迁徙。近年来,外出务工已经俨然成了村落中青壮年的一种必然选择。由此,引发乡村人口数目呈不断下降的趋势。

文化是一个民族的灵魂,是民族在漫长的历史中形成与发展变迁的精神与物质上的总表征,包含了一切生产与生活中所创作的价值总和。文化建设也因此涵盖了丰富的内容和表征。村落文化建设既包括了村落社会生产空间中历史文化传承、文化场馆建设、文化活动形式、文化内容等的统筹发展与建设,同时也包括村民思想文化与精神文化生活的丰富等。文化建设对于民族国家的发展来讲,是传承与延续一个民族国家的精神精髓,是民族精神不断流传与发扬光大的重要手段。在经济社会不断发展的今天,提出与不断加强文化建设尤其具有重要的战略意义。村落人口绝对数量的消减,将直接导致村落文化建设主体的缺失。

案例6　在内蒙古美岱召村,村支书向调查成员介绍说:"你们在我们村也看到了,在家的都是60多岁以上的老人了。我这个40多岁的算是年轻人了。"村支书自嘲地笑了,"在我们村,50多岁的人都还在外面打工。我们离北京、呼和浩特都挺近的,现在交通也方便,我们村出去打工的走得远的都到了广州、深圳。现在能耕种的土地也越来越少,再说现在种地都是机械化了,也用不着那么多劳力在家,年轻一点的就都出去了。你们过年时候来,那时候年轻的就都回来了。"访谈的时候正值夏日的午后,村里随处可见在纳凉的村民,只是,纳凉的大都是村里上了年纪的老人和中年的留守妇女。不远处,村里的工地上隆隆的机器声不断传来。乡村曾经的宁静在这里已经无处可见。

案例7　秀水村的H奶奶今年已经76岁了,身体还算硬朗。H

内蒙古美岱召村乘凉的老人

奶奶的老伴几年前去世了,两个儿子都在广东打工,H奶奶带着两个孙子在家,大的孙子12岁,小的孙子9岁。家里的几亩土地已经租给别人去种了,两个儿子和媳妇和所有的外出务工的人员一样,只有在年节的时候才回来。平日里,年迈的H奶奶要给两个孙子做饭,照顾他们的日常生活。"我也是一身的病啊,可是也没得办法啊,现在的年轻人都出去找钱了。"H奶奶无奈地对我们的访谈人员讲。像H奶奶这样的留守家庭在所调查的5个村落俨然已经是一种村落生活的基本状态:留守儿童、留守妇女、留守老人构成村落的常住人口。在现代化进程不断加快的今天,乡村社会已经在经历、而且仍需要面对剧烈的社会结构变革。

村落人口数目绝对数量的缩减已经成为乡村文化建设主体缺失的主要原因,从民族地区5个村落的人口数据中,也可以看出这一点。

表6-3 民族地区5村人口结构表

村落名称	云南诺邓村	云南郑营村	广西秀水村	内蒙古美岱召村	青海郭麻日村
乡村总人口（单位:人）	2031	3003	2500	2703	1819
外出务工人口①（单位:人）	约600	约800	约700	约900	约450人
外出务工人口比例	29.5%	26.6%	28%	33%	25%

从对5村外出务工人口和总人口的比例中可以看出,乡村人口的长期或短期的外出务工已经成为乡村社会发展中的一个常态。而且不容忽视的是,在乡村的外出务工人员中,多以20岁到50岁的青壮年居多。这一年龄阶段的乡村人口,既是乡村社会发展的主力,更是乡村文化建设的重要主体。

此外,从文化传承的视角来看,我国传统的农耕社会已有千余年的发展历史,村落传统文化厚积很深,也在千余年的发展变迁中不断传承。从世界文化的发源与传承看,中华文明是唯一没有中断的文明。因此,传统文化的传承与发展是村落文化建设的重要内容之一。如掌握传统文化技艺的"文化传承人"很大一部分都生活在村落之中。当前,文化传承人多年事已高,另外,在现代社会,年轻人大都不愿意学习古老的文化传统技艺。因此,传统的手工技艺等艺术文化遗产形式已经面临无人继承的局

---

① 外出务工人员由于务工时间的长短等具有很大的变化性,因此以按照调查时在外务工统计,即使这样,5村都没有精确到个人的统计数字,因此,这里的统计数字是访谈各村干部的概数。

面。在乡村社会结构转型不断加速的今天，乡村文化建设的作用日益凸显。但是，乡村文化建设主体的缺失却为乡村文化建设提出了一个现实的难题。

二、村落文化生态建设中主体缺失的后果

村落文化是农耕文明的重要表征，在我国整个文化体系中占据着重要的位置。村落文化的发展与建设本身就肩负着传承农耕文化与中华优秀传统文化的重任。因此，村落文化生态建设中主体的缺失将直接或间接地影响中国传统文化的传承与发展。

我国的村落文化发源于传统的农耕文化。华夏始祖之一的炎帝号称神农氏，炎帝制耒耜、种植五谷，创造了初元人类农业生产的发展，开创了人类由原始游牧生活向农耕文明的转化。据考古学的研究，早在一万年以前我国就已发现新石器时代原始农业的遗址。我国的黄河、长江流域在距今四五千年以前就较普遍地形成了原始种植业。我国农业近万年的可持续发展的历史、绵长的农耕发展实践既创造了人类生存所必需的物质生产资料，同时也在长期的农业生产过程中积累了厚重的农耕文化形态。农耕文化中体现和蕴含了典型的和合思想，具体而言，可以表述为天合、地合、人合、己合，即达到自然界的平衡、人与自然界的平衡、人与人的平衡以及人与自我心灵的平衡状态。在古代的农业生产实践中，人类的先民要与自然相抗争，繁衍生息，达到阴阳和合、天人合一，这也是今天我们所倡导的和谐思想与文化的历史渊源。农耕文化也体现和蕴含了丰富的顺应而变的思想，自然万物，生息繁衍，无不要顺应自然宇宙的变化规律。马克思主义哲学强调，运动是物质存在的方式，时空是运动着的物质的存在方式。远古的农业生产实践在顺应四季的时间变幻和应对自然界

的空间环境变幻中不断积累和磨砺出顺应而变的思想。

习近平同志指出:"中华优秀传统文化是中华民族的突出优势,是我们最深厚的文化软实力。"我国村落传统文化源远流长,村落所承载的厚重的农耕文化正是中华文明的发源之处和不可动摇的文化根基、是提升中华文化软实力的源泉和基础。阿尔弗雷德·韦伯曾指出,"中华文化中包含着一个简单而深刻的内容:人不是宇宙神秘主义的产物。人是大宇宙中的小宇宙,要和大宇宙中的活力结合,人必须从小宇宙的本质和生活态度中推断出大宇宙的届域。"①梁漱溟认为中国文化个性殊强,独自创发,慢慢形成,非从他受。中国文化自具特征,自成体系,与其他文化差异较大。② 由此可以看出,中华民族独特的民族文化不是自我封闭的文化虚无主义、不是排他性的文化中心主义,而是经过民族漫长发展变迁、融合而形成的关注人、理解人、发展人的以人为核心的文化体系。这种文化体系强调的是人与万物的和谐与精神主旨所在,发展的终极目标是建设人类社会的大同世界。

第三节　村落原生态文化空间的变异

每一种类型的文化都有其产生与发展的特定空间,民族地区村落的文化由于依附于特定的地理和环境空间而彰显出一定的特色。在新的历史时期,村落文化的原生态空间面临着变异,主要表现为村落所面临的文化安全问题、城市文明向村落乡土文明的蔓延与侵入以及农村基层社会

---

① ［德］阿尔弗雷德·韦伯:《文化社会学视域中的文化史》,上海世纪出版集团 2006 年版,第 57—58 页。

② 梁漱溟:《中国文化要义》,上海世纪出版集团 2005 年版,第 7 页。

文化组织的薄弱等方面。村落文化原生态空间的变异使村落文化失去了生存与发展的土壤，也将导致村落文化的变异与失衡发展。

一、文化全球化引发村落的文化安全问题

安全通常被划分为传统安全领域和非传统安全领域。前者如军事和政治安全等，后者如文化安全等。20 世纪 70 年代初，"罗马俱乐部"在《增长的极限》和《人类处于转折点》两份报告中首次提到了人类所面临的非传统安全问题。"非传统安全研究是'以人为本'的、更推崇全球主义价值立场和更关注以'个体'为安全主体的'人的安全'。"①党的十七届六中全会更把维护国家文化安全列为文化建设中的一项重要任务。从国际上看，自冷战结束后，和平与发展的时代主题使文化日益变为国际政治竞争中的重要工具，这也导致由文化全球化而产生的文化侵略、文化霸权主义等问题不断伴随着经济全球化而在世界蔓延。在此情形下，传统村落的文化安全问题亟须高度重视。

"在全球化时代，具有霸权意识和霸权行为的国家始终都会把'文化力'作为一种可以操控的文化资源，并使之成为有效实现国家利益的特殊手段，文化霸权理论也不例外。"②文化全球化是伴随着经济全球化而在世界范围内蔓延的。发达国家借此把自己的文化特质、文化形态等因素不断地向其他国家渗透。文化安全是一个主权国家在意识形态等思想领域所面临的民族文化的独特性、完整性和延续性以及民族文化认同感

---

① 潘一禾：《非传统安全研究中的国家文化安全关注》，《江南社会学院学报》2008 年第 2 期。

② 曲凯音：《传统村落的文化安全问题辨析：现状与提升路径》，《学理论》2014 年第 11 期。

所面临的危机和侵犯,具有长期性和隐蔽性的特点。文化安全的长期性加剧了对文化形态变异的侵蚀影响,隐蔽性则加剧了文化传播的速度与数量。隐蔽性具体的表现为文化产品的输入形式、文化思想的表达形式等所具有的隐蔽性。"村落文化的主体是村民,村民面对这些隐蔽的文化形态时往往表现出了对文化安全的淡薄意识。"①从总体上看,我国普遍存在着文化安全意识淡薄的情况,这在相对落后的民族地区村落中表现得更为明显。例如,西方的节日、礼俗等文化形态有被不断加大渲染之势。与此相对应,我国村落原生态的民俗、风俗等却有被逐渐遗忘和消失的态势。这些无疑都加大了村落的文化安全隐患。

安全问题事关国家民族的命脉,也是近年来世界经济社会发展所重点关注的问题。文化安全又是国家安全中的重中之重。这一点从文化的重要性上可以直接地体现出来。文化是一个民族的重要精神命脉,是民族精神独特性的表现。因此,文化安全首先事关一个民族的精神传承与发扬。文化是民族分野的标志,不同的民族、国家具有各自独特的文化,也正是文化上的差异创造了丰富与具有多样性的人类社会。在现代社会的发展中,现代性的发展使世界进入到全球化时期。人类社会最先面临的是经济全球化,经济全球化的发展不断将人类社会带入到文化全球化的态势之中。在文化全球化时期,文化安全的体现则是文化软实力的不断提升。1990 年,美国学者约瑟夫·奈提出软实力的概念。在约瑟夫·奈看来,软实力与经济、科技、军事等"硬实力"相对,表现为文化和意识形态等。按照约瑟夫·奈的阐述,在信息化、工业化时代,以文化和意识形态为主要表征的软实力正在凸显它的重要性。提高文化软实力,也是

① 曲凯音:《传统村落的文化安全问题辨析:现状与提升路径》,《学理论》2014 年第 11 期。

提高综合国力的具体表现。

其次,传承我国优秀的传统文化是提升村落文化安全的重要方式之一。我国拥有丰富、灿烂的历史文化,历经千年之久,在文化全球化发展的今天,如何更好地传承与发扬我国优秀的传统文化,让优秀的中华文化绵延不断地传承与走向世界,是今天所面临和急需解决的问题。传统文化在乡村的民俗、风俗等表现较为突出和明显。因此,提升村落的文化安全建设尤其要在村落的社会民俗文化的传承上下功夫。在现代化的进程中,伴随城镇化不断深入,城市文明也加快了向乡村传播的步伐。城市文明的传播,是现代生产与生活方式的传播,代表着现代文明的传播。但是从另一个角度来看,现代城市文明向农村传播,也是对村落原生态文明的一种侵入,是对村落文化安全的一个侵蚀。

二、城市文明向村落社会的蔓延与对乡土文明的侵入

村落是人类聚落生存与生产的空间。这一人类生存的聚落从地理空间上与人类另一生产与生存聚落——城市形成了遥相呼应的人类两大生活共同体。但是,村落与城市在地理空间上的隔阂却没能阻止城市文明对村落文化的影响甚至侵蚀。从 1978 年的改革开放开始到 2013 年,我国城镇人口从 1.72 亿人增加到 7.3 亿人,城镇化率从 17.92%提升到53.73%。在城镇化的进程中,无论是城市人口数量的增加,还是城市规模的扩大,都只是外在的城镇化的表象。城镇化的内涵最主要体现在城镇文化模式的创立和发展上。这种城镇文化模式,不是单纯的、旧有的城镇文化在数量和内容形式上的简单叠加,而是在现代工业社会的背景下,在不单纯依赖自然的基础上,或者说在现代工业的发展所产生的人化自然的基础背景上所萌芽和形成的新的文化形态。毋庸置疑,在人类生产

力水平较低的总体的时空环境下,传统文化的产生和发展与地域和自然的形态紧密相关。例如云南诺邓村的盐文化,是特定的地域空间和历史空间相结合所产生的特定的区域文化。诺邓盐产业与盐文化的逐渐消失也说明了在工业社会的背景下,文化的生成已经开始转向依赖人化的自然,这种新生成的文化即所谓的城镇文化模式。城镇文化模式的创立和发展的过程同时也是村落原生态文化不断消解的过程。

在对民族地区 5 个村落的调查中,城市文明对村落文化的影响与侵入在外观上表现得最为明显的是村落建筑与民居的影响。以云南大理的诺邓村为例,诺邓村是有着 1300 余年历史的古村落,村落民居建筑多为明清时期土木结构建造,属于典型的白族山地民居建筑。随着时间的发展,古旧民居建筑历经历史沧桑,逐渐凋敝。近年来,村民在对民居建筑进行维修时,无论从样式还是从建筑材料的选择上已经开始慢慢偏离了原来的传统样式。如部分村民在维修民居时安装了现代化的太阳能设施。这些都与原来传统的民居建筑模式呈现出一定程度的不协调。面对扑面而来的城市与现代文明,村民在访谈时也无奈地表示,他们在进行维修购买材料时也没有其他的选择。对于安装太阳能,村民更是说,那样用热水可以更方便。

通过实地调查,我们在切身感受现代文明对乡村社会所带来的变化时,我们也更加深入地体会到,现代文明在传播的同时,也相伴带来一个棘手的矛盾,即村落传统文化如何在现代文明中生存与发展。毋庸置疑的是,城镇化的快速发展带动了我国整体经济建设的发展,促进了农村的结构转型。同时,城镇化的发展也引发了城市文明向村落的蔓延与侵入,在现代城市文明与传统村落文化的交互发展中,村落文化不断地出现变异、断裂甚至消失的形式。这些都无疑加大了村落文化生态建设的紧迫性。

三、农村基层社会文化组织的薄弱

随着人类社会发展进程的加快,现代化和信息化已经成为现代最明显的客观外部环境。与现代社会高度分化和高度分工相适应的是现代社会组织的建立,组织是现代社会不断发展与完善的产物。组织之网笼罩着整个社会,它满足着人们的需要,也对人们形成约束。社会组织是现代社会的代表。① 周雪光认为,"现代社会,也可以说任何社会,都是一个组织的社会。人们的生活不是各自孤立的行为,而是通过与其他人的交往互动实现的,这就是我们通常所说的'社会生活'。人们之间的交往互动是在'组织'的框架里进行的。从这个意义上讲,社会学的研究就是对组织行为或组织制度的研究,或者说是在组织背景下研究人们的社会活动。"② 足见在现代社会,组织与人类社会生活已经是相依并存的两个整体。古典时期社会学的创始人就组织问题有过论述。孔德将社会组织定义为"普遍的社会同意"。迪尔凯姆在《自杀论》一书中把社会组织说成是通过道德或价值观的一致而达到的一种社会整合和个人调整。库利在《社会组织》中将社会组织看作是"精神生活或社会生活的分化的统一"。"被西方社会学誉为现代化组织社会学创始人的马克斯·韦伯认为,组织是一个法人团体,是一个用规章制度限制外人进入的一个封闭的团体。"③ "从广义上讲,组织是指人们从事共同活动的所有群体形式,包括氏族、家庭、秘密团体、政府、军队和学校等。狭义的社会组织是为了实现

① 王思斌主编:《社会学教程》,北京大学出版社 2010 年版,第 116 页。
② 周雪光:《组织社会学十讲》,社会科学文献出版社 2003 年版,第 6 页。
③ 转引自张敦福主编:《现代社会学教程》,高等教育出版社 2001 年版,第 143 页。

特定的目标而组建的稳定的合作形式。"①本书所言的农村基层文化社会组织即是指这种狭义的社会组织,是专门为满足农民在现代社会生活中的文化需求和日常生活需要而建立的、较稳定的专门机构。例如各种农民协会、文艺活动队、社区协会等。

"社会文化组织的目标不在于增加农民的收入、维护农民的政治经济权益,而在于改善人与人之间的关系和人与自己内心世界的关系,在于寻找生活中的价值和意义,在于愉悦身心,在于表现自己和关系他人。"②随着我国经济社会发展水平的总体提高,我国各类社会组织的数量呈不断增加之势。截至 2013 年,我国各种社会组织的数量已经达到 547245个,社会组织增加值从 2006 年的 112.12 亿元增加到 2012 年的 525.56亿元。③ 在我国组织数量绝对增加的背后,我国农村基层社会文化组织却仍处于薄弱的状态。从本课题的调查中可以看出,目前在我国的大部分农村地区,尤其是经济发展较落后的民族地区,农村基层文化组织的发展主要存在三个方面的问题:一是农村基层文化组织的地区发展不平衡;二是农村基层文化组织的管理不到位;三是对农村基层文化组织的经费投入有限。这些都限制了基层文化组织功效的发挥。农村基层文化组织的地区发展不平衡主要表现为经济发展与基层文化组织数量的正相关上。村落经济的发展水平在很大程度上主导了农村基层文化组织的成立与后期的管理以及资金投入等。另外,即使是已经成立的农村基层文化组织,也都存在着管理不到位的问题。如基层文化组织的负责人基本都是村委会的干部,都是以兼职的身份对基层文化组织进行管理。另外,在

---

① 王思斌主编:《社会学教程》,北京大学出版社 2010 年版,第 117 页。
② 贺雪峰:《乡村的前途》,山东人民出版社 2007 年版,第 137 页。
③ 数据来源:国家统计局网站。

所调查的 5 个村落的基层文化组织中,都没有具体的组织条例与行为规范,基本都是出于口头的行为管理状态。最重要的一点,随着村落经济社会的发展,农民对文化生活的需求和文化产品的消费处于不断提高的状态,但是,基层文化组织由于没有固定的资金来源,组织文化活动也就成了无本之木和无源之水。因此,当前薄弱的基层社会文化组织将导致村落原生态文化空间的变异,阻碍村落文化生态建设的发展。

第四节　村落文化的历史传承与现代开发之间的矛盾

村落文化置身于村落经济、政治、社会与生态的整体系统之中,这个整体系统要达到平衡与统一的状态既需要系统自身的协调发展,同时也需要外部的政策、制度等对系统进行的协调。从这个视角来看,影响村落文化体系平衡发展的两种因素主要为,来自系统内部的自身影响以及系统外部因素对此的影响。从对民族地区 5 个村落的文化变迁与文化建设的调查中可以看出,村落文化生态的失衡发展体现得较为突出的一点是,村落文化自身的历史传承与对村落文化的现代开发之间的矛盾。

一、村落历史文化资源传承的必要性

纵观人类社会的发展历程史,在经过相对短暂的渔猎社会后就进入了漫长的农耕社会,由此产生的农耕文明凝结了中华民族优秀的传统文化。传承农耕文明与村落文化,是提升中华文化软实力的根基,也是维系中华子孙血脉亲情的基本纽带,更是保持乡土文明、增强村落文化自觉的

重要方式。自从 1990 年美国学者约瑟夫·奈提出文化软实力一词以来，文化软实力就成为了世界各国制定文化战略甚至是国家战略的一个重要参照系。文化软实力也因此成为世界各国综合国力和国际竞争力的一个表征，是世界各国的竞争目标。党的十七大报告中就指出："要坚持社会主义先进文化的前进方向，兴起社会主义文化建设新高潮，激发全民族文化创造活力，提高国家文化软实力。"2012 年，党的十八大报告中进一步将文化软实力明确为"全面建设小康社会"的目标。2013 年，习近平总书记在主持中央政治局第十二次集体学习时指出，提高国家文化软实力，关系"两个一百年"的奋斗目标和中华民族伟大复兴中国梦的实现。在 2013 年 12 月召开的中央城镇化工作会议上，习近平同志提到，要"让城市融入大自然，让居民望得见山、看得见水、记得住乡愁"。2014 年，中央一号文件强调"要制定传统村落保护发展规划，抓紧把有历史文化等价值的传统村落和民居列入保护名录，切实加大投入和保护力度。"村落文化是优秀中华文化经典在现今的留存，它的厚重与深沉凝结了浓浓的乡愁，这种乡愁又是无法比拟、模仿和复制的，是维系中华子孙的血脉纽带。因此，在现代化、工业化和城镇化进程加快的宏观社会背景之下，传承村落文化更是肩负了一份历史责任的使命感。保护村落、建设村落文化就是为中华民族的乡愁寻求一个安放的栖息地。

此外，传承村落的历史文化也是保持乡土文明、增强村落文化自觉的重要方式。乡土文明是在漫长的农耕社会中积淀和诞生的村落文化的综合体。乡土文明的精华也集中体现在中华子孙的优秀品质与道德标准上。因此，乡土文明就是中华子孙世代相传的瑰宝。费孝通先生早年提出"文化自觉"的概念时指出，"文化自觉是指生活在一定文化中的人对其文化有'自知之明',明白它的来历,形成过程,所具有的特色和它发展的趋向,不带任何'文化回归'的意思。"①只有认识到我国乡土文明的价值与厚重的底蕴,才能不断地增强对村落文化的自觉,进而建立起对村落文化的自信心,这是进行村落文化生态建设的重要价值基础。

二、不足与过度:村落文化资源现代开发的局限性

村落文化生态的失衡,体现在对村落文化资源现代开发的局限性上主要有两点:其一是对村落资源的保护与重视不足,未能对此进行很好的修复与开发。与之相对的是,在某些村落,对村落文化资源也呈现出过度开发的一面。在本书所调查的民族地区的 5 个村落中,在两者的对比中发现,整体上对村落资源的保护与重视不足占了主要的一面。从整体上看,5 个村落都是位于民族地区,且具有较长历史积淀的古村落,都拥有较厚重和独特的历史文化。但是,整体上 5 个村落的历史文化资源的开发仍是处于较低水平的状态。

案例 8　以郑营村为例,从郑营村的历史价值来看,这座明朝时期建立的村落早在 1999 年就被命名为云南省历史文化名村,也被誉为"云南第一村"。从郑营村的地理位置来看,该村距离省会昆明约二百六十公里,距离其所隶属的石屏县城仅 10 公里,有省级公路与村庄相连,可谓交通顺畅。但是,即便具有这样的优越条件,郑营村目前即使在云南人的眼里依然是待字闺中人未识的边疆村落。对郑营村历史文化资源的开发目前仅限于对明清古建筑的修复性保护,大量的人文历史文化等非物质文化遗产资源等由于政府的资金投入

---

① 费孝通:《费孝通集》,中国社会科学出版社 2005 年版,第 448 页。

不足等原因仍然处于待保护与待开发的状态。这也导致郑营村的村落旅游业的发展仍处于较低水平的状态。

村落宗祠年久失修的廊柱

以乡村农家乐和乡村旅游住宿的调查为例,目前5个村落的乡村文化资源的开发略有差异,但是总体上开发的水平不高。总体上开发较好的是云南大理的诺邓村,目前已经有6家乡村餐饮、8家乡村旅游住宿的小的民居改装的乡村旅游住宿设施。尤其值得一提的是,诺邓村已有一家酒吧开始营业,主要的服务对象是来诺邓村的游客,以年轻人为主。目前郑营村内仅有的3家农家乐也只有在节假日才有生意。村内目前尚无接待旅游住宿的宾馆等设施,这些都限制了村落旅游资源的开发。

对村落资源的开发不足将主要导致两方面的后果。其一是珍贵的历史文化资源将处于修复不足和保护乏力的状态。随着岁月的流逝,这些承载独特民族、历史文化的村落资源将会渐渐被自然与岁月侵蚀,逐渐消减原有的历史风味并将淡化对民族与历史的记忆。这将是村落文化资源甚至是中华优秀传统文化资源的重大损失。此外,对村落文化资源的较低甚至是不足的开发也不利于村落整体经济收入水平的提高以及扩大村民的就业等,这也容易将村落陷入开发与保护资金缺乏的恶性循环圈中。

在调查中也发现,在村落旅游资源开发中,过度的旅游开发也已经有所迹象。对村落资源的过度开发主要集中在商业性的开发上。村落毕竟是历史上传统农业时期的生产和生活的聚落空间,是人类对自然与外界环境紧密相依赖而形成的社会生活共同体。因此,村落的占地面积以及人口数量等都具有一定的承载边界。在现代的工业化生产条件下,如果不通过周密和精确的调研与评估,加之在开发中相伴而生的商业价值,极容易在对村落资源的开发与利用中超出村落的承载界限。这将对宝贵的村落文化遗产资源带来毁灭性的打击。

案例9 云南诺邓村,目前有村民开的乡村旅馆近十余家,乡村旅馆都是利用诺邓古民居修建而成。这些新修建的乡村旅馆从外面看依然是保持诺邓古村民居建筑的原有形式,但是走进旅馆就会发现,为了吸引更多的游人入住,乡村旅馆内部已经呈现出现代化的气息,标准的客房和现代化的设施,甚至有一家旅馆做成了现代的酒吧式。这些都与整个诺邓古村所呈现出的古朴与素雅不相协调。对村落资源的过度开发也体现在集中对某一资源的开发上,进而忽略了村落资源的相关性与连锁性。以云南诺邓村为例,村落的历史文化资源集中在建筑民居、盐文化、祠堂庙宇文化以及科举成就等资源上。但是目前诺邓村最闻名在外的却是"诺邓火腿"这一餐饮品牌。

随着 2013 年 4 月央视的"舌尖上的中国"的热播,"诺邓火腿"也走出边疆大山,闻名中外。

不可否认,这给诺邓村的经济发展也带来了前所未有的商机,也在一定程度上促进和提高了诺邓村的村落经济发展。但是相比这个具有1300 多年历史村落的总体文化而言,"诺邓火腿"毕竟只是文化资源中的一个方面。过度集中对某一资源的开发会导致其他文化资源开发的相对弱化。久而久之,也将使这一地区的代表性文化资源的重心发生转移,从而引起原生态文化传承的断裂。

我们所倡导的保护与开发村落的目的不仅仅是要体现、利用和发挥它的经济功能,村落资源所特有的历史文化功能、艺术功能、科学功能、社会功能等都有待于深入挖掘。众所周知,村落所承载的丰厚的资源涵盖了历史、艺术、科学、经济、社会等多方面的功能,旅游只是村落资源众多功能中的一个。村落旅游资源的发展会利于村落,甚至是地区的经济增长,并创造出更多的就业机会,因此可以说村落旅游是一种绿色经济。我们并不反对商业开发,而是反对"无序、盲目、野蛮"的焚琴煮鹤式的对村落资源的无序开发。"皮之不存,毛将焉附?"因此,如何平衡村落旅游资源的商业性开发与加强对村落资源的保护,是所需要面对和解决的焦点,也是当今村落资源开发中的一大困惑。

三、传承与开发:没有争议的博弈

在对待村落资源的保护、传承与开发的关系上,学术界的一致意见是"保护第一、抢救为主"。而且在这一方面,我国已经制定了相关保护的政策制度等。"只有在有序制度和法律环境下文化的发展才能是有序的文化,也只有在制度和法律的保障下,文化的固有特性——民族性、科学性和大众性才能更好地有所体现。"①文化制度建设是所有制度建设中最高级的形态和表现方式,它所反映的是制度建设领域里所达到的高度。"目前我国的文化制度建设还缺少一定的规范,这就导致文化的综合竞争力和文化安全处于一定的弱势和风险。我国自新中国成立以来就已经制定了相关的文化法律、文化行政法规和文化行政规章等计400余件,具体表现为宪法、文化法和相关的部门法律,包括行政法、民法、商法、经济法等四个部分。在四个部分之中,于2002年10月颁布的《中华人民共和国文物保护法》是目前中国最重要的文化法律之一。"住建部于2013年9月印发了《传统村落保护发展规划编制基本要求(试行)》,强调了从整体上对村落资源的保护。2014年4月,由中华人民共和国住建部、文化部、国家文物局、财政部等部门联合制定出台了《关于切实加强中国传统村落保护的指导意见》,明确提出"保护村落的传统选址、格局、风貌以及自然和田园景观等整体空间形态与环境。全面保护文物古迹、历史建筑、传统民居等传统建筑,重点修复传统建筑集中连片区。保护古路桥涵垣、古井塘树藤等历史环境要素。保护非物质文化遗产以及与其相关的实物和场所"。

从目前对村落文化资源的总体保护与开发的情况看,在传承保护与开发这并没有争议的选择中却存在着一场利益的博弈。这场博弈中涉及了几组相对应的关系,主要表现为村民与开发商之间、村落经济与整体商业经济之间、人类共有文化遗产的留存与对文化遗产的商业开发之间等。没有争议的博弈,看似不需要博弈,实则是由于对利益的驱使而引发的一场博弈。村落文化资源属于人类共同的文明留存,我们希望在这场博弈

---

① 曲凯音:《传统村落的文化安全问题辨析:现状与提升路径》,《学理论》2014年第11期。

中,人类的精神家园依然能找到可以安放的空间。也希望在这场博弈中,人与自然相和谐的文化生态建设最终战胜人类对利益的无限需求的欲望。

第五节　发展的文化需求与落后的文化产品之间的矛盾

在村落整体的文化生态系统中,村民作为文化生态发展与建设的主体,是村落文化生态建设的具体实践者与最终受益者。也因此,在村落文化生态建设的发展中,村民日益发展的文化需求与当前落后的文化产品之间的矛盾表现得愈发突出。

一、村落经济发展促进村民对文化需求的提升

改革开放以来,我国整体经济发展水平不断提升,综合国力不断增强。相应的,我国农村地区的经济社会发展水平也在总体上呈现出不断上升的趋势。我国农村经济社会也发生了巨大变化,乡村经济、社会生活等稳步增长。

表 6-4　近十年来我国农村、农业发展部分指标变化表

指　标	2005 年	2007 年	2009 年	2011 年	2013 年
农林牧渔业增加值(亿元)	22412.9	28618.6	35215.3	47472.9	56966.0
农村家庭平均每人纯收入(元)	3254.9	4140.4	5153.2	6977.3	8895.9
城乡居民储蓄存款年底余额(亿元)	141050.9	172534.19	260771.66	343635.89	447601.5

数据来源:国家统计局网站。

从上表的对比中可以看出,近十年来,从我国总的农林牧渔业增加值、农村居民家庭平均每人纯收入以及城乡居民储蓄存款年底余额等指标上看,我国农村和农业发展整体上是处于较快的增长期,尤其是农村居民家庭平均每人纯收入这一指标体系,从 2005 年到 2013 年,增加了173%。农业以及农村经济的迅猛发展,是物质经济水平发展的总体表现。

在我们对民族地区 5 个村落的田野调查中,通过参与式观察,调查成员也都切身地感受到,在当今村落经济不断发展的同时,村民对精神文化的渴求强烈。通过对 5 个村落村民业余文化生活的调查,这里以男性和女性的性别区分来进行村民业余文化生活的阐述。在调查中发现,村民的业余生活呈现出很大的性别差异。女性是如今村落里常住人口比例最大的人口构成,这主要是因为男性村民在外出务工的大潮中大多外出务工了。村落里的青壮年男性以承包土地、就近打短工、村干部为主。在 5 个村落的调查中发现,村落里的女性业余文化生活主要以看电视、跳舞、去附近的乡镇赶集为主。跳舞,是最近几年乡村社会新兴的、以女性为主的休闲方式。在广西秀水村、在内蒙古的美岱召村,夏天的傍晚,在村里的空地上都是村民,当然都是女性村民在跳广场舞。每当这个时候,也是全村留守的老人、孩子最开心的时候,村民聚在一起,纳凉、聊天。但是,只有那些真正参与其中的妇女在投入地跳着,其他的村民,如老人与孩子们聚在一起,更多的是享受这一段休闲的时光。

如果说跳广场舞是当今部分村落女性业余文化生活的选择,那么,村落里的男性又如何打发他们的业余时光呢?广西秀水村的村支书在访谈时表示,"我们村可以说还是有些文化的,男性村民出去打工的多。剩下的也都在忙着,有的租了田来耕,有的在镇上打短工。业余生活嘛,看看电视,大家聊聊天。"问及是否有打麻将的情况,村支书斩钉截铁地摇头,"这一点,我们村做得最好,没有一个打麻将的。"在内蒙古的美岱召村,课题组成员在访谈村里的小学教师时,问及了村里男性村民的业余文化生活,一位老师说:"业余生活也没有什么可以做的啊,男的有时候打打麻将,除了这个也实在没有什么了。"

通过对 5 个村落村民业余文化生活的参与观察式的田野调查,可以看出,当前我国村民的业余文化生活基本处于一个较落后的水平。由政府等组织的业余文化活动基本是空白的。加之我国历史上经历了漫长的农耕社会,在生产力水平较低的情况下,农村人力资本主要满足的是进行农业生产,日出而作、日落而息。但是随着经济社会的发展,当社会结构发生变化,农村经济进入到快速发展、农业开始进入到现代化时期,农村人力资本不断被解放出来时,精神文化需求对村民来说就是一个迫切需要解决的问题。根据美国心理学家马斯洛的需求层次理论,我们也可以得出,在物质生活发展水平已经满足了人类的生理需求、安全需求、社交需求、尊重需求后,人类就开始寻求精神层次需求的满足。马斯洛所说的最高层次的需求——自我实现的需求也可以理解为在精神层面对文化的一种需求。这种精神层次的需求,在经济发展之后,对村民来说更显得尤为重要。

二、村落文化产品生产和村民文化消费水平的薄弱

在农村经济、社会发展总体水平不断提升的前提下,课题组通过最近4 年对农村包括艺术表演场馆机构数、农村电视节目人口覆盖率、乡镇(街道)文化站数、文化部门艺术表演团体到农村演出场次以及艺术表演团体国内演出农村观众人次进行对比分析,试图从中发现,理论上与农

村经济社会发展水平呈正相关的农村文教产品的实际发展情况,具体如表 6-5:

表 6-5 2010—2013 年我国农村文教产品发展情况表

指 标	2010 年	2011 年	2012 年	2013 年
农村电视节目人口覆盖率(%)	96.8	97.1	97.6	97.9
县、市及以下艺术表演场馆机构数(个)	1498	1343	1786	862
艺术表演团体到农村演出场次(万场次)	26.05	25.92	22.90	23.67
艺术团体国内演出农村观众人次(千人次)	563676	439235	521024	529734

数据来源:国家统计局网站。

从对 2010—2013 年我国农村文教产品发展情况表中我们可以看出,2010—2013 年,持续增长的指标体系仅表现在农村电视节目人口覆盖率上,县、市及以下艺术表演场馆机构数、文化部门艺术表演团体到农村演出场次两个指标都呈现出持续下降的趋势。另外,艺术表演团体国内演出农村观众人次这一指标体系除了在 2010 年和 2011 年之间有所波动外,从 2011 年到 2013 年都呈现出持续上升的特点。

从对 5 个村落的调查中也可以看出,随着经济社会发展水平的提高,村落整体经济已经达到了一个较高的发展水平。但是从对村民文教产品的供应和村民对文教产品的消费上来看,当前,我国民族地区村落仍然存在着文教产品的发展落后于经济社会发展的情况。当前村民对文教产品的消费仍然局限在电视、有限的演出,以及村民自己举办的演出等形式上。乡村电影院、乡村体育文化等设施处于较为严重的匮乏状态。简而言之,在我国的广大农村,以电视为代表的文教产品基本达到了普及。而以艺术表演场馆机构数和以文化部门艺术表演团体到农村演出场次为代表的文教产品形式却呈现出不断下降的趋势。与之相对应的是,从2011年开始,我国艺术表演团体国内演出农村观众人次却呈现出了逐年上升的趋势。这从总体上说明,在经济社会发展水平提升以后,村民对文化娱乐产品等精神层次的产品需求也在相应地提高。但目前我国在村落文化产品生产和满足村民文化消费需求之间还没有建立良好的平衡。另外,从另一组数据的对比中,我们试图探寻最近十年我国农村居民的文教娱乐消费与总的消费之间的对比情况,具体如表6-6:

表6-6 2005—2013年我国农村居民家庭消费情况表

指 标	2005年	2007年	2009年	2011年	2013年
农村居民家庭平均每人消费支出(元)	2555.4	3223.9	3993.5	5221.1	6625.5
农村居民家庭平均每人文教娱乐消费支出(元)	295.5	305.7	340.6	396.4	485.9
农村居民家庭平均每人文教娱乐消费占总支出比重(%)	11.56	9.48	8.52	7.59	7.33

数据来源:国家统计局网站。

从表6-6的统计数据中我们发现,2005—2013年,在农村居民家庭平均每人消费支出翻倍增长的前提下,农村居民家庭平均每人文教娱乐消费支出在绝对数量上也呈现出增长的趋势。但是从农村居民家庭平均每人文教娱乐消费占总支出的比重这一指标的统计中就可以发现,最近十年,农村居民家庭平均每人文教娱乐消费占总支出的比重却呈现出下降的趋势。这是与不断提高和发展的经济社会的总水平不相适应的。这也从总体上说明了我国村落文化产品生产情况和村民文化消费水平仍是处于较薄弱的发展阶段和较低的水平上。

三、需求与供给：没有争议的矛盾

从上文的分析中，我们可以得出这样的结论，随着我国经济社会的迅速发展，包括民族地区在内的整个农村地区对文化产品的需求呈现出不断上升的趋势。但是实际生活中，我国对农村文化产品总体供给上并没有满足村民的需求，这与物质生产水平的极大发展形成了鲜明的对比。因此，在当前，发展的文化需求与有限的文化供给仍是一对需要面对和解决的矛盾复合体。如果单纯从经济学的视角进行分析，有大量的对文化产品的需求，同时又有不断发展的经济基础作为后盾，应该说这是没有争议的、很容易可以解决的经济学上的投入与产出的问题。但是从社会学或者从经济社会学的视角进行分析，这里面就掺杂了诸多的影响因素。首先或者说最重要的一点，从我国对文化产品供给的形式上来看，主要有文化事业与文化产业两种形式。文化事业属于国家层面的对文化产品没有利润的文化输出形式。而文化产业，则是在讲求一定的投入与产出比即利润的基础上所进行的市场化的文化经营方式。要提高对农村的文化产品的供给，仅靠国家层面的公共文化事业还不足以达到满足村民日益增长的文化需求。因此，就需要村落文化产业自身的发展与繁荣。当然，这也是一个任重而道远的过程。其次，进入到 21 世纪以来，我国整体上进入到了城镇化进程的快速发展时期，农村人口大量进城，众多的村落已经成为了事实上的"空心村"，成为仅有留守老人和留守儿童居住的地域空间。随着村落文化主体的大量锐减，村落文化的原生态生存和发展空间已经开始变异，即出现了学术界所谓的"村落文化转型"的状况。在这样的大背景下,村落文化产品的生产与村民对文化产品的消费都呈现出一定的断层状态。因此,总体的分析也得出这样的结论,在整体社会转型的背景下,村落文化发生转型,也因此使得村落文化的供给和需求这一对没有争议的矛盾将依然存在。

第 七 章

民族地区村落乡土文化变迁中的文化生态建设

文化是一个民族、国家精神与物质发展变迁的总体表征。村落文化也主要以物质载体的形式记录与呈现出村落发展变迁的总态势。文化是发展的、动态的,呈现出一定的历史规律与变迁形式。把握文化变迁的规律和发展态势是进行文化生态建设的必要前提和着力参考点。本章侧重描述民族地区 5 个村落的文化生态建设情况,在文化变迁大的时空背景下探析文化的发展建设,分析民族地区村落文化生态建设中存在的问题,为构建民族地区村落文化生态建设的理性发展模式奠定了基础。

第一节　村落文化生态建设的时代诉求

文化变迁导致新的文化形态的产生,文化建设需要以文化变迁为前提,政府和社会层面也要引导村落文化的发展与建设,以此顺应社会发展与满足人类的精神需求。进行乡村建设,重在乡村文化建设。民国时期乡村建设的杰出代表——梁漱溟先生的乡村建设思想的源头就是从文化建设入手。2006 年,中央一号文件提出"协调推进农村经济建设、政治建设、文化建设、社会建设和党的建设"。中央一号文件将农村文化建设提到了与经济、政治和社会以及党的建设协调发展的高度,足见在经济社会发展的前提下,进行文化建设的重要性与紧迫性。

一、现代思想文化的传播加速村落文化的转型变迁

在现代社会,随着经济社会的发展,思想文化的传播也随之加快。这种思想传播的加快主要体现在国际和国内两方面。从国际上看,西方国家自冷战结束后,开始采取了新的文化扩展和侵略的手段,不断在思想文化上进行文化输出和文化侵略。这种文化输出和文化侵略常常附加在某些看似创新与先进的文化载体上,借以进行文化传播。从国内看,我国自从 20 世纪 70 年代末开始改革开放以来,经济社会不断加速发展,社会结构加速转型。在此转型过程中,文化变迁加速,新的文化形态不断产生。

另外,进入到 21 世纪以来,我国的城镇化进程不断加快。根据国家统计局的数字,2011 年我国城镇化率达到 51.3%,首次突破 50%,这也意味着我国城镇人口数量首次超过了农村人口数量。城镇化进程的发展一方面促进了城市文明向农村的传播,但城市文明也在一定程度上对传统的村落文明产生了一定的侵蚀和破坏。另一方面,城镇化也在一定程度上打破了我国村落社会的传统生活空间,村落生活空间的改变也意味着村落文化空间的改变和消失。因此,历经千年之久生成与发展的村落文化面临着现代社会、现代文明的侵蚀,亟须指引与规范村落的文化建设,以起到文化对人类思想的涵化与引领之作用。

二、思想文化建设是村落发展的价值依赖

文化作为人类历史实践的物质和精神留存,是不同民族与种族重要

的精神识别与归属和认同,对人类社会的发展具有极其重要的意义。村落文化作为人类文化的发源和重要组成部分,具有指引、凝聚和传承的作用。首先,由于经济、社会发展的水平所限,村落在历史上一直是特定民族、种族以及固有人群的聚落生存空间,村落空间也体现了村落先民对气候、资源以及地理环境的选择与适应。因此,村落的生成历史,结合不同的地理、资源与环境等外界因素而衍生出形态各异、迥然各异的村落文化。这样生成与传承下来的村落文化无疑是村民的价值取向与精神上的引领。其次,对于村落社会而言,文化还发挥着凝聚人心的作用。考究我国村落的生成历史不难发现,形成于久远的农耕时代的村落多半是属于共同的民族或种族,有着相同或类似的历史与生产习惯,这在本书中的 5 个民族村落尤显突出。因此,对他们而言,村落文化对民众的凝聚和归属作用就更加明显。另外,文化也是传承人类历史与思想的重要载体。人类的历史发展痕迹以物质文化和非物质文化载体的形式进行代际相传。在传统的村落社会,文化受到现代文明的侵蚀与异化相对较少,保存较完整,丰厚的文化留存也是村落文化传承的重要基础。"三农"问题专家温铁军教授在谈到农村文化建设时指出,"文化建设,效益最高"。这也清晰地道出了文化在引领、凝聚和传承人类遗产上的无可替代的作用。

三、村落文化生态建设是传承村落文明的重要选择

美国学者塞缪尔·亨廷顿认为,"文明是一个最广泛的文化实体,文明的'独特性和特殊性'是'它们长期的历史延续性'。事实上,文明是所有史话中最长的史话。"①文化的内在价值以文明的方式体现出来,文明

———————

① [美]塞缪尔·亨廷顿:《文明的冲突与世界秩序的重建》,新华出版社 2002 年版,第 27 页。

在很大程度上涵盖了文化的具体表征。村落文明蕴含了人类历史实践中物质和精神的生产总和,并且通过具体的古迹、语言、文字、观念、信仰等形式具体化在村落的文化之中。我国的农业生产历史,以村落文明的形式传承和发展。文化作为文明的具体表征和形象体现,也自然而然地承担着传承与发展文明的作用。村落文明的传承与发展也是村落文化建设的具体任务。文化生态建设是把文化的发展置于人类、自然与生物的整体系统之中,认为文化的发展不仅仅是人类自身的价值体现,更是协调自然界与生物系统相互作用的人类发展成果。从这个视角来看,文化的发展成就不单单是人类物质与精神产品的绝对数量,它所体现的是在整个自然与人类以及生物的系统中能促进整个系统协调运转的价值总和。也只有这样的文化传承与发展,才能担当起文明传承的艰巨任务。反之,单纯以绝对数量的集聚,并不利于人类文明的传承与发展。

第二节　民族地区村落建筑文化的保护与传承

从人类发展的进程来看,在经历了采集渔猎时代之后,人类文明进程的发展经历了第一次产业革命,即农业生产逐步取代了采集渔猎的生存方式。自此农业就是人类繁衍生息的主要生产和生活方式。我国拥有悠久的农耕发展历史,可以说,从被称为神农氏的炎帝开始累积了丰厚的村落文化。这些丰厚的村落文化在总体上以物态和非物态的形式留存与发展。在本课题所调查的民族地区的 5 个村落中,物质文化遗产和非物质文化遗产都具有一定的数量形式,但是在现今的留存状态也各有差异。

一、村落古代民居建筑的现今留存与保护

村落民居建筑的现今留存情况一方面体现了民居建筑的历史特色与建筑风格，另一方面也是现今对古代民居建筑保护情况的映像。

（一）云南郑营村古代民居建筑的现今留存与保护

郑营村的民居建筑以清代时期的建造为主。坐向多以坐北朝南或坐南朝北方位。民居建筑屋脊条直，左右山尖向上翘起。房屋建筑以土木结构的瓦房为主，一般是四合院，有三间四耳、五间六耳或三进式样。三开间，中间为堂屋，堂屋左右两边各有房两间。堂屋下有三道街坎称为天井，三道坎分别意为天、地、人的和谐，三才生宝，纳福、添寿之意。郑营村的民居建筑讲究细致的建筑设计，在房屋图案等的装饰上讲究对中国传统文化的运用，彰显了传统文化在村落民居建筑中的传承。

郑营村民居建筑的代表要数省级文物——陈氏民居。陈氏民居是云南现存的具有清末建筑风格的比较完整的民居之一。陈氏民居建于民国末期，是一座砖石木结构、坐南朝北的走马转角四合院。陈氏民居总占地1092平方米，共分四进，总进深54.6米、通面阔20米。在郑营村，共建有20几座较成规模的民居，如位于郑营村中街的"司马第"，位于张家巷的"进士第"、位于深巷的"花大门"等民居建筑。郑营村的老宅民居历经风雨，发挥了重要的作用，既是村民安身立命的生存住所，又是村落文化的精髓所在。随着社会经济的发展，老宅民居的功能正在发生着变化。目前，郑营村的老宅民居80%都有村民居住，但是由于村中的年轻人基本都外出务工，目前老宅中的住户基本上都是老年人。另外，由于年代的久远，老式住房在采光、保暖、水电等功能上已经呈现出欠缺的情况。不仅如此，当村民的交通工具已经由旧时的马匹等转化为现代的摩托车，甚

云南郑营村民居

至家用轿车时,当年建设规划的村落道路已经日趋狭窄,村落旧有的道路交通已经是村落发展的阻碍。基于此,一部分年轻人选择搬出老宅,开始新辟宅基地新建楼房居住。

2013年,云南省红河州政府启动了"美丽家园"建设项目。在郑营村,"美丽家园"建设项目共有两个建设内容,一是提升改造老村的建设;二是郑营村的新区建设。针对村落古旧民居的修补改造,政府实行一次性发给民居补助款的规定。具体为,以户为单位进行补助。修补花费在1.6万元以上的政府予以补助8000元。修补花费在此之下的补助实际花费的50%。在维修中,老宅修补必须遵循"围绕历史、修旧如旧"的原则。截至2013年5月,郑营村已经有154户居民对老宅进行了修补建设。与此同时,郑营村的新区建设项目也开始启动。新区建设实行统一征地、统一规划的原则。目前，已经开始有村民陆续在新区建房，逐渐迁出老式民居。①

（二）云南诺邓村古代民居建筑的现今留存与保护

云南诺邓村现存有一百多座古代民居建筑，主要是明、清时期的建筑群，也有一部分是民国时期的建筑。由于诺邓村属于白族村寨，白族民居所素有的"三坊一照壁""四合五天井"等传统的建筑布局在诺邓古村的民居建筑中都有所体现。依山而建是诺邓村民居建筑最大的特色，民居平面组合都结合山形地势特征，随高就低、成台成岸、形式多样，各有千秋。在诺邓村，找不到两户完全朝向一致的建筑。此外，诺邓民居建筑工艺精美，门、窗、木梁等讲究雕刻图案的美观精细，院墙上都有绘画或图案。② 值得一提的是，诺邓民居建筑中大门式样最为丰富，门向和门的大小、款式也各具特色、不尽相同。

如今，随着城镇化进程的快速发展，在社会变迁中诺邓村民的生产、生活方式也发生了变化。外出务工也是诺邓青壮年村民的主要选择，由外出务工所得的收入也是村中大部分家庭主要的经济来源。在这样的变迁中，今天长期定居在明、清老宅中的都是上了年纪的老人和一部分村里的留守儿童，更有一部分古民居已经处于无人居住、无人修葺的状态。此外，由于诺邓村民居全部是依山而建，从山脚到山腰的民居全部要依靠台阶进出。因此，对于身处海拔较高的诺邓村村民来说，水资源是极为稀缺的。虽然日常的饮用水不成问题，但是洗澡等用水就显的极为紧张。也正因为此，历经多年的古民居已经不再适应现代人的居住需求，年轻的诺

---

① 资料来源：郑营村村委会资料以及对郑营村总支书记陈美莲的访谈整理。
② 王莉莉：《云南山地白族诺邓村的村落空间解析》，《昆明理工大学学报（社科版）》2009 年第 12 期。

云南诺邓村民居

邓人不愿意再居住在陈旧、不方便的老宅中。这一矛盾的现象也使得诺邓民居的活体保护形式具有一定的挑战性。

（三）广西秀水村古代民居建筑的现今留存与保护

广西秀水村共有古代民居建筑一百余座，多为明、清时期建造。这些民居建筑排列紧密，保持着旧时的街巷整齐划一的分布形式。秀水村古建筑最大的特色是都修有门楼。通过对秀水村的村民访谈得知，这样高大和结构紧凑的门庭是旧时家户经济情况的主要表现形式。另外，结构紧凑的门楼也是为防御偷盗等情况而设计。这些宋、元、明、清几个朝代历史研究价值很高的古建筑群体被美称为"古建筑博物馆"。到21世纪之后，由于村落中古建筑的年代久远，加之村落经济的不断好转，部分村民开始对古建筑进行修护，但是由于当时维护古建筑的原有特色、保护民居文化的思想还未形成,因此村落中的部分古代民居已经进行了现代式的修护,这在一定程度上破坏了旧有的民居建筑的原始风貌。令人欣慰的是,随着人们对村落民居保护意识的加强,加之政府的引导,村落民居建筑的修护已经开始按照旧有的模式和风格进行。

广西秀水村民居

目前,广西贺州以及富川县和朝东镇已经对秀水村的古代民居建筑设计了详细的保护计划。在对古代民居建筑的修护中,"修旧如旧"也是首要准则。这也为秀水村的古代民居建筑的留存与发展奠定了基础。

(四)青海郭麻日村古代民居建筑的现今留存与保护

青海郭麻日村地处隆务河河谷的平缓开阔地带,村庄东西两侧具有天然的山脉屏障。村落选址在较高的山地之上,充分显示了人与自然、山水相应的传统聚落格局形式。历史上的郭麻日村由古堡和郭麻日寺组成。郭麻日村古堡初建于明代,是明代屯垦戍边御敌的产物和见证,距今约有 600 余年的历史。2013 年,郭麻日村古堡(古村落)整体被批准为国家级文物保护单位。郭麻日村落古堡的建造显示出先民的高度智慧,古堡由黄土夯筑,东西长约为 200 米,南北跨度约为 180 米,占地 3.6 万平方米。整个古堡紧凑密集、寨墙高耸、团形紧簇,与自然和地势很好地结合为一体。古堡具有东西南北四座城门,古堡内巷道相通相连,呈蛛网状分布。主体部分被东西、南北两大主脉分为四部分。古堡具有居住和防御外敌的双重功能,这也从另一个侧面体现了在同仁的历史上,多民族聚居区不同的民族、宗教以及信仰而导致的诸多不稳定因素的存在。到了清朝末年,古堡已失去了屯垦戍边的功能,由此改为民居住宅。

青海郭麻日村古堡式民居

当前,郭麻日村古堡整体建筑的整体状况保存良好,古堡内仍居住着约 150 户人家,都是同仁地区的土族。随着时间的推移,古堡逐渐受到自然灾害以及人为的损害。一部分古堡建筑由于年久失修而无人居住,甚至成为危房。也有部分村民对古堡中的房屋进行了自行维修,并且部分在维修中使用了现代的维修材料等,造成了村堡建筑整体的不和谐状态。

郭麻日村堡作为同仁历史重要的文化遗产,急需维护和进行修复性的保护与开发。当前,青海省黄南州政府以及同仁县已经开始着手制订郭麻日村古堡的保护与旅游开发规划。当地政府从 2010 年起陆续展开对古堡的修缮与保护。

二、村落古代祠堂庙宇、书院等建筑的现今留存与保护

村落作为特定时期村民共同生活的聚居空间,是农耕文化的现今留存载体。我国悠久的传统文化在村落的庙宇、祠堂、书院等建筑遗产上都有所体现。

(一)云南郑营村的古代祠堂、庙宇的现今留存与保护

云南的郑营村有两座祠堂,分别是陈氏宗祠和郑氏宗祠。陈氏宗祠建于 1925 年,属土木结构、坐北朝南、牌坊式的三进四合大院。整座陈氏宗祠共占地 1240 平方米,通面阔 23.8 米,总进深 52.1 米。宗祠大门的匾额上书四个遒劲的楷书——"陈氏宗祠",下刻陈氏宗祠的建造发起人——陈鹤亭先生题书的楹联,上联为"阀阅焕祥炯,争夸妫水长流,弓冶箕裘绵百世";下联为"祠堂临宝秀,更喜瑞湖在望,波光山色满一门"。对联很好地展示了陈氏家族的渊源与对后代族人的期望。1993 年,陈氏宗祠被列为省级重点文物保护单位。

郑营村的另一座宗祠——郑氏宗祠始建于清朝光绪年间,距今也有百余年的历史。郑氏宗祠坐北朝南,整座祠堂是由祠门、中殿、正殿、偏殿所组成的三进四合大院。宗祠占地面积 711.42 平方米,通面阔 21.3 米,

云南郑营村陈氏宗祠

总进深33.4米。① 郑氏宗祠的最大特点在于建筑物的精美雕刻和金漆彩绘,寓意着"麒麟呈祥""人丁兴旺""锦上添花"等意蕴,充分表现了中国传统文化的深邃内涵。

随着时代的变迁,陈氏宗祠和郑氏宗祠历经自然风雨和历史风雨的洗礼,加之没有对此进行系统的修复,目前,两座祠堂都已在一定程度上显现出衰败之相,需进行系统的维修与建立相应的保护机制,以此让代表郑营村家族文化的历史载体世代留存与传承下去。

郑营村现在还留有两座庙宇——长春阁和玉皇阁。长春阁建于1929年,坐南朝北,占地约170平方米。整座楼阁属木石结构,抬梁式和

---

① 高春林:《石屏郑营——云南第一历史文化名村》,云南美术出版社2006年版,第77页。

云南郑营村郑氏宗祠

穿斗式相结合是重檐歇山顶建筑。玉皇阁建于清朝康熙晚期,整体面积约70平方米。两座楼阁地处高山丛林之中,环境幽深,景清气明。目前,两座楼阁都处于免费开放状态,偶有游人和香客前来。

(二)云南诺邓村古代祠堂、庙宇的现今留存与保护

云南诺邓村现存庙宇建筑及牌坊、祠堂建筑20多处。如属于州级文保建筑的万寿宫,属于县级文保建筑的龙王庙等。万寿宫为元代时期的古建筑,当时是外省(江西省)客商的会馆,留作客商在此商议、聚会之用。明朝初年,万寿宫被改做寺庙,不再做会馆,名称也被改为"祝寿寺"。明末清初,"祝寿寺"又被改名为"万寿宫",但此时已经不再做商会的会馆。作为诺邓古村现存的最古老建筑,万寿宫如今是村中一对年近八旬的老夫妇的住宅,已经年久失修,尽显破落与衰败。万寿宫偶尔有游

人来参观,老夫妇在自家手工自制香烛,以几元的价钱卖给游客,但是收入寥寥。

诺邓古村中还留有古代庙宇——龙王庙,目前龙王庙建筑质量和风貌都保存较好。村中另一处古建筑——盐局,属于州级文保建筑,现状院落空间保存完整,但建筑结构老化严重,部分柱梁重新更换过,门窗等小的构建在维修过程中使用了现代材料和现代样式,显出不和谐的一面。诺邓古村的另一处旧址——道长家,属于县级文保建筑,目前院落空间保存完整。2010年,随着古村保护和旅游资源的开发不断深入,由云龙县政府和诺邓村村民共同出资修葺了村里的部分古旧民居。目前,新修建的住房要求和村里的古老民居建筑的风格保持一致,要做到"修旧如旧"。即使是这样,目前新修建民居也被严格的控制,目的是尽可能保持古村中民居建筑的原始风格。

(三)广西秀水村古代祠堂、庙宇的现今留存与保护

广西秀水村在1300多年的村落发展历程中,留存了毛氏宗祠、状元楼、进士堂、古戏台、"吉美孚"门楼、三娘庙以及碑林石刻、题书匾词等极具地域和民族特色的历史人文景观。这些物质文化遗产独具特色、难以复制。毛氏宗祠从外观上看整体宏伟壮观,占地开阔,龙脊凤檐。祠堂内庄严肃穆,立有毛衷、毛宪等先贤的牌位以及毛璋、毛奎等先人的画像。

秀水村状元楼古朴素雅,清幽寂静,被称为"岭南一绝",记录着秀水村自宋、元、明、清以来文风兴盛、进士频出的历史。此外,秀水村中还有一处造型独特的门楼,门楼呈半圆弧型,属西洋建筑风格,上书"吉嘉孚"三个行书黑体字。这也从另一个侧面诉说着秀水村旧时的商贸繁华与对外交流畅通的一面。今天,秀水村的毛氏宗祠和状元楼以及古戏台等都已经被列为重点文物保护对象。截至2014年,广西贺州已经投入40多

广西秀水村毛氏宗祠

万元对宗祠和状元楼等进行了保护性的修葺。目前,毛氏祠堂对外开放,并没有收取门票,是游客来秀水村感受文风雅韵的必到景点。状元楼在修复之后并没有对外开放,游人仅能从外观上大体感知它的古韵。

（四）青海郭麻日村古代庙宇的现今留存与保护

青海郭麻日村由两大部分组成,一是位于隆务河二级台地上的郭麻日古村堡,二是位于古村堡西侧的郭麻日寺院。郭麻日寺属于国家级文物保护单位,是藏传佛教的圣地。郭麻日寺初建于明朝万历年间。郭麻日寺的空间整体形状和郭麻日村堡一样,都呈团形。郭麻日寺内的主要建筑有大经堂、弥勒殿、小弥勒殿和金刚持殿等,均为明清时期建筑。该寺1981年对外开放。目前,郭麻日寺是整个郭麻日村旅游的重要组成部分。整个寺庙内有约一百多名喇嘛,喇嘛都住在与之相邻的郭麻日村堡中。通过访谈得知,寺院里的喇嘛都是来自郭麻日村,平时的生活基本以诵经和画唐卡为主。随着最近几年唐卡的热销,一幅唐卡最高可售价几万元,最少的也要几百元到上千元。因此,唐卡收入也是郭麻日寺庙收入的一部分来源。

藏族风格的青海郭麻日村郭麻日寺

(五)内蒙古美岱召村古代庙宇的现今留存与保护

在内蒙古的美岱召村,一座城堡式寺庙——美岱召犹如一颗耀眼的明星镶嵌在内蒙古草原上。美岱召建造于明朝嘉靖年间,称"大板升城",距今已有四百多年的历史。美岱召原为蒙古土默特部首领阿勒坦汗所建,明朝政府曾先后赐其名为"福化城"和"灵觉寺"。到清朝末年,召内喇嘛达到120人。"文化大革命"时期,召庙的佛事活动以及每年农历五月十三的美岱召庙会都被迫取消。不仅如此,美岱召内的部分佛像和经卷也受到了损害,召庙也被改做战备粮库,但是召庙的整体建筑和召庙内的壁画保存完好。

历经沧桑的内蒙古美岱召寺庙

党的十一届三中全会以后,美岱召逐渐恢复了原貌并重新进行佛事活动。1979 年,美岱召被包头市文物管理局收归进行管理。从 1984 年到 1985 年,美岱召村所隶属的包头市政府两次拨款共 110 万元对召庙进行维修保护。2004 年,包头市文化局将美岱召移交给土默特右旗管理。此后,土默特右旗文物管理部门按照"保护为主、抢救第一"的原则不断对美岱召进行修护管理,并扩建了召前广场。①　当前,美岱召定期举办的佛事活动有"经会"和"正月十五上香会"。"经会"在每月的初八至十五

①　参见《土默特右旗志》,内蒙古人民出版社 1994 年版,第 227 页。

举行,诵读的经卷有藏文和蒙古文两种。"正月十五上香会"从每年的正月初五开始,直到正月十五上香会达到高潮。另外,源于明朝万历六年(1578年)、由美岱召寺庙主办的传统庙会现在已经由美岱召村主办。在新的历史时期,传统的美岱召庙会也在不断地被赋予新的内涵。自2009年起,美岱召传统庙会被命名为"三娘子旅游文化节",集旅游、商贸等于一体,成为闻名遐迩的土默川盛会。这是适应新的社会历史发展,促进不同民族、地区的经济社会和文化交流的一种积极的表现方式。

三、村落古代特色文化载体的现今留存与保护

民族地区在历史的发展过程中集聚了丰厚与独特的民族文化。除了村落民居建筑文化、庙宇文化以外,不同地域与民族等都有各自的特色文化留存,例如云南诺邓村的盐井与博物馆文化以及广西秀水村的潇贺古道等。

(一)云南诺邓村的盐井与博物馆

从历史文献和实际的调查中,我们都可以看出,云南诺邓村的兴起、发展以及在近代的逐渐衰落都与盐业的生产有着密不可分的关系。可以说,盐业曾经是整个诺邓村发展的经济命脉,主宰了整个村落的发展变迁。旧时整个诺邓村落的盐业生产依靠的是一口小小的盐井。盐井位于村子入口处诺水和一小箐汇合的交叉口里侧。井口低于河床,顺盐井两侧建有井硐,井硐之上再建有井房。诺邓人把盐井看成是上天对他们的恩赐,因此在井房和井底最深处都供有龙王排位,以表感恩和崇敬之心。盐井一切的建造设计充分体现了诺邓先民依靠自然的生存方式以及对卤龙王祈求保佑的崇敬之心。新中国成立初期,诺邓盐业属乔后盐场云龙分场诺邓办事处管辖。从1950年7月至1954年,随着我国经济社会的

发展变迁,诺邓私营盐业经济逐渐消减直至全部废除。到 1967 年,诺邓大队组建生产队联营盐厂,又恢复了盐业生产。但是此时的盐场只有生产权、没有销售权。盐业生产已经不再是诺邓村民的主要经济收入支柱。改革开放以后,诺邓盐场也进行了相应的改革,但是随着国营盐业的大规模生产,以及诺邓盐业生产对燃料等资源的严重依赖,盐场的小规模生产已经不再适应新的社会发展趋势。1995 年,盐场被政府下令停产。① 现在的盐井房是近年重新修建的,但是已经废弃,仅是留作历史的记忆留存。目前,诺邓盐井属省级文物保护建筑,也是游客去诺邓古村的重要参观景点。

诺邓村的特色文化载体除了盐井之外,还有村民自己开办的私人博物馆。诺邓村民自己办博物馆也是源于诺邓历史上厚重的文化积蕴。历史上由于盐业经济的繁荣,诺邓村文风兴盛,科举人才辈出。诺邓先民黄遐昌的后人开办了"黄遐昌家庭生态博物馆",以收集黄氏先人、诺邓村民间艺人——黄遐昌的工艺美术制品为主。该家庭博物馆建筑面积约 600 平方米,收集了黄遐昌以及黄氏先人百余件作品。目前,"黄遐昌家庭生态博物馆"对游人开放,是深入了解古村诺邓文化渊源的一个窗口和视角。

（二）广西秀水村的潇贺古道

广西秀水村丰厚、独特的历史文化留存还体现在村中古道——潇贺古道上。潇贺古道的冯乘至谢沐关段在秀水村西北经过。潇贺古道地处岭南走廊,"潇"即湖南潇水,是湘江上游的最大支流;"贺"指广西贺江,古时称贺水。潇贺古道始建于秦朝,是秦始皇时期所开辟的五条沟通南

---

① 参见黄金鼎、李文笔:《千年白族村——诺邓》,云南民族出版社 2004 年版,第 91 页。

北的通道之一。潇贺古道自古就是中原联通岭南的水陆兼程的重要通道。据史料记载，春秋战国时秀水村所隶属的富川属楚，为楚越之交界地。"岭口古道"古时即是由于楚越民间之交往而形成。公元前 213 年，秦始皇"适治狱吏不直者，筑长城及南越地"，扩建"岭口古道"成一条水陆兼程，以水路为主的"新道"。① 这里要提及的是，秀水村所隶属的贺州市自古就是交通要道，更是海上丝绸之路和陆上丝绸之路的交融点。潇贺古道也因此是历史上重要的经济文化的交流通道。相传，当年秀水村的毛氏祖先就是沿此古道迁徙至此的。潇贺古道在历史上曾一度是秀水村与外界相连的重要通道，对秀水村的经济、文化的对外交流起到了重要作用。秀水村的先民就是沿此古道进行商贸往来、求学应试。当前，随着经济社会的发展，潇贺古道逐渐淡出了历史舞台，已经不再承担村落与外界相连相通的重要通道作用。但是，从访谈中村中老人谈起潇贺古道时的自豪语气中可以看出，曾经的交通要道依然在村民心中占据着重要的地位。

第三节　民族地区村落旅游文化的发展

一、民族地区的村落旅游业资源独特

在对民族地区 5 个村落的文化生态建设的调查中可以发现，5 个村落由于均具有较丰厚与独特的历史文化与民族文化留存，在现代社会的发展中，都已在不同程度上发展了村落旅游业。民族地区村落独特的旅游文化资源是村落发展旅游业的重要前提。5 个村落的旅游文化资源主

---

① 《富川瑶族自治县概况》，民族出版社 2008 年版，第 156 页。

要可以归纳为民居建筑文化资源、古代科举文化资源、传统宗教文化资源以及由此衍生的特色饮食文化资源等。民居建筑文化资源最为典型的要数云南诺邓村民居、广西秀水村民居以及青海郭麻日村的古堡民居。这些特色民居或反映了村落先民适应自然所表现出的智慧,或体现了不同民族交融发展中的文化融合现象。此外,村落的科举文化资源也是村落文化生态建设中的重要亮点。以广西秀水状元村为代表,历代的科举人才辈出也增加了村落文化的厚重感。在民族地区的村落,传统宗教文化是村民历代流传与信奉的精神价值观。如云南诺邓村的多元宗教信仰,既包括本主信仰、儒家文化,同时也包括道家文化以及佛教信仰等,形成了多重信仰相交融与发展的景象。民族地区村落独特的旅游文化资源也体现在其所延伸和衍生的文化上。例如在云南诺邓村,由于盐业的发展带动了经济与文化的振兴,也带动了诸如饮食业的发展,形成了云南著名的"诺邓火腿"。在今天的村落旅游中,诺邓的饮食文化资源也已成为招牌和亮点。由此可以看出,在民族地区的村落文化生态建设中,先天独特的文化资源是无可比拟与复制的资源优势,是发展村落旅游业的重要前提。

二、方兴未艾的民族地区村落的旅游业

近年来,随着经济、社会的不断发展,人民生活水平和生活方式也发生了转变,旅游业随之迅猛发展。从表7-1可以看出,从2005年到2013年近十年的发展进程中,仅从旅行社数、国内游客人数、国内旅游人均花费数、民族自治地方国际游客数量以及民族自治地方旅游外汇收入上的对比分析可以看出,旅游业在最近十年呈现出不断攀升的迹象。我国民族地区拥有丰富与独特的旅游资源,由于民族地区多处于边疆以及交通较不便

利的地区,加之经济、社会发展较内地相对落后。在我国综合国力不断提升的背景下,民族自治地区的旅游业仍然具有很大的发展潜力空间。

表 7-1　2005—2013 年我国旅游业部分指标统计表

指　标	2005 年	2007 年	2010 年	2013 年
旅行社数(个)	16245	18943	22784	—
国内游客(万人次)	121200	161000	210300	326200
国内旅游人均花费(元)	436.1	482.6	598.2	805.5
民族自治地方国际游客(万人次)	4670.00	765.08	820.00	1435.60
民族自治地方旅游外汇收入(亿美元)	12.08	21.75	30.00	57.99

数据来源:国家统计局网站。

因此,民族地区的旅游发展仍处于待深入发展的整体状态之中。与之相对应,本课题所调查的民族地区的 5 个村落,都拥有底蕴丰厚与形态独特的旅游文化资源,但是这种旅游资源未能在村落的文化生态建设中充分发挥资源优势的作用。因此,从总体上看,民族地区村落的旅游业发展与旅游文化生态建设仍是方兴未艾的产业。另外,从 5 个村落目前旅游业的发展情况看,也存在着很大的挖掘空间。

表 7-2　民族地区 5 个村落旅游业发展情况统计表

村落名村	年游客数(人)	村内饭店(家)	村内宾馆(家)	旅游旺季	导游情况	是否需要购票
云南郑营村	约 200	3	0	节假日	无	民居售票
云南诺邓村	约 2000	6	8	3 月到 11 月	无	无门票
广西秀水村	约 800	2	2	3 月到 11 月	有	无门票
青海郭麻日村	约 300	0	0	节假日	无	寺庙售票

村落名村	年游客数（人）	村内饭店（家）	村内宾馆（家）	旅游旺季	导游情况	是否需要购票
内蒙古美岱召村	约800	3	0	5月到10月	无	寺庙售票

从表7-2中可以看出,本书所调查的5个村落目前都已经在开始从事村落旅游业,但是整体上村落旅游业的相关配套设施等都存在需要改进与完善的地方。从5个村落旅游业的硬件配套设施上看,对旅馆和饭店的配套,最多的是云南诺邓村。青海的郭麻日村目前还没有旅馆和饭店等相关旅游设施。另外,村内的导游只有在广西秀水有一名。从和广西秀水村的导游交谈得知,她家在村内开了一家宾馆,平时她主要经营旅馆并兼职村内景点的导游。除此之外,村内并没有专职的导游或解说人员。此外,由于气候等原因,5个村落旅游的游客和旅游时节也呈现出差异。接待游客最多的是云南诺邓村和广西秀水村。每年的3月至11月是村内旅游的旺季。除此之外的其他3个村落,都是在节假日有零散的游客。另外,村落的景点目前都基本处于免收门票状态,只有青海的郭麻日村和内蒙古的美岱召村的村内寺庙、云南郑营村的陈氏民居进行了售票。因此,从整体上看,民族地区村落旅游资源并没有得到很好的开发和利用,村落旅游业还没有成为村落经济的主要来源。民族地区的村落旅游业仍具有很大的拓展空间与发展潜力。

三、民族地区的村落旅游业亟须整合

随着我国经济社会的不断发展,旅游业也呈现出不断繁荣的景象。毋庸置疑,相比国家级、世界级的旅游资源,民族地区的村落旅游资源无论是从历史留存以及所处的地理位置、开发与宣传的程度等都存在一定

的劣势。但我们也应该看到民族地区村落旅游资源的独特优势,例如独特的民族历史文化、民族饮食文化、民族风情文化等。从本次的调查中可以分析出,村落将现有的旅游文化资源进行不同视角的整合是拓展村落旅游市场的重要之举。

（一）民族地区村落多种旅游文化资源的整合

民族地区村落旅游文化资源的最大特点是资源多样性。以云南诺邓村为例,诺邓村历史发展中最重要的文化要素是盐,但是盐只是诺邓文化,或者说诺邓旅游文化资源的中心节点,围绕盐可以衍生出一系列的文化表现形态。如展示旧时盐井的井硐平面图,汲卤的原理和过程。恢复古盐井的传统生产,组织村民进行制盐生产,吸引游客参观并亲自体验制盐过程。另外,制出的食盐也是很好的旅游销售产品等。由盐而带动经济发展,由经济发展而形成的村落的文风兴盛。至今,诺邓村许多群众家中保留着大量明清文化的遗踪,如古董、文物、字画牌匾、古老家具什物等,这些可以综合整理建成村落文物展览馆,供历史查证和游人参观。这样既可以使这些文物得到规范性的保护管理,村民也可以从中受益。另外,由于盐业形成了诺邓独特的饮食文化,"诺邓火腿"是滇西一绝。目前诺邓村现有的较成规模的餐饮饭店只有进村口平地上的一家。由于整个村庄地势较高,从平地的村口到登上拾级而上的村庄就没有餐饮,这也在一定程度上限制了诺邓的村落旅游。因此,系列整合村落的旅游文化资源,融历史、文化、餐饮于一体是拓展民族地区村落旅游业的关键。

（二）民族地区村落毗邻旅游地域资源的整合

通过整合村落毗邻旅游地资源借以融入大的旅游资源中是整合村落旅游资源的又一途径。当然,毗邻旅游地域资源的整合需要村落的地理位置优势这一先决条件。以广西秀水村为例,秀水村所属的富川瑶族自治县朝东镇位于粤、桂、湘三省(区)交界处,距梧州市260公里,距桂林市190公里,是广西37个重点旅游建设项目之一。富川县地理区位优越,背靠大西南,面向粤港澳及东南亚,正处在梧州—桂林旅游区的中间部位,可以纳入桂东历史文化宗教名胜旅游线,融入桂林大旅游圈中。

广西秀水村村景

秀水村拥有山水环绕的自然生态,村内有鸟源河、黄沙河、石鼓河3条河流绕村而过。终年翠玉的秀峰屹立在村庄北侧,村内形成了"三江涌浪""灵山石室""眠兔藏烟""天然玉鉴""青龙卷雾""鳌岫仙岩""大鹏展翅""化鲤排云"等8大自然景观,被誉为人居生态家园的"小桂

林"①。当前,秀水村在村落旅游景点的开发和推介工作上已经投入 40
多万元资金,相继修缮了毛氏宗祠、状元花坪、兴建状元学堂等景点,并对
全村环境进行了重点整治。虽然秀水村具有独特的旅游资源,但是仅凭
村落范围内的旅游资源还是难以扩大旅游产业的发展。因此,在比较村
落所处的交通地理位置后,可以将秀水村的村落旅游融入梧州—桂林旅
游区的中间部位,以此进行融通式的发展。

第四节　民族地区村落的文娱文化建设

　　我国少数民族在漫长的发展进程中积累了丰富的艺术文化资源。随
着民族地区的经济不断发展和社会不断进步,人民对精神文化产品的需
求日益提高,民族地区的人民在传承民族艺术文化资源时也在不断地深
入时代发展的印迹。在本课题的调查中,民族地区村落的文艺活动发展
得最好的为广西秀水村和内蒙古美岱召村。

一、广西秀水村的文艺队与图书室建设

　　广西秀水村是一个以瑶族为主、瑶汉混居的村落,瑶族人口约占村落
人口总数的 60%。据记载,富川境内的瑶族最早始于宋末,从"黔中五
溪"开始陆续迁入富川。县境内居住的瑶族同胞自称"瑶人";因居住地
之别,被称为"高山瑶"和"平地瑶"。② 富川瑶族自治县位于粤、桂、湘三
省(区)交界处,三省地民族和地域的艺术文化彼此影响和渗透,形成了

---

① 参见《广西富川瑶族自治县概况》,民族出版社 2008 年版,第 195 页。
② 参见富川瑶族自治县志编纂委员会编:《富川瑶族自治县志》,广西人民出版社
1993 年版,第 451 页。

独特的民族艺术。瑶族历史上也以音乐、舞蹈、戏剧等民族文化艺术形式而著称。

目前,广西秀水村具有专门的文艺队,文艺队中还具体包括一个合唱队、一个踩调团和一个桂剧团。踩调团目前有成员 20 多人,以中老年人为主。桂剧团在秀水村已经有 100 多年的历史,现有 50 名成员,曾经到湖南演出过。秀水村的踩调团和桂剧团都是由老一辈人主创的。除了文艺队,秀水村还有 2 个舞狮队,男舞狮对和女舞狮队,共 10 人,以中青年为主。这几个文艺队目前由村里的老年协会负责分管,秀水村村支书是老年协会的名誉会长,因此也对文艺队负责管理。秀水村文艺队的费用主要由村委会负责支付,文艺队的成员也捐一些,另外也有社会捐助和个别的集体捐助等。文艺队的活动主要集中在过年、过节和农闲时期,或者县里有活动时也去参加。2013 年 7 月 3 日,由朝东镇党委、政府、县文化和县体育局主办,朝东镇文广站、秀水村村委会承办的以"美丽朝东,清洁城乡"为主题的农村民间民俗文艺汇演举行,秀水村文艺队演出了如渔鼓彩调《十唱秀水好风光》、竹板舞《九九女儿红》、快板《赞福溪》、器乐《吹唢呐》等具有民族与地方特色的节目。另外也表演了具有现代气息的节目,如新广场舞《阿哥阿妹》《舞动青春》、小调《朝东面貌大变样》等。① 从整体上看,秀水村的文艺活动队是本课题所调查的 5 个村落中文艺活动种类最为丰富、活动次数最为频繁的村落文艺活动队。本课题组在秀水村进行调查之时正逢初夏,广西已是三十几度的炎热天气。夜幕降临时,秀水村的小广场上已经聚集了二十多名中老年妇女在跳广场舞。如果不是周围的鸡鸣犬吠与流水声,让人浑然不觉是置身在一个具

---

① 资料选自《富川县朝东镇 2013 年政府工作年度总结》。

有千年历史的村落中。村民的某些文化活动形式已经和现代都市人没有差异。现代化的进程不断加快,村民的文化需求也在与日俱增,这也对村落文化的建设不断提出新的要求与挑战。

秀水村的村落图书室建于 2009 年,藏书约二千多册。图书室设在秀水村村委会的办公室,图书有国家支援购买的一部分,也有富川县的各个单位捐赠的一部分。目前,图书室每周向村民免费开放三天。相比村里的文艺活动队,秀水村的图书室则稍显冷落,也与千年古村"状元村"的美誉形成了对比。但是,村落图书馆毕竟打开了一条村落通向现代文明的道路。

二、内蒙古美岱召村的文艺队与图书室建设

随着农村经济的不断发展,村落的文化设施建设也在不断加强。从 1985 年开始,美岱召村所属的土默特右旗开始在全旗 21 个乡镇相继建立了文化站。1995—1997 年,土默特右旗文化站在原有基础上进行了重新扩建,增设了阅览室、文化活动室等。1997 年,美岱召村利用国家拨款,建立了美岱召村文化室,丰富了村民的文化生活。此外,美岱召村还有一个业余的文艺活动队,文艺队有固定成员 20 多人。由于美岱召村地处大陆性半干旱季风气候,冬夏季节性强,夏天炎热,冬季寒冷。受气候的影响,村文艺队基本只在春、夏、秋活动。夏天参加文艺队的村民有 500 多人,主要以跳集体舞为主。村里的文艺队还曾经参加了 2012 年土默特右旗组织的内蒙古地区的消夏晚会演出。受访的村民在谈到此次演出时,对当时的场景依然是津津乐道。可见,在物质生活水平提高和达到一定的水平后,人们的精神需求也是相应不断提高的,而且精神层次需求的满足才能达到人类心灵享受的境界。

借书人	书　　名	定价	借书时间	还书时间
牛耳东	实用胎教	28.80	14.1.13	14.2.26
	如何对付儿童任性而生	28	14.1.13	14.2.26
牛乒三	科学神解之谜	19.9	14.1.13	14.2.26
	格林童话·纯美童话	18	14.1.13	14.2.26
	生活知识大擂台	12.8	14.1.13	14.2.26
	百里冠	32	14.1.13	14.2.26
	魔鬼惊奇故事	16.8	14.1.13	14.2.26
相祥	《杨家道》		14.2.1	14.5.1
刘清枝	治百病	26.8	14.2.25	
	养生食疗	32	14.2.25	
武军根	《亚洲神话故事》	220	14.3.7	14.3.16
武戎根	《面包太太》	10	14.3.16	14.3.16
李永霞	《怪兽未解之谜》		14.3.16	14.3.30
武戎根	《宇宙神秘未解之谜》	29.8	14.3.16	14.3.28
李小波	《面包太太和面包小仙子》	10.00	14.3.21	14.3.28
武戎根	《柠檬王》	10.	14.3.20	14.3.28
李盖右	《地板雅永东了》	10.	14.3.21	
	《面包太太和面包小仙子》	10.	14.3.22	
李小波	《白雪公主》	32.	14.3.28	14.4.4
李永霞	《快乐侦探在行动》	15.	14.3.30	14.4.4
董志信	迎春花·姜麦龙	28元	2014.3.30	14.4.13
高二为	《包里的猫》	15元	14.3.30	
李小惠	《扬红樱的纯童童话》		14.3.31	14.4.11
李小波	《格林童话》	19.8.	14.4.4	14年8
武朝强	《快乐侦探》	15.	14.4.4	
卢海利	《怪兽未解之谜》	10.	14.4.4	
李庆聚	《神奇的宇宙》	19.6.	14.4.4	14.4.18
武朝根	《论语》	25.8.	14.4.4	
李军乙	《蒲进传奇的故事》	16.8.	14.4.11	
备注				

内蒙古美岱召村图书室借阅记录

　　另外，美岱召村的图书室建设也有一定的起色。美岱召村图书室现有藏书3450册，图书室的图书类型主要集中在农业种植、养殖等方面，也有部分关于历史文化的期刊类书籍。

　　令人惊喜的是，美岱召村还建起了村落电子阅览室，配有10台电脑，都已联通互联网。图书室的借阅手册上详细、清楚地记录着村民的借阅记录,让人感到一种对文化的需求与对知识的渴求。我们也在这里看到了在现代化的发展转型中,村落的发展与希望之路。

第五节　建筑、旅游与文娱文化:村落生态文化建设的基点

文化是一个涵盖了人类物质与精神产品总和、内涵异常丰富的概念。文化生态,强调在多元、复杂的文化体系内构建人与自然、人与人以及人与内心的和谐发展态势。由此,村落的文化生态建设也是一个相互协调的统一整体。在村落的文化生态建设中,民居建筑、村落旅游资源的开发以及村民的文娱文化发展构成了村落文化生态建设的基点。

一、守住历史:村落民居建筑的意义表征

人类文明的历史总是以物质或精神载体的形式呈现出来。村落中的传统民居建筑,即是这种物质载体的基本形式之一。人类社会在漫长的发展变迁中,民居建筑一直是最基本的生存必需空间。民居建筑的最基本功能是人类避寒与基本的生存活动场所。这一人类生存与发展的基本空间,凝结着丰厚的民族文化精神。

首先,村落传统民居建筑是中华传统文化思想的经典呈现。千百年来,我国村落的民居建筑在选址、规划以及空间布局上,很好地体现了中华传统文化的思想。从民居建筑最基本的选址上看,"背山面水"以及"坐北朝南"等是我国传统民居建筑所遵循的最基本思想。这一理念,也体现了中华传统哲学中"天人合一"的思想,即呈现出人类顺应自然与客观环境,并达到与自然环境完美结合的意境。《庄子·达生》曰:"天地

者,万物之父母也。"《庄子·天下》篇说:"寂寞无形,变化无常;死与生欤? 天地并欤?"庄子的思想后经董仲舒发展为"天人合一"的哲学思想体系。村落民居建筑正是这种传统思想的经典再现,并且以符号的形式凝聚了先民生存与发展的朴素理念。除却村落传统民居建筑所蕴含的传统文化思想,不同地域、民族的村落民居建筑还代表着各自的文化意涵。如汉族传统民居形式之一的四合院,由大门、正房、厢房等诸多单体建筑组合而成,讲究对称的格局。再如传统的白族民居,讲究"一正两耳""三坊一照壁""四合五天井"以及"走马转角楼"等形式。从民居建筑的地域特色上看,民居的建筑形式也体现出一定的地域特色。以典型的东北民居为例,东北传统民居通常坐北朝南,最根本的原因就是采光和取暖的需要。东北地区是我国纬度位置最高的区域,冬季寒冷。因此采光与取暖自然是民居建筑首要考虑的事宜。因此,民居建筑在满足最基本的生存居住的基础上,更体现了一种文化象征符号的意蕴。因此,守住传统的民居建筑,即是守住一段历史、一个民族与国家特殊的文化记忆。

其次,修旧如旧:传统民居建筑的现代转身。在村落现代化的发展进程中,如何保护与传承民居建筑,也是急需解决的问题。从对民族地区5个村落的调查中获知,在对村落传统民居建筑的保护与发展问题上,当前所采取的都是修旧如旧的策略。修旧如旧,可以说,是村落传统民居建筑在现时代的一次华丽转身。修旧如旧,既从民居建筑的格局、外观形式上保持了旧有形式,也使得民居建筑文化所蕴含的文化意义得到传承。在对传统村落民居进行修旧如旧的保护与传承中,政府宏观层面上的制度行为占了重要的角色地位。更为重要的是,在政策与制度指导下的修旧如旧的实际操作行为,需要政府大量的经济上的支持与投入。因此,修旧如旧更多的是政策指导上的政府行为。

最后,在村落民居建筑的保护与传承上,要体现民居与民俗完美结合的思想。民居建筑虽然承载着丰厚的历史文化与独特的意义内涵,但是从民居建筑对文化意涵的表达上来看,更多的是一种文化上的静态解读。与之相对,以村民为传承主体的村落民俗则以动态的形式对村落文化进行了解读。因此,把静态传承的村落民居建筑与动态传承的村落民俗文化相结合,不失为一种村落文化保护与传承的佳法。"活态传承"是近年来学术界对非物质文化遗产传承方式的一种认同方式。非物质文化遗产保护的根本目的在于存续"活态传承",存续"活态传承"是衡量非物质文化遗产保护方式合理性的基本准则。① 因此,村落传统民居建筑要在保护与传承中充分实现与村落民俗文化的有机结合,以民俗文化为动态传统载体,进行"活态传承"。

二、走向市场:村落旅游文化资源的开发态势

在现代化与市场经济的进程中,村落文化资源也成了市场经济中的资源之一,不可避免地要在市场中寻求生存与发展之道。从内容与性质上看,村落文化资源具有文化性和产业性的双重特征。文化性表明了村落文化资源的原生特点,是村落文化所蕴含的最能代表村落历史与变迁发展的基本内涵。随着时代的发展变迁,原生的村落文化资源日益呈现在现代社会的文化流动与文化的交融发展中,是现代市场经济条件下的资源运转形式之一。因此,走向市场,是村落旅游文化资源生态建设的主要发展态势。村落旅游文化资源走向市场,必须坚持以下两个要点。

第一,要坚持村落旅游文化资源保护第一的理念。村落旅游文化资

---

① 祁庆富:《存续"活态传承"是衡量非物质文化遗产保护方式合理性的基本准则》,《中南民族大学学报(人文社科版)》2009 年第 3 期。

源,从总体上按照当代对文化类型的划分,可以分为物质文化资源和非物质文化资源,也即通常所讲的物质文化遗产和非物质文化遗产。在此二者之中,部分非物质文化遗产具有一个明显的特征,即资源的不可再生性。因此,对于这一类文化资源来讲,保护更具有重要的价值意义。此外,保护也是村落文化资源绵延发展的基本要义。文化总依附在物质或非物质的载体上,在历经岁月洗礼以及历史的变迁中,呈现出总体上意蕴相同,但是内涵又不断发展变迁的特性。只有在坚持对村落文化资源保护第一的理念下,才能让文化资源尽量保持原生态的发展。在村落旅游文化资源走向市场的过程中,保护二字尤为重要。村落旅游资源在走向市场的过程中,利益主导是最常见的市场经营模式。在这种经营模式的主导下,利益又不断演化为游客的需求。在这一连串的效益过程中,村落原生的文化资源的表现形态就极易发生变异。

第二,要坚持村落旅游文化资源独特性发展的理念。村落文化资源,历经漫长的历史沉淀,打上了村落独特的区域、民族等特色。坚持村落旅游文化资源独特性发展是村落旅游文化资源走向市场并在市场中占有优势地位的重要手段。在比较一个人、一个企业或一个国家与另一个人、另一个企业或另一个国家的生产率时,经济学家使用了绝对优势的概念,即"如果生产者生产一种物品所需要的投入较少,就可以说该生产者在生产这种物品上有绝对优势。"①村落历史文化的独特积淀以及文化生产的特殊性,决定了村落旅游文化资源再生上的绝对优势。也正因为此,村落旅游文化资源的绝对优势也是走向市场过程中的制胜法宝。同时,坚持村落文化资源的独特性发展也是坚持民族文化独特性的基础,是民族文

_____

① ［美］N.格里高利·曼昆:《经济学基础》,北京大学出版社 2014 年版,第 48 页。

化保护与传承的重要方式之一。

三、与物质同行：提升村落文娱文化建设的发展空间

人类社会自诞生以来，就开始进行物质资料的生产。物质资料的生产过程，也可以说是人类社会不断征服自然、改进自然并与自然相伴相生的过程。物质资料生产的重要性，在经典马克思理论的论述中也被系统阐述，"在社会生活的诸多因素中，只有物质资料生产方式才是社会发展的决定力量。物质资料生产方式具有两个方面的性质，从生产的技术结构方面来看，具有自然的性质，是人和自然之间发生物质变换的方式；从生产的社会组织形式来看，具有适合的性质，同时规定着人和人之间的活动互换。物质生产是人类社会存在的首要条件，是历史的发源地，因此，物质资料生产方式构成人类社会发展的决定力量。"①改革开放以来，我国经济社会得到了快速地发展，物质文化生活水平得到了极大地提高。与此相对应，在物质文化快速发展的同时，文娱文化建设也被提到了日程中来。对乡村而言，文娱文化建设是在物质资料生产达到温饱和小康之后的重要建设任务之一。发展乡村文娱文化，建设与物质同行的文娱文化，是乡村文化生态发展的重要议题。

---

① 李秀林主编：《辩证唯物主义和历史唯物主义》，中国人民大学出版社 1995 年版，第 53 页。

第 八 章

构建民族地区村落文化生态建设的理性发展模式

村落的文化生态建设是关系到中华优秀文化的传承,关系到村落经济发展以及村民世代生存与繁衍的重要内容。因此,在进入现代化、工业化、城镇化和信息化高速发展的新的历史时期,需要从制度、行为、组织等方面为村落的文化生态建设搭建发展的平台。提升农村公共文化体系、发展民族地区农村文化产业、培养民族地区农村文化消费市场以及建立民族地区农村社会文化组织等是构建民族地区村落文化生态建设的主要理性发展模式。

第一节　理性发展模式下的文化生态建设

一、文化生态建设是人类社会发展到现今阶段的必然要求

人类历史的发展进程绵延久远,从生产力水平发展的角度上,可以将人类社会的发展历程分为狩猎社会、游牧社会、农业社会、工业社会以及信息化社会。在人类发展历程不断走向现代与更新的过程中,人类社会

的生产方式和社会产业结构都发生了很大程度的变革。远古的狩猎社会和游牧社会在人类社会的历史上留存的时间相对较短暂,始于约一万年前的农业社会,是迄今为止人类历史发展所历经的最长的发展阶段。相比而言,工业社会与信息化社会虽然历时相对短暂,但是对人类生产、生活、社会结构的影响程度却是最为深远的。人类所历经的任何一个时代,无论发展程度如何,都是人类与自然相互构建发展的历史,都创造了具有特定人类发展时期的特定文化。在工业社会以前的狩猎、游牧以及农业时代,人类对自然的依赖最为明显,之间所产生的文化也具有明显的与自然相依相存的印迹。但是在那一时期,由于人类总体生产力水平的低下,人类的文化仍处于原生态与自然的状态,即人类生产创造中所产生的文化对自然并没有较大的侵蚀与破坏,可以说是一种生态文化或文化的生态发展状态。工业革命和工业化运动把人类带入了机器生产的现代工业社会。英国著名社会学家吉登斯在谈到现代性的特征时指出,现代性是一个双重过程,这在 20 世纪变得尤为明显,并且吉登斯认为,"经济崩溃、极权主义、生态危机和核战争风险是现代性双重性的集中表现。"①人类在工业社会取得了之前历史所未曾有过的生产力的极大提高,这也在人类的文化成果上得以淋漓尽致地表现。然而在工业化时期,由于社会生产力的极大发展,人类与自然的相互建构的关系发生了变化。借助于机器大工业生产,人类可以创造出自然所不能给予的物质,即形成了"人化自然"。也因此,人类的文化产品形态也带有了更多的人化自然的特质。进入信息化社会,借助于"人化自然"而产生的新文化形态已经逐渐远离了文化的原生态形式,即远离了人类初元的文化生态形式。

---

① [英]安东尼·吉登斯:《现代性的后果》,田禾译,译林出版社 2007 年版,第140 页。

也由此产生了一系列的对人类社会的负面作用，人类开始逐渐意识到人与自然依然是相依相存的两个整体。因此，在人类进入到信息化社会以后，文化的生态发展与建设必将是人类所追寻的文化形式。社会在不断地发展进步，人类的总体意识水平依然在不断地提升。这种文化的生态发展与建设形式也将是人类社会一种所坚守的文化建设模式。

二、文化生态建设是提升国家文化生产力与文化软实力的重要途径

文化生产力一词最初源于马克思《资本论》中"物质生产力和精神生产力"的提法。2004年9月，党的第十六届四中全会通过的《中共中央关于加强党的执政能力建设的决定》中提出，"要解放和发展文化生产力"。2007年党的十七大报告再次指出"解放和发展文化生产力，是繁荣文化的必由之路"。何谓文化生产力？李德顺认为，"文化生产力是创作和制造文化产品及提供文化服务的社会能力。"[①]此外，党的十七大报告中提出了我国文化发展的战略目标，即"提高国家文化软实力"。文化软实力是与国家的政治、经济、军事等"硬实力"相对、以文化思想或意识形态等形式所表现出来的文化力量。历史的发展也证明，文化所彰显的力量与经济发展的强度呈现正相关。因此，应充分重视文化所体现出来的能量与力量即文化生产力。我国历史上经历了漫长的农业社会，村落文化在中华文化中占据重要的位置。"原来中国社会是以乡村为基础，并以乡村为主体的。所有文化，多半从农村而来，又为乡村而设——法制、礼俗、

---

① 转引自方伟：《文化生产力——一种社会文明驱动源流的个人观》，河北教育出版社2006年版，第53页。

工商业等莫不如是。"①梁漱溟认为,"只有重建乡村社会,中国文化才有栖身之处,进而可以萌芽生长,从乡村到城市,形成一个大的社会网络,使中国文化发扬光大,从而克服文化失调危机,一切社会的、经济的、政治的问题皆可迎刃而解。这样,被颠覆的历史将再次被颠覆过来,不再是城市同化乡村、工业引发农业,而是乡村同化城市、农业引发工业,形成一条超越西洋发展模式的民族复兴之路。"②加强农村的文化建设既是增加农民的非物质性福利,也是增加农民的主体意识、让农民有村庄归属感的重要方式。在新的历史发展时期,民族地区村落的文化的生态建设更是肩负着促进民族地区多元文化的融合发展、并通过文化融合带动民族多元一体发展的历史与时代的重任。

三、文化生态建设中要充分考虑到文化变迁的特点和走向

在历史发展的进程中,村落的文化变迁始终是在动态地连续地进行,不因外界的时空变幻而停止。但是在文化变迁的表现方式、途径与成因上,却会在不同的时期具有不同的表现形式。从文化变迁的形式上看,"文化变迁分为两种类型,无意识的变迁和有意识的变迁。无意识的变迁也称自然变迁,是一种自然的发展过程;有意识的变迁也称自愿变迁,是由变迁主体中的个人或某一社会阶层发动的、有意识地对个别文化特质或局部制度乃至文化结构进行改革或发展的一种变迁过程。进化、发明、发现、传播或借用、涵化是文化变迁的过程或途径。"③

---

① 梁漱溟:《乡村建设理论》,上海世纪出版集团 2006 年版,第 10—11 页。
② 许纪霖编选:《内圣外王之境——梁漱溟集》,上海世纪出版集团 1998 年版,第 10—11 页。
③ 艾丽曼:《青海河南蒙旗文化变迁研究》,中国社会科学出版社 2012 年版,第 10 页。

通俗地讲,无意识的文化变迁也可以看作是主动形式的文化变迁;与之相对,有意识的文化变迁也可以看作是被动的文化变迁。两种截然相对的文化变迁形式最终会在文化变迁的结果,即文化产生的新形态体上有所呈现。这种新的文化形态体包含两个层面的意思:一是通过文化变迁而呈现的具体的、物态的文化形式;二是接受这种新的文化形态而产生新价值观与思想的人,人在接受这种新的文化形态体通过作用之后产生了新的观念与思想。因此,与这种新的文化形态体相对应,文化建设就必须要考虑到文化变迁的特点和走向,针对不同的历史发展时期、不同的文化变迁表现形式进行与之相对应,引导与引领文化建设。

第二节　完善民族地区农村公共文化服务体系

一、我国公共文化服务体系的提出与完善

农村公共文化服务是指"为满足农村民众的文化需求而由政府主导、企业、社会团体和个人自愿参与进行的普及文化知识、传播先进文化、提供精神食粮、保障农民群众文化权益的文化产品及服务的供给活动。"①公共文化服务体系作为政府主导的公益性文化服务体系,满足和保障公民的文化权利是农村公共文化服务的基本出发点。文化权利是与经济、政治、社会权利等处于同等地位的、在文化产品的享有、对文化政策制度等的参与上每个公民都应该平等享受的权力与义务。文化权利从提出到被国际社会予以承认经历了一个漫长的过程。1919年,德国

---

① 尹长云:《农村公共文化服务的弱势与强化》,《求索》2008年第6期。

《魏玛宪法》首次提出"文化权利"的说法。"1948年12月,作为联合国基本法之一的《世界人权宣言》颁布,明确指出人人有权自由参加社会的文化生活、享受艺术,并分享科学进步及其产生的福利。"1966年,联合国大会通过了《经济、社会和文化权利国际公约》(以下简称《公约》),《公约》中第三条指出:"本公约缔约各国承担保证男子和妇女在本公约所载一切经济、社会及文化权利方面有平等的权利。"我国于2001年申请加入了该《公约》。另外,1966年联合国教科文组织制定和发布了《国际文化合作原则宣言》,其中指出:"每一人民都有发展其文化的权利和义务。"之后的1976年和1986年,联合国教科文组织分别制定和发布了《关于扩大人民参与文化生活并为此做贡献的倡议书》和《关于艺术家状况的倡议书》,以此明确人们对文化权利的平等享有。在我国,对公民文化权利的规范在《宪法》中也有所体现。在1954年的《宪法》中详细规定了公民所应该享有的如言论自由、宗教信仰自由以及进行文艺创作和其他文化活动的自由等文化权利。在1978年的《宪法》中则突出强调了各项文化事业要为社会主义服务这一宗旨和目标。我国现行的《宪法》中从多个角度明确强调对公民所享有的文化权利进行依法保护。从文化权利这一根本点出发,公共文化服务体系是确保公民文化权利得以保障实施的具体方法,相应地,我国对公共文化服务的建立与实施也经历了从无到有、从有到不断完善和提高的过程。

公共文化服务体系的提出与完善是与国家对文化建设的关注与重视紧密相关的。2002年,党的十六大报告把"人民的政治经济文化权益得到切实尊重和保障"规定为全面建设小康社会的重要目标。同时,党的十六大报告也明确了我国加快发展文化事业和文化产业的重要性。此后,文化建设逐渐上升到与经济、政治、社会建设同等重要的地位。2005年,《关于制定国民经济和社会发展第十一个五年规划的建议》明确指出:"加大政府对文化事业的投入,逐步形成覆盖全社会的比较完备的公共文化服务体系。"这是我国首次提出公共文化服务体系一词。另外,此《建议》也明确提出,"扩大公共财政在农村公共文化事业中的范围,并加大公共文化资源对农村的倾斜力度。"至此,公共文化服务体系或者说农村公共文化服务不断进入人们的视野中。2006年9月,《"十一五"时期文化发展规划纲要》将"公共文化服务"作为下一步文化建设的重要组成部分并将其置于优先发展的地位。2007年8月,中共中央办公厅、国务院办公厅同时下发了《关于加强公共文化服务体系建设的若干意见》,对即将展开的公共文化服务体系建设的目标、任务等作出了全面阐释。2007年,党的十七大报告又将公共文化服务体系不断进行完善,将"覆盖全社会的公共文化服务体系基本建立"作为全面建设小康社会的目标要求。2011年,在我国的《国民经济和社会发展第十二个五年规划纲要》中明确提出"十二五"时期要"建立健全公共文化服务体系"。2013年,党的十八届三中全会明确提出要加快"构建现代公共文化服务体系,建立公共文化服务体系建设协调机制,统筹服务设施网络建设,促进基本公共文化服务标准化、均等化"。根据2012年《国家"十二五"时期文化发展规划纲要》的部署,到2015年,我国文化改革发展的主要目标之一是建立覆盖全社会的公共文化服务体系。届时,城乡居民能够较为便捷地享受公共文化服务,公民的基本文化权益将得到更好的完善和保障。至此,我国的公共文化服务体系已经处于监督、完善与监控的实施过程之中。

二、完善民族地区农村公共文化服务体系的意义

文化具有强大的民族凝聚、社会整合、指导价值走向等作用。但是在人类经济社会发展的不同历史时期，文化所体现和发挥出来的作用是不同的。随着我国综合国力的不断提升，文化的功能也在不断地被挖掘与延展，世界各国对文化影响力也高度关注，都在强化从"文化大国"到"文化强国"的转化。

首先，完善民族地区农村公共文化服务体系是村民享受文化权利的保障。公共文化服务体系最基本的目标是保障民众平等地享有文化权利。民众所应该享有的文化权利可以从公共文化体系所包含的主要内容上得以体现。公共文化服务体系涵盖的内容广泛，既包括公共文化基础设施建设、公共文化产品的生产与提供，同时也包括公共文化政策与理论的制定、考评与体系的创新等内容。因此，从公共文化服务体系的内容上可以看出，民众所享有的文化权利是一个系统的整体。完善民族地区农村公共文化服务体系的建设，也是保障民众享有最基本的文化权利的手段。从另一个意义上讲，民众文化权利得以保障和实施，也是国家文化发展战略实现的前提和基础。

其次，完善民族地区农村公共文化服务体系是加强民族团结、促进民族地区和谐稳定的重要保障。我国的民族地区多处在交通不便、经济社会发展较落后的地区。同时，民族地区由于民族人口构成的复杂性、宗教信仰的多样性等原因，是容易引发社会冲突的地区。在民族地区，文化的社会整合功能明显。加强与完善民族地区的公共文化服务体系建设，也是民族同胞不断进行文化融合与民族融合的过程。因此，完善民族地区农村公共文化服务体系在一定程度上就是加强民族团结、促进民族地区

和谐发展的过程。

再次,现代公共服务型政府的建设需要不断完善民族地区农村公共文化服务体系。"公共服务型政府"是要求政府向广大人民群众提供迫切需求的公共产品和服务的政府。现代社会最大的特征是经济发展水平的极大提高,也即物质文化产品的供给在不断丰富。但是由于我国民族地区的经济社会发展较落后,人口构成较为复杂等原因,民族地区农村的公共文化服务体系建设仍低于全国的水平。这就要求作为公共文化服务产品的主要提供和支持者——现代服务型政府,要适应现代社会民众不断发展的文化需求,探索制定专门针对民族地区的农村公共文化服务体系,以此提升公共文化服务水平。

最后,实现民族地区村落现代治理也需要不断完善民族地区农村公共文化服务体系。在我国社会治理不断完善的宏观背景下,现代村落治理也面临着挑战。对于村落治理,贺雪峰强调村社共同体的重要意义,"强有力的村社共同体,不仅生产着村民的人生意义,而且因为创造了认同,减少了村庄内部的矛盾,降低了公共品的交易成本,从而可以降低村民生产生活中的风险,提高村民应对生产生活危机的能力。"①村社共同体的形成与凝聚得益于村社文化的凝聚与发展。村社文化又需要在公共文化服务体系下进行引导和保障式的发展。因此,完善民族地区农村公共文化服务体系也是实现民族地区现代村落治理的重要方式。

三、民族地区农村公共文化服务体系的特殊性

公共文化服务体系在实际的推行过程中要表现出一定的差异

---

① 贺雪峰:《乡村的前途》,山东人民出版社 2007 年版,第 108 页。

性,这种差异既要体现在城乡之间,同时也要体现在民族地区与非民族地区。2009 年,国务院召开全国少数民族文化工作会议,出台了《国务院关于进一步繁荣发展少数民族文化事业的若干意见》。我国民族地区体现在经济发展水平、人口构成、民族文化等特征上都具有一定的独特性,在诸多的独特性中,经济社会发展水平较低是最基本的特征。这些特性都决定了对民族地区农村公共文化服务的类型和投入的资金与人力等区别对待。例如,较多的资金投入、较专业的文化管理人才、具有民族特色的文化基础设施等。此外,民族地区人口构成的多样性也要求公共文化服务种类的多样性。民族地区村落的人口构成主要有三种形式:其一是纯粹的少数民族村落;其二是两种以上的少数民族混居村落;其三是少数民族与汉族混居的村落。不同的民族人口构成呈现出不同的民族文化形式。因此在民族地区,多元文化的共存发展是一个鲜明的特色。这里的多元文化,更多地涉及了民族、种族、宗教信仰等价值体系。与此相对应,民族地区农村公共文化服务体系的建立首先要以此为基础,针对不同经济发展水平、民族人口构成、民族文化与信仰等进行民族地区多元公共文化服务体系的建设。

四、健全民族地区农村公共文化服务体系的路径

当前,我国民族地区农村公共文化服务体系的发展中存在着一定的问题与困境。主要表现为民族地区农村公共文化的基础设施匮乏、公共文化投入资金短缺以及专业的文化人才紧缺等问题。以专业的文化人才紧缺为例,据统计,2010 年,我国乡镇文化站专职人员 39588 人,平均每站 1 人。在全国 34121 个乡镇文化站中,14503 个文化站没有专职人员,

占乡镇文化站总数的 32.14%。① 因此,健全民族地区农村公共文化服务体系需要着力解决这些问题。

　　首先,要建立保障公共文化服务体系得以顺利实施的制度和政策。公共文化服务的公益性决定了必须有政策和制度作为实施与完善的前提。当前我国公共文化服务体系中的文化信息资源共享工程、农家书屋等文化惠民工程、广播电视村村通工程等项目的实施都是在政府的政策与制度的保障下得以发展的。其次,确保政府对公共文化服务产品与项目的资金投入。公共文化服务具有公益性的基本特征,公共文化服务体系属于文化事业的范畴,是在非盈利的基础上对民众提供文化生活服务与文化产品。因此,政府的资金投入是公共文化服务体系得以发展和完善的必备条件。另外,健全民族地区农村公共文化服务体系还需要培养民族地区专门的文化管理人才。民族地区是多元文化交融并存与发展的地区,因此民族地区公共文化服务的管理人才除了掌握公共文化服务体系的系统知识外,还需要掌握与理解和应对民族地区的多元文化的发展,以此应对不断发展的民族地区的公共文化服务体系建设。最后,健全民族地区农村公共文化服务体系还需要强化政府主导和农民的主体与参与意识。公共文化服务体系中公共项目的公共品性质以及公益性目标都决定了政府在其中的主导性地位与作用。村民是公共文化服务体系建设中的主体参与力量。因此,在发挥政府的主导性作用的同时,还需要强化村民的主体和参与意识。发挥政府的主导作用和强化村民的主体和参与的意识,这是健全农村公共文化服务体系的重要保证。

---

　　① 胡建兰:《农村公共文化服务现状及改善对策》,《兰州学刊》2013 年第 7 期。

广西秀水村村务公开展示

第三节　发展民族地区农村文化产业

　　20 世纪三四十年代,法兰克福学派①的阿多尔诺和霍克海默在他们联合撰写的文章《文化产业:欺骗公众的启蒙精神》中首次使用了"文化产业"的概念。当时,文化产业在该文中被描述成具有消极和负面意义的概念,即阿多尔诺和霍克海默是在批判发达的资本主义社会文化产业化现象的过程中提出的。他们认为,文化的产业化现象、文化产品的标准

　　① 法兰克福学派是当代西方社会哲学流派之一,创建于 1923 年。以德国法兰克福大学的"社会研究中心"为中心的一群社会科学学者所组成的学术社群。以批判的社会理论著称,代表人物主要有霍克海默、阿多诺、马尔库塞、哈贝马斯等。——笔者注

化和大规模生产所造成的人为差别,意味着对真正文化的否定,是对艺术精神的背离,是"启蒙在意识形态方面的倒退"。文化产业第一次以积极的面目出现是由大伦敦议会将其作为政策工具提出的。[①] 此时,文化通过与经济的相连而登上了产业化发展的大雅之堂。经过近半个多世纪的发展,文化产业目前被公认为是 21 世纪最有活力与生机的朝阳产业。与此同时,文化产业所涵盖的领域已经逐步由单纯的文化领域扩展为涵盖旅游业、生态农业、文娱演出业、艺术产品加工业等多产业的综合系统。具体地讲,文化产业是指"为社会公众提供文化、娱乐产品和服务的活动,以及与这些活动有关联的活动的集合"。文化产业包括三个层次的内涵:一是文化产业的核心层,指文化资源整理和内容创新、文化意义本身的生产和再生产、文化产品销售与传播;二是文化产业的外围层,指提供休闲度假、旅游等文化娱乐和文化服务;三是文化产业的延伸层,指提供文化用品、文化设备生产和销售业务的行业,主要指可以负载文化内容的硬件产品制作业和服务业。[②] 与之相适应,农村文化产业是指围绕农村、农业等地域空间,将与之相关联的各种文化资源以产业的形式进行生产和再生产,创造出为社会公众所需要的文化产品以及相关的服务形式,并向社会公众有偿出售,从而形成产业化的发展模式。

一、发展农村文化产业大有可为

我国文化部在 1998 年印发了《关于进一步加强农村文化建设的意见的通知》,明确提出"要积极探索发展农村文化产业的途径,促进农村文

---

① 石杰、司志浩:《文化创意产业概论》,海洋出版社 2008 年版,第 50 页。
② 张永丽、甘露:《我国农村文化产业研究综述》,《经济问题探索》2012 年第 30 期。

化产业的发展。"①2000年,党的十五届五中全会通过的《中共中央关于制定国民经济和社会发展第十个五年计划的建议》中首次正式使用了"文化产业"的概念。2002年11月,党的十六大报告中指出,要"完善文化产业政策,支持文化产业发展,增强我国文化产业的整体实力和竞争力。"此外,2005年12月颁布的中共中央、国务院《关于推进社会主义新农村建设的若干意见》中明确提出要"扶持农村业余文化队伍,鼓励农民兴办文化产业"。2006年10月,党的第十六届中央委员会第六次全体会议通过的《中共中央关于构建社会主义和谐社会若干重大问题的决定》中也明确指出,要加快发展文化事业和文化产业,满足人民群众的文化需求。至此,文化产业作为我国新兴的复合型产业,已经开始走上了发展的快车道。从文化产业一词被提出到今天,文化产业在我国已经上升为必须大力重视和需要加快发展的国家战略性产业。文化产业不是孤立的,它既是文化领域的主要构成部分,同时也对经济结构起着一定的调节作用。因此,文化产业不仅仅是单纯的文化行为,它更是一种经济行为。发展农村文化产业,符合市场发展逻辑。"由北京大学文化产业研究院编制的《中国文化产业年度发展报告(2014)》中预测,2013年中国文化产业增加值预计将达2.1万亿元人民币,预计约占GDP比重的3.77%,对社会经济的拉动作用进一步加强。"②《文化蓝皮书:2010年中国文化产业发展报告》分析,2010年中国文化消费总量在1万亿元左右,到'十二五'期末,这一数字将达到1.5万亿元。根据国际经验,按中国当前人均

---

① 文化部:《文化部印发关于进一步加强农村文化建设的意见的通知》,2015年3月23日,见http://www.law-lib.com/law/law_view.asp? id=98139。
② 叶朗主编:《中国文化产业年度发展报告(2014)》,北京大学出版社2015年版,第3页。

GDP4000 美元测算,文化消费总量应当在 5 万亿元左右。"①从相关的数据都可以证明,当前我国文化产业的发展总体上仍处于起步阶段,文化需求还没有满足,文化产业存在很大的发展潜力与空间。另外,从国家统计局 2010—2013 年与农村地区或民族地区相关的数据统计上也可以看出文化产业的发展状况。

表 8-1 2010—2013 年我国与文化产业相关数据统计表

文化产业相关指标	2010 年	2011 年	2012 年	2013 年
县、市艺术表演团体收入合计(万元)	—	541057	1102634	1625796
县、市艺术表演团体从业人数(人)	135192	139.240	158.251	187.066
民族自治地方旅游外汇收入(亿美元)	30.00	36.37	45.44	57.99

资料来源:国家统计局网站。

从上表的统计中可以看出,最近四年,无论是从县、市艺术表演团体收入合计、县、市艺术表演团体从业人数,还是从民族自治地方旅游外汇收入上看,都呈现出一定的上升趋势。这也说明,我国农村地区或民族地区的文化产业具有很大的上升空间和发展的潜力。此外,发展农村文化产业可以调整优化农村产业结构、促进农村经济地发展并提高农民的收入。农村文化产业的不断壮大也可以加快城镇化的发展进程,促进城乡一体化的发展进程。

---

① 李炎、王佳:《文化需求与特色文化产业发展》,《学习与探索》2012 年第 1 期。

二、发展民族地区村落的特色文化产业

文化产业的发展程度直接影响着文化的传承与发展情况。近年来，随着我国文化转型发展，文化产业总体上有了长足进展。但毋庸置疑的是，我国村落的文化产业尤其是民族地区农村的文化产业却发展较为薄弱和滞后。目前我国民族地区村落的文化产业发展较为突出的仅是村落的旅游业。民族地区村落丰富的文化资源与较小的对文化资源的开发利用以及较低的文化创新形成了鲜明的对比。另外，民族地区村落公共文化基础设施的落后与不健全、村落文化产业市场存在的经营混乱等都阻碍了村落文化产业的发展。2011 年，党的十七届六中全会通过的《中共中央关于深化文化体制改革推动社会主义文化大发展大繁荣若干重大问题的决定》中提出，要在"发挥东中西部地区各自优势，加强文化产业基地规划和建设"的基础上，"发展特色文化产业，建设特色文化城市"。特色文化产业建设是在具体分析地域、历史、民族等特质基础上所提出的文化产业的具体发展思路。通俗地讲，特色文化产业就是在文化产品的市场发展中，依托特殊而鲜明的历史文化资源而提供文化产品的生产和服务的形式。

表 8-2   民族地区 5 村乡村文化资源开发状况

村落 名称	云南 诺邓村	云南 郑营村	广西 秀水村	内蒙古美 岱召村	青海 郭麻日村
农家乐（乡村餐饮）	6 家	3 家	3 家	1 家	无
乡村旅游住宿	8 家	无	2 家	2 家	无
乡村酒吧	1 家	无	无	无	无
乡村博物馆	2 家	无	无	无	无

　　从对 5 个村落的调查中可以看出,当前村落的文化资源整体开发情况处于较低的水平。以乡村餐饮、乡村旅游住宿、乡村酒吧和乡村博物馆等为代表的乡村文化资源开发都处在发展的起始阶段。在 5 个村落中,云南诺邓村的乡村文化资源开发整体上处于领先水平。青海郭麻日村的相关乡村文化资源处于完全未开发的状态。因此也可以看出,以乡村文化资源开发为主要形式的乡村文化产业的发展仍处于有待开发的状态之中。

　　对于民族地区村落而言,由于自身的民族、地理区域、历史文化等综合特质,发展特色文化产业具有一定的优势。发展民族地区村落的特色文化产业要注意以下几点:第一,要加强民族文化的研究力度,充分挖掘民族特色文化资源,形成一定的品牌。民族文化最重要的一点就在于它的独特性,如历史生成与表现形式的独特性、内涵意义的独特性等。发展民族文化产业,首先要对独特的民族文化资源进行深入挖掘与整理。在充分掌握与占有的基础上还要具有品牌意识,并具有知识产权的保护意识,这是发展民族特色文化产业的基础。第二,发展民族特色文化产业还要在保持民族文化产品的传统与原生态的基础上,不断融入现代社会生活的文化要素,进行产品的创新发展。众所周知,民族特有的文化毕竟是特定历史时期、特定地理空间时段人与自然相依存发展的产物。在现代的工业社会与信息社会中,新的文化要素不断地被产生,人类对文化产品的审美标准与追求也深深地刻上了时代发展的印迹。因此,在发展民族特色文化产业时,在保留民族特色的工艺和手法时,要注意把传统的民族文化元素与现代社会的文化元素进行结合,在文化产品的表现形式和内涵上做到既传承民族文化,又符合现代社会人的审美需求。融入了现代元素的经典民族文化产品,是发展民族特色文化产业的新兴增长点。第三,发展民族地区村落的特色文化产业还要加强特色文化人才的培养。文化经由人类而创造,最终又为人类而服务。文化始终是依靠人、围绕人、服务人的物质和精神产品的生产与实践。文化产业中文化人才起到了关键的作用。民族文化产业人才的培养要着眼于民间的文化传承以及学校的教育传承。此外,政府也要以社会培训的形式加强培养民族特色文化产业人才,以此促进民族地区特色文化产业的可持续发展。

三、发展民族地区村落的休闲观光型农业

近年来,随着我国经济社会发展水平的综合提高,人民的生活方式和休闲方式也在不断地发生转变。休闲观光型农业逐渐走进人们的生活。"休闲观光型农业作为传统农业与现代旅游业相结合的一种可持续发展的农业生产模式,是集生态、农业、旅游为一体的新兴产业,是在充分利用现有农业资源的基础上,通过以旅游内涵为主题的规划、设计与施工,把农业建设、农业示范、科学管理、农艺展示、农产品加工及旅游者广泛参与融为一体,使旅游者充分领略农业艺术与自然情趣的一种新型旅游形式。"[①]休闲观光型农业改变了以往单一发展型的农业结构,促进了农业生产的高效发展。观光型农业最初的诞生是意大利于 1865 年成立的"农业与旅游全国协会",至今已经有 150 年的历史。自 20 世纪 70 年代以来,休闲观光型农业开始逐渐在世界范围内发展起来。当前,我国的休闲观光型农业仍处于刚刚起步的发展阶段。从经济发展的水平上看,我国近年来快速发展的经济促进了人们生产、生活方式的改变,这是休闲观光型农业产生的前提。此外,农业科技的发展进步是休闲观光型农业发展

---

① 叶滢、刘杰:《城郊休闲观光农业发展初探——以南昌市郊扬子洲乡为例》,《江西社会科学》2001 年第 12 期。

壮大的必要保证。但是可以预期的是,我国的观光休闲型农业具有较大的发展空间。

广西秀水村的田园风光

从总体上看,发展休闲观光型农业具有一定的合理与优越性。首先,休闲观光型农业保护和改善了农业生态环境。其次,休闲观光型农业连接了农村的第一、第二和第三产业,是系统整合农村经济发展的一种集约型方式。另外,也是最重要的一点,休闲观光型农业也拓宽了农村文化产业发展的空间。因此,可以说观光休闲型农业是一种可持续发展的新型农业生产方式。

民族地区村落发展休闲观光型农业需要注意以下几点。一是村落的文化与村落的生态发展要紧密相结合,即地域特色的农业产品与民族特色文化的紧密结合。休闲观光型农业是集生态与生产于一体的农业,与地域的自然地理空间等具有紧密的相互协调的关系。地域特色与文化特色是民族地区发展观光休闲型农业两个突出的特点。因此,民族地区村落发展休闲观光型农业首要的一点就是突出地域特色的农业产品与具有民族特色的文化产品。另外,鉴于观光休闲型农业的系统集约性特征,政府要对民族地区村落发展休闲观光型农业进行综合的统筹管理。要制定可持续发展的政策与制度,要在整体协调和持续发展的基础上进行统筹发展,不能以长期的损耗和生态的破坏而换取短期的经济收益。

第四节　培育民族地区农村文化消费市场

构建新时期村落文化生态建设的理性发展模式,还需要加快培育民族地区村落的文化消费市场,建立村落文化生态建设中"生产、分配、交换与消费"于一体的良性循环的发展模式。2007 年 11 月,党的十七届六中全会通过了《中共中央关于深化文化体制改革　推动社会主义文化大发展大繁荣若干重大问题的决定》(以下简称《决定》),《决定》中提出:"要努力扩大文化消费,提高基层文化消费水平,加快建设全面小康社会步伐。"扩大文化消费被提到日程上来。

一、我国农村整体文化消费市场发育水平低

文化消费是整个消费中的重要组成部分。农村文化消费是衡量整个农村经济发展状况以及农民生活质量的重要指标。文化消费的前提是整个社会的经济发展以及文化建设发展与繁荣。2006 年,中央一号文件提出要"协调推进农村经济建设、政治建设、文化建设、社会建设和党的建设"。文化建设被提到与经济、政治、社会和党的建设同一个水平的高

度。文化消费也是文化建设中的一个重要环节。在我国整体经济社会发展水平较快的前提下,农村的经济社会发展也有了较大的提高,这是培养农村文化消费市场的基础保障。在此基础上,加快发展农村文化建设是培育农村文化消费市场的重要方式。当前,我国农村文化消费市场主要存在以下几方面的问题:一是从整体上看,当前我国农村文化市场仍处于发育的初始阶段。文化产品的生产与供应并没有达到平衡的状态。二是较落后的农村文化建设滞后了农村文化市场的发育。另外,当前我国农村文化消费模式还比较单一、仍处于较传统的、较基础与必需的文化消费水平上。

表 8-3 2004—2013 年我国农村居民家庭部分消费指标统计表

(单位:元)

农村居民收入与消费等相关指标	2004 年	2007 年	2010 年	2013 年
农村居民家庭平均每人纯收入	2936.4	4140.4	5919.0	8895.9
农村居民家庭平均每人消费支出	2184.7	3223.9	4381.8	6625.5
农村居民家庭平均每人食品消费支出	1031.9	1389.0	1800.7	2495.9
农村居民家庭平均每人居住消费支出	324.3	573.8	835.2	1233.6
农村居民家庭平均每人交通通讯消费支出	192.6	328.4	461.1	796.0
农村居民家庭平均每人文教娱乐消费支出	247.6	305.7	366.7	485.9

资料来源:国家统计局网站。

近十年来,我国农村居民家庭人均收入在逐步增加,相关的人均消费水平也在逐步增加。但是从相关的消费支出中可以看出,农村居民家庭消费的支出仍然偏重于居住、食品、交通通讯等生活必需品的消费上,整体上当前我国农民的文化消费意识不强。

表 8-4 民族地区 5 村 2014 年居民家庭收入与消费表 （单位:元）

居民收入与消费等相关指标	云南诺邓村	云南郑营村	广西秀水村	内蒙古美岱召村	青海郭麻日村
居民家庭平均每人纯收入	5327	3265	5500	8500	3200
居民家庭平均每人消费支出	3100	2200	3300	5000	2000
居民家庭平均每人食品消费支出	1300	1000	1400	2300	1000
家庭平均每人交通通讯消费支出	270	250	300	500	260
家庭平均每人文教娱乐消费支出	100	100	150	200	100

注:各村数据资料来自于村干部的访谈。由于村里也没有消费支出的精确统计数据,因此数据为估算的约数。

从民族地区 5 村 2014 年居民家庭收入与消费表中可以看出,整体上而言,民族地区 5 村的居民家庭收入还是在一定程度上落后于我国农村的平均水平。居民消费水平也与收入水平呈现出一定的正相关。

表 8-5 民族地区 5 村 2014 年乡村文教产品发展情况表

名称 \ 村落	云南诺邓村	云南郑营村	广西秀水村	内蒙古美岱召村	青海郭麻日村
农户电视拥有率(%)	99	100	98	100	99
艺术表演团体到该村演出场次(场次)	无	无	1 次	2 次	无
乡村自办农民演出(场次)	1	1	2	2	无

资料来源为对民族地区 5 村村干部的访谈。

以 2014 年的统计为例,民族地区 5 村家庭平均每人文教娱乐消费支出最多的为美岱召村,其文教娱乐消费也低于全国平均水平的 50%。当前 5 村的乡村文娱项目主要为村民自家的电视和村民自办的农民演出。电视已经在 5 个村落普及,但是农民自办的演出又囿于资金、演出的技术指导、场地和气候等条件的限制，因此当前也只是在农闲和夏季才有活动。作为衡量村落文娱发展的另一项指标，从 2014 年的统计看，艺术表演团体到 5 村演出的覆盖面也较小，仅有内蒙古的美岱召村和广西的秀水村。由此可以看出，整体上，我国农村居民文教娱乐的消费支出处于较低的水平，而民族地区 5 村居民文教娱乐的消费水平更是在全国的平均水平之下。

二、培育民族地区农村文化消费市场的路径

当前，要培育民族地区农村文化消费市场需要从加快发展民族地区经济、文化建设两方面着眼考虑。从总体上看，我国民族地区的经济发展水平较落后。经济与文化两者是相辅相成的。经济发展的水平决定文化的发展状况；反之，文化的发展也反映和作用于经济发展。因此，要培育民族地区农村文化消费市场最基本的一点仍然是发展民族地区的经济，以此来保障与促进民族地区文化消费品市场的培育与发展。在此基础上，加快民族地区村落的文化建设是培育民族地区农村文化消费市场的关键之举。文化建设与文化消费是相辅相成的统一体。温铁军曾经提出"文化建设、效益最高"。"农村文化建设效益之所以最高，是因为农民有着强大的内在需求，造成此一内在需求的原因是，快速的市场经济、现代传媒及社会流动，深刻改变了农民的生活样式。在快速的社会变动中，农民不再能从传统中获得人生的稳定感，又因为现金收入有限，很难从被广告和时尚所引领的消费主义价值观中获得现代的人生意义。这样，农民就被抛入一个传统已失、现代又不可得的尴尬境地。另一方面，自改革开放以来，各种现代科技及农业技术的进步，使农民从人均一亩三分地中获得了温饱所需要的基本收入，劳动强度大大下降，闲暇时间增多。因此，

他们需要在日常生活中表达自己的世俗关怀,表现自己的人生意义,要为自己的生活找到目标与说法。"①因此,文化建设在很大程度上也是为农民的精神生活找到理想的归宿,也集中体现了文化效益的增长点。

第五节　建立民族地区新型农村社会文化组织

一、乡土文化转型呼唤新型农村社会文化组织的建立

城镇化引发了当前中国,尤其是中国农村社会乡土文化的转型。"所谓乡土文化转型即是指乡土文化从传统形态向当代形态转变的历史过程,是其文化本质属性的'渐变'过程。"②在传统乡土文化转型的过程中,乡土文化生存与发展的原生态空间发生了转移和变化,主要表现为原生态生存和发展空间的缩减甚至消失。因此,必须在传统乡土文化的转型中培育和建立新的文化生态发展空间。建立新型社会文化组织是为乡土文化在新时期的发展与转型中找到适合生存的新的土壤和发展的空间。社会组织具有引导、协调以及自我管理和自我服务的功能,可以和政府的管理形成互补。为拓展村落文化生存与发展的原生态空间,国家要大力培育社区服务性、公益性、互助性的社会文化组织,让村落文化在面对城镇化的发展进程时有继续传承的主体和文化空间。也只有建立起社会文化组织,才能让村民在变换的文化空间里仍然生活在原生态的文化环境中,村落文化的根基也才能得以延续。村落文化在社会文化组织的空间与环境下延续,也是促进村落文化生态的建设与发展的重要途径。

①　贺雪峰:《乡村的前途》,山东人民出版社2007年版,第116页。
②　刘晓峰:《我国乡土文化的特征及其转型》,《理论与现代化》2014年第1期。

这种新型社区文化组织,既是村落文化转型发展的新的传承载体,同时也是城镇化进程中村民变为市民之后乡情和文化的寄托之处。新型社会文化组织一方面使得传统村落文化走出深闺为民众所熟识,另一方面也为村落文化找到了新的传承和发展的载体。

二、民族地区建立新型农村社会文化组织的前提和特殊性

作为农村重要的次生社会群体,农村社会组织在政府与农民之间架起了一座很好的桥梁。民族地区农村社会文化组织就是要在承担这一桥梁和载体的基础上,承担起组织、协调与协助的功能,以此促进民族地区多元文化的融合发展与民族地区的和谐稳定。在民族地区建立新型农村社会文化组织需要注意以下几点。

首先,坚持党的领导和发挥党组织的重要作用。民族地区经济社会发育的水平、多民族的混居以及多元文化的共存等都决定了民族地区具有一定的特殊性。因此,在民族地区建立新型农村社会文化组织首先要坚持党的领导和发挥党组织的重要功能。虽然农村社会组织的性质是一种自治组织,但是这种自治必须是在坚持党的统一领导下的自治。萨缪尔·亨廷顿曾指出:“组织是通往政治权力之路,也是政治稳定的基础,因而也是政治自由的前提。”①因此,民族地区的农村社会文化组织自始至终要贯穿党的领导与监督作用,加强农村社会文化组织中的党建工作,不断巩固和扩大党的执政基础。

其次,在民族地区建立新型农村社会文化组织要遵守民族政策和尊重民族风俗。民族政策是国家充分考虑到民族的宗教、信仰、经济社会发

① ［美］萨缪尔·亨廷顿:《变革社会中的政治秩序》,三联书店 1989 年版,第 427 页。

展等情况所制定的对民族地区的特殊的政策形式。民族地区社会文化组织在建立时必须充分掌握和系统学习民族政策,在遵守和执行民族政策的基础上建立和发展民族地区农村的社会文化组织。此外,民族地区都拥有独特与丰厚的民俗等文化资源形式,这是民族文化留存的重要载体与表现,也是凝聚民族精神的重要传承方式。因此,要在遵守民族风俗与习俗的基础上,坚持对民族文化的保护与传承的原则,以此来建立与发展民族地区的农村社会文化组织。

最后,多元民族文化的融合共生发展是民族地区建立新型农村社会文化组织的基本目标。党的十七届五中全会通过的"十二五"规划建议指出,要"发挥群众组织和社会组织作用,提高城乡社区自治和服务功能,形成社会管理和服务合力"。这一明确要求指明了社会组织的重要功能。多元文化共生是民族地区一个较突出的特色,因此,民族地区农村社会文化组织的建立要在充分考虑这一前提的基础上,以促进多元民族文化融合共生发展为基本目标和理念来建立民族地区社会文化组织。

三、民族地区新型农村社会文化组织建立的路径

在民族地区建立新型的农村社会文化组织,要坚持以下的具体路径。一是要建立具有社会团体性质的民族地区农村社会文化组织。社会团体最大的特点是经过法律程序组织并按照一定的章程建立,坚持以促进社会进步和发展作为基本宗旨的公益性社会组织。以此为基本参照,民族地区农村社会文化组织的建立必须要坚持社会团体的组织、申报、建立的法律章程,以为民族地区民众的文化发展与建设提供公益性的社会服务为基本出发点。另外,政府要加大对民族地区农村社会文化组织的扶持力度,具体包括制度保障和资金的投入,以此为农村社会文化组织的建立

提供支撑和保障。民族地区农村经济社会发展比较落后,这是建立农村文化社会组织的较大的障碍。因此,政府有必要对此提供基本的制度以及资金上的支持,以保障民族地区农村社会文化组织的顺利建立和有效地发挥其功能。最后,要加强对民族地区农村社会文化组织的民主管理和监督,以保障农村社会文化组织的健康与持续运行的保障。此外,社会组织的公益性和民主性也决定了民族地区农村社会文化组织必须坚持民主管理和监督的基本原则。

第六节　建立民族地区村落的文化生态保护区与文化生态博物馆

民族地区村落进行文化生态建设,还必须要注意的是,部分民族地区的村落或者具有千年之久的历史、或者拥有独特丰富的民族文化、或者两者兼而有之。对此,首先应区别对待民族地区村落的文化生态建设。对于民族地区拥有悠久历史与丰富民族文化留存的村落,有必要建立村落的文化生态保护区与文化生态博物馆,以此进行村落文化的保护与传承发展。

一、我国文化生态保护区与文化生态博物馆的建立

目前我国对于村落文化的整体保护形式有文化生态保护实验区与文化生态博物馆两种形式。我国文化部于 2007 年开始组织实施以保护非物质文化遗产为核心内容的文化生态保护实验区工程,至今已经在全国16 个省区市建立了 18 个文化生态实验保护区。本书中的青海郭麻日村就属于热贡文化生态保护实验区。从调查中可以看出,处在文化生态保

护区之中的村落,由于政府的资金投入和管理的加强,村民具有很强的文化遗产的保护意识,村落的文化遗产资源也保存得较好。生态博物馆是在文化资源独特和丰富的地区,以原地保护、动态保护、居民参与的原则建立的文化保护形式。自 1971 年第九次国际博物馆会议首次提出了生态博物馆概念以来,目前在欧洲、拉丁美洲和北美已经建立了 300 多家生态博物馆。1995 年建立的贵州省六盘水市六枝特区梭戛乡生态博物馆是我国大陆最早建立的生态博物馆,也是亚洲第一座生态博物馆。目前,我国已在贵州、广西、云南和内蒙古四省区建成了 16 座生态博物馆。从整体上看,文化生态保护区和文化生态博物馆具有相同的理念与价值目标,都是意在以原生态的方式从整体上对文化形态进行动态地保护。从微观进行区别,文化生态保护区主要集中保护非物质文化遗产,由文化部负责监管;文化生态博物馆则关注物质文化遗产的保存,主要由国家文物局进行监管。严格地讲,对文化进行物质与非物质的区分也是为了更好地对文化进行整理与监管,两者的区分是相对的。因此也可以说,文化生态保护区和文化生态博物馆并没有质的区别,都是为动态与原地保护文化资源而进行的尝试。

二、民族地区村落文化生态保护区与文化生态博物馆建立的必然性

我国民族地区的村落文化具有独特性与丰厚性两大基本特征,这是建立村落文化生态保护区和文化生态博物馆的基本前提。目前我国仅建立了 18 个文化生态实验保护区和 16 个生态博物馆,这从数量上与我国为数众多的民族地区的村落以及丰厚的亟待保护的民族文化资源是不相符的。当前,在我国城镇化的进程中,大量的农村剩余劳动力资源转移,

村落的数量也呈绝对的下降之势,而且这种趋势依然在发展之中。由此,民族地区的村落文化将面临着无人继承与保存发展的状态。课题组在调查中也发现,一些村落的古老民居建筑多是明清时期的留存,是人类先祖在完全适应与依靠自然的基础上进行的创造。从现代的发展来看,大部分古旧民居等已经不是最适宜的人居场所。加之现在对此进行保护而实施的"修旧如旧"的原则,村民在古旧民居建筑中继续生活具有一定的实际困难。如云南大理的诺邓村,整个村子坐落在平均海拔2300米的山坡上,用水问题一直困扰着整个村庄。从进村的路口到村内的民居,全部是石砌的台阶,现代化的摩托车、农用车等都只能停在山脚下。村民的生活用品依然靠马驮或人力背到位于山顶的民居中。这在日益发达的现代社会已经显得极为不协调。

当前学术界对村落保护的研究一致认为,活体保护——保留与传承当地居民日常的生活痕迹,这是活体保护的最好办法。但是,我们要注意两个事实,一是村落的青壮年人口的逐渐流失,尤其是新生代农民工,逐渐开始在城市落地生根。数量众多的村落已经开始成为"空心村"。在本课题的调查中也发现,之前调查时冷清的村子在春节期间顿时热闹和拥挤起来,一派生机景象,但是这种热闹仅仅持续半个月。之后,随着春节过后的农民工返城潮的到来,村落又恢复了一年中最漫长的寂静的景象。另外,众多村落包括民族地区的村落在历史生成上主要是与自然相依相存,古旧民居建筑即便是维修坚固,原来的设计也已经不再适应今天的舒适人居的标准与水平。综合以上两点,以动态和发展的眼光去预测今后的村落变迁,我们更多的焦虑是村落文化的传承人。因此,建立文化生态博物馆也是从长远发展来看必要的文化留存的方式。

三、数字化保护在村落生态博物馆中的运用

在民族地区村落生态博物馆的建立中,除了最基本的对村落文化进行活体保护之外,还要运用数字化信息技术,以保障对民族地区村落的文化资源进行还原性、全景性的再现。在世界范围内,最早利用信息化技术对文化资源进行保护的要回溯到 1992 年,由联合国教科文组织对柬埔寨吴哥所实施的"世界的记忆"的项目。该项目开创了计算机信息技术与文化遗产保护相结合的先河。此后,美国、泰国、越南等国家先后在联合国教科文组织的协调与帮助下对相关的文化遗产进行了计算机辅助式的数字化保护。我国对文化遗产的数字化保护始于 2000 年,敦煌和故宫是我国数字化保护文化遗产的最早受益者。数字化保护文化资源不是通常所说的运用照相机和摄像机的技术,而是利用计算机技术,通过保存、还原、处理以及再现的形式对文化资源进行真实性与全景性的保存。村落的文化变迁处于永不静止的动态过程中,放眼农村社会未来的发展变迁,现代化和城镇化的进程日新月异,村落的缩减依然在继续。在村落总体数量以及村落人口数量都在呈绝对的下降之时,在民族地区村落建立生态博物馆以及进行数字化保护具有一定的必要性与紧迫性。

随着我国城镇化进程的不断加速,目前我国的村落已经开始发生较大的转变。其中村落整体数量的绝对减少以及村落人口绝对数量的下降是当代农村社会结构的一大特点。因此,村落文化的传承主体面临着缺失的事实。我们赞同学术界的观点,对村落文化进行活体保护,即让村民生活在原生态的村落中,在人与物的互动中延续村落的文化。但是当前最大的问题是面临村落文化主体的减少,如何进行村落文化的活体保护?文化只有在他的创造者、使用者中才能更好地被赋予生机与活力。因此,

对村落文化进行博物馆保护与数字化保护是当前保护与留存村落文化的必要手段。通过建立村落文化博物馆与进行村落文化的数字化保护,文化可以被完整地加以档案式的归存并生动形象地再现给后人。

第七节　多元互动提升民族地区村落的文化生态建设

村落的文化变迁是一种动态的文化发展形式,是由外界客观世界以及内部自身的发展所引起的综合文化发展。与此相应,文化建设也需要在一种综合发展作用下进行思考。考察本课题的民族地区的 5 个村落不难发现,村落的文化生态建设也明显表现出了政府主导下的常态型文化生态建设,以及由村落内部发展所主导的特色型文化生态建设两种主要形式。

一、政府主导下的村落常态型文化生态建设

与经济、文化、社会、政治、生态是综合的统一体相一致,文化建设与经济建设、政治建设、社会建设等也是协调统一的整体。发展文化建设,最基本的载体是文化设施。同时,文化设施也是文化事业发展情况的重要标志。当前,我国县级以及以下的文化设施主要有"两馆一站一室",即县级图书馆、文化馆,乡镇文化站及村文化室等。随着我国农村经济的持续发展,农民的文化需求不断提高,农村文化建设逐步被提到日程上来。2005 年,我国"农家书屋"工程开始在西部地区试点。2007 年 3 月,原新闻出版总署会同中央文明办等八部门联合发出了《关于印发〈农家书屋工程实施意见〉的通知》,开始在全国范围内实施"农家书屋"工程。

工程计划在"十一五"期间,在全国的行政村建立20万家"农家书屋"。到2012年,"农家书屋"工程总共投入财政资金120多亿元、社会资金60多亿元,已经在全国的行政村建成标准书屋60多万个,实现了"农家书屋村村有"。书籍作为文化知识传播的重要工具是连接文明社会的桥梁和纽带,是人类文化综合发展的重要介质。"农家书屋"作为农村公共文化服务体系的重要系统工程之一,同时也是村落的文化生态建设的关键一环。村落"农家书屋"的建立,是典型的政府主导下的一种常态型的村落文化生态建设。从所调查的民族地区的5个村落中也可以看到,5个行政村都已经从2007年开始陆续建立了村级"农家书屋"。其中藏书最多的是内蒙古的美岱召村的农家书屋,藏书量达到3000多册。调查时也发现,美岱村"农家书屋"的借阅频率也是很高的。这说明,农民对文化知识是有一定的需求并且也在不断提高,通过阅读来提高和促进文化素质,是最基础和关键的一环,也是村落文化生态建设的起点和重要组成部分。

二、村落历史蕴涵主导下的特色型文化生态建设

民族地区村落的文化生态建设,除了在政府主导下的常态化的村落文化生态建设,还有村落的特色型文化生态建设。从对5个民族地区村落的文化生态建设上分析可以看出,民族地区村落的特色文化生态建设的主要依靠支柱是村落原生的历史文化资源,即由村落的历史文化特色决定了村落的特色文化生态建设。这在本课题所研究的5个村落中的云南诺邓村和广西秀水村表现得较为明显。把5个村子综合进行比较可以看出,云南诺邓村和广西秀水村的文化底蕴最为丰厚,都是具有千年以上历史的古村落。另外,两个村落都在历史的科举制度上培育出了多名科

举人才,文风兴盛,至今仍然保留着书院、祠堂、孔庙等历史文化遗产。也正是因为两个村子悠久和底蕴深厚的文化资源,在现今的村落旅游文化的发展中都表现出了较强的优越性。村落的文化资源旅游业因此成为村落文化生态建设的关键一环。在经济迅速发展、人们休闲旅游逐渐成为一种生活方式之时,大力发展村落旅游无疑是发展村落文化产业的一项关键内容。而民族地区村落由历史积淀生成的文化资源又是无可比拟与复制的。因此,民族地区村落的特色历史文化资源在发展村落旅游上具有得天独厚的优势。

三、内生的村落传统文化的生态建设

本书的导言中曾经论述,在新的历史发展时期,即在我国的社会转型加速期以及城镇化进程加快的时代背景下,我国传统的村落文化面临着诸多的发展挑战。美国著名历史学家博厄斯曾经强调,每个民族都有独特的历史,也因此形成了文化的特殊性。并且认为这种特殊性既取决于社会的内部发展,也取决于外部世界对它的影响。我国民族地区的村落,在时代的繁衍传承中,既蕴含了特定的地域文化,同时,不同种类的民族归属也赋予了它们形式各异的民族文化。这两者交织叠加在民族地区的村落文化中。在对民族地区5个村落文化生态建设的调查中可以分析出,在民族地区村落的文化生态建设中,村落内生的传统文化具有强大的滋生繁衍性,依然体现着最鲜明的民族特色。

例如本书中的广西秀水村,是一个以瑶族为主、瑶汉混居的村落。秀水村虽然地处西南边疆地区,但是村落距离广西桂林市仅有190公里,有二级国道与外界相连。在现代的交通条件下,秀水村属于交通较为便利的村落。进入21世纪,秀水村村落经济有了较大发展,村民人均收入达

到每年 5000 元到 6000 元。① 从上文对秀水村文化变迁的分析来看，现代社会的发展与转型已经对村落的文化产生了一定的影响。但是在秀水村，内生的传统文化依然具有非常强的生命力与发展之势。这在秀水村瑶族的传统节日——重阳节和盘王节上表现得非常明显。每年农历的十月十六，是瑶族最为隆重的传统节日——盘王节。在广西富川，盘王节也被称为"还愿"。1984 年，这个祭祀瑶族先祖的节日被瑶族代表共同商定为盘王节，并在每年的农历十月十六举行纪念和庆祝活动。此外，每年农历的九月九是瑶族的传统节日——重阳节，俗称"九月庙"。在瑶族的重阳节，有抢收糯禾做白糯糍待客的习俗，以示禾谷丰收。目前，在秀水村，这两个民族标识很强的传统节日依然在村落中传承。尤其是瑶族的重阳节，在秀水村是一个比春节还要热闹的民族节日。节日中村民祭祀先祖，访客待友，在时代的变迁中传承着自己民族的内生传统文化。

内生的村落传统文化的生态发展与建设在青海的郭麻日村也有较好的体现。郭麻日村是一个传统的土族村落。目前村落中保存最为完整的民族节日莫过于"六月会"。郭麻日村所隶属的青海省同仁县是藏族传统文化发达的区域之一，"古老的羌人文化、吐蕃文化都曾在这片土地上留下过他们的踪迹。宋元以后，以藏族文化为主，蒙古族文化、汉族文化、土族文化、回族文化、保安族文化等都在这里得到发展，形成以藏族文化为主体的多元文化。"②"六月会"在青海省黄南藏族自治州同仁县境内广为流传，也被称为"藏乡六月会"。"六月会"距今已有 400 多年的历史，蕴含着丰富的宗教历史文化与独特的民族文化。郭麻日村的"六月会"在每年农历的六月十八至二十四举行，主要以祭祀活动和舞蹈等庆

---

① 数据来自对广西秀水村党支部书记的访谈。
② 同仁县志编纂委员会编：《同仁县志》，三秦出版社 2001 年版，第 11 页。

祝活动为主。届时,郭麻日村与邻近的尕沙日村一起举行舞蹈等庆祝活动。由此可以看出,民族与地域特色明显的内生的村落传统文化在现今社会的发展变迁中依然流传与发展。村落内生的传统文化依然保持了较好的传承与发展,构成了民族地区村落文化生态建设的特色与重要形态。

四、村落文化生态建设:文化与经济、生态的博弈

在村落文化生态建设中,我们必须关注三个基本的要素,即经济、文化与生态。在整个文化生态的体系中,一个潜在的最关键要素就是经济。经济作为整个人类社会生活体系中最为基础的要素,对人类社会发展的重要影响意义早已达成共识。在文化生态体系中,从表面上看是文化与生态之间的关系,但在实际的文化生态系统中,经济也在起着主要的,甚至至关重要的决定性作用。

在本书中的民族地区的 5 个村落中,从地理位置上看,云南郑营村、诺邓村以及广西的秀水村地处祖国西南边疆,经济发展属于较落后的地区。青海的郭麻日村地处中西部,经济发展总体上稍好于云南与广西。内蒙古的美岱召村地处中原,交通便利,经济、社会、文化的发展总体上要好于云南、广西与青海。从表 8-6 中可以看出,从 2010 年到 2013 年,内蒙古自治区农村居民家庭人均收入要高于云南、广西与青海三省(区)。另外,从表 8-6 中的四个民族地区的农村家庭平均每人文教娱乐消费支出指标上也可以看出,内蒙古地区的农村居民文教娱乐的消费支出要远远高于云南、广西与青海三省(区)。另外,从四省区的能源工业投资这一指标上看,内蒙古地区在工业生产上的投资要远远高于云南、广西与青海三省区。从四省区 2013 年的森林覆盖率和人均水资源占有量上可以看出,云南、关系、青海三省区占有绝对的优势。因此,从生态发展与建设

总体上看,云南、广西以及青海省具有一定发展优势。这也为这一地区的文化生态建设奠定了一定的基础。

表 8-6　四个民族地区 2013 年部分指标对比表

指标 地区	农村居民家庭人均收入（元）	农村家庭人均文娱消费支出（元）	能源工业投资（亿元）	森林覆盖率（%）	人均水资源量（立方米/人）
云南省	6141.3	241.1	1183.67	50.0	3652.24
广西壮族自治区	6790.9	276.2	559.81	56.5	4376.83
青海省	6196.4	270.1	397.15	5.6	11216.59
内蒙古自治区	8595.7	555.2	2330.99	21.0	3848.60

资料来源:国家统计局网站。

在整个文化生态体系中,经济、社会、文化与生态的发展总体上是协调统一的整体,但是在这个整体之中,经济与文化、生态、社会却是相互博弈、动态发展的过程。人类的进化和发展史也说明,人类的文明与进步一部分是建立在牺牲生态与资源的基础上的。日本学者岩佐茂认为:"虽然环境破坏并不是从本世纪(即 20 世纪)开始的,它同人类文明一道很早就存在,但其严重化则开始于近代。在资本主义形成过程中,由于内燃机的发明,煤炭、石油的使用,发生了产业革命,环境破坏也就日渐严重。但到 19 世纪为止,环境破坏还仅局限于局部范围。全球规模的环境破坏可以说是从本世纪开始的。"[1]因此,村落文化生态的建设与发展是与地区经济与社会的发展密不可分的,如何在保证经济发展、提高农村整体实

---

① 廖国强、何明、袁国友:《中国少数民族生态文化研究》,云南人民出版社 2006 年版,第 155 页。

力的基础上建设村落的文化,促进经济、文化与生态的协调、一体发展是一个任重而道远却又必须面对的课题。

五、民族地区村落多元民族文化的日益融合

村落的文化生态建设,除了体现在具体的文化形态的发展建设上,也体现在文化与民族的融合发展上。这一点,在所调查的 5 个村落中都表现得较为明显。这里所讲的民族与文化的融合,既包含了民族地区的少数民族村落与周围汉族村落的文化融合现象,即所谓的区域融合,同时也包含民族地区民族混居村落中所呈现出的族际文化的融合现象。从前者来看,云南的诺邓村是民族地区典型的白族村寨,青海的郭麻日村属于民族地区的土族村寨。从调查中可以看出,两个村寨在整体上都呈现出了文化变迁中与周围汉族区域的融合发展现象。这里所讲的融合也被当地的村民习惯性地称为"汉化"。民族文化是多元的,多元的民族文化的融合具体体现为生产和生活方式的融合,如现代化的生产与耕种方式、现代化的生活方式等。在语言、服饰、饮食、家用电器以及风俗等文化上两个村寨也都呈现出了一定程度的所谓的"汉化"。虽然不同的民族传统的内生文化还在一定意义上有所留存,但是少数民族村寨在现代化的发展进程中,已经呈现出较大程度的地域文化的融合现象。例如传统的汉族节日——春节,如今也是云南诺邓白族村寨和青海郭麻日土族村寨最盛大的节日。行走在这两个村寨之中,如果不是事先知道这是民族村寨,从村落外在所呈现出来的形态是无论如何也让人感受不到这是少数民族的村寨。此外,与民族地区的地域融合现象相对应,民族地区的少数民族与汉族的混居村落也呈现出了鲜明的族际融合现象,也即族际上的"汉化"现象。这一点在广西的秀水村以及内蒙古的美岱召村表现得最为鲜明。

在瑶、汉混居的秀水村和蒙、汉混居的美岱召村,民族间的族际融合现象已经体现在生产、生活中的方方面面。除了特殊的民族风俗节庆外,两个村落的文化已经在很大程度上与汉文化相互融合。村落族际间的文化融合和共生是民族地区村落文化生态建设的终极目标。多元文化的和谐共融发展既是文化建设的目标,同时更是人类生存与繁衍的共同目标。

结　语

　　乡土文化以及由此凝结而成的乡土文明一直是我国传统文化中的瑰宝。无论社会发展变迁到何种时代，对待饱含厚重历史的乡土文明，我们都需要保持一颗敬畏之心！因为我们的优秀传统文化正是发源于乡土文明！乡土文明也是我们永远的精神家园。只有敬畏乡土文明，才会以一颗恭敬的呵护之心去保护、传承与发展它。在现代化的工业进程中，传统文化的处境岌岌可危，真正到了需要敬畏对待和呵护发展的关键时期。如何敬畏？何以呵护？最主要的一点是要充分发扬乡土文化在村落文化生态建设中的重要作用，把优秀传统文化纳入加强民族地区村落的文化建设中。梁漱溟非常重视传统文化中的儒家文化，在谈到文化的作用时他指出，"明白地说，照我意思是要如宋明人那样再创讲学之风，以孔颜的人生为先祖青年解决他烦恼的人生问题，一个个替他开出一条路来去走。只有昭苏了中国人的人生态度，才能把生机剥尽，死气沉沉的中国人复活过来，从里面发出动作，才是真动。中国人不复活则已，中国而复活，只能于此得之，这是唯一无二的路"。① 现代村落所进行的文化建设，是延续我国传统文化所进行的文化生态建设之路。也只有如此，才是文化

---

① 梁漱溟：《东西文化及其哲学》，《梁漱溟全集》第一卷，山东人民出版社 1989 年版，第 539 页。

的可持续发展之路。

行文至此,对本研究中民族地区 5 个村落乡土文化的变迁与文化生态建设的分析与论述已接近尾声,但在调查过程中所经历的事、所遇见的人、所进行的思考却依然历历在目、挥之不去。

本调查始于 2012 年的 10 月,之后几乎贯穿了整个 2013 年。由于几个调查点之间的距离增加了调查的难度。整个调查中最突出的困难体现在调查中的语言障碍以及对当地村落资料的收集上。在研究所调查的 5 个村落中,虽然都是民族地区,有的还是纯粹的少数民族村落,这些村落村民的日常主要语言都是汉语,调查中的语言障碍不是少数民族语言和汉语的障碍,而是体现在普通话与方言之间的障碍上。在这一点上,突出体现在对广西秀水村和青海郭麻日村的调查中。在秀水村,通过和该村唯一的年轻导游达成协议,以"雇佣'翻译'"的形式克服了语言障碍,得以保障访谈的进行。另外,对于 5 个村落历史文献、地方志等资料的收集上,并不能保障都搜集到每个村落有文字记载的、较久远的村史,这也是本研究调查中的一个遗憾。通过对村内老人访谈得到的村史资料的精确性也待考证。另外,文化毕竟是一个涵盖内容非常广泛的话语体系,对文化的变迁发展与文化的生态建设的把握仍觉有很大的深入研究空间,期待在未来的学术生涯中,能以不断提高的学术思考继续关注这个选题。

在现代化、工业化、城镇化、信息化进程不断加速的今天,村落仍在以高速变迁呈现在我们面前。包括在研究中我们对村落的回访时总是慨叹,变化太快了!与之相对,村落文化建设也是一个动态与不断发展的话题。在研究中,我们也常常在自问,对于变化中的村落以及村落的文化建设,我们究竟能做什么?人文关怀!这既是千百万社会科学工作者回馈社会的基本出发点,也是终极目标! 乡村,曾经是落后、偏远与荒凉的代名词,也曾经或正在经历着污染、"空心化"与被现代文明所侵蚀。但是,我们依然相信,在人类的觉醒与行动之后,生态文明的乡村会再次呈现在人类的面前,是"望得见山、看得见水、记得住乡愁"的人类灵魂的栖息地。

附 录 一

"村落乡土文化的变迁与文化生态建设"村民访谈提纲

一、访谈内容(开放式问题)

1. 您家里有几口人？您家里一年的总收入大约有多少？

2. 您家里是否有出去打工的？在哪里打工？大约多长时间回来一次？

3. 您家里有多少耕地？耕地是自己耕种还是承包或者出租？

4. 您所在的村子主要种植的农作物品种有哪些？

5. 您所在的村子里目前主要的农具有哪些？

6. 您所在的村子主要有哪些传统节日或者民族节日？哪个节日是村子里最隆重的节日？

7. 您所属的民族最重要的民族节日是什么？

8. 您觉得村子里的节日气氛和以前相比有哪些变化？

9. 您所知道的村子里的哪些节日以前有过,但是现在逐渐消失了？

10. 请谈谈您所了解的村子的历史,包括古旧民居、以前的学校、村里的名人、村子的风俗等。

11. 您觉得村子里少数民族和汉族最大的区别是什么？各民族间相

处得如何？

12. 您所在村子来参观旅游的人多吗？您或您的家人是否从事和村子旅游相关的事情？

13. 请谈谈您对村子里文艺队的看法,您经常去参加文艺队的活动吗？

14. 请谈谈您对村子里图书室的看法,您经常去村子里的图书室借书吗？

15. 您的业余时间主要在做什么？您的业余爱好是什么？您希望政府提供哪些文艺方面的设施或者帮助？

二、访谈记录的要素

1. 访谈时间

2. 访谈地点:村落名称与具体访谈地点

3. 访谈对象:姓名、民族、性别、年龄

4. 访谈内容摘要

5. 访谈员签名

附 录 二

"村落乡土文化的变迁与文化生态建设"村干部访谈提纲

一、访谈内容(开放式问题)

1. 请您谈谈村子的总体情况,具体包括村庄人口数、民族构成、村庄的主要经济支柱、村庄的经济发展情况、村民人均年收入情况等。

2. 请您谈谈村子中外出务工的人员情况,包括人员比例,收入占村落总收入的比例等。

3. 请您谈谈村庄耕地面积、耕地经营情况(包括土地的流转情况)、农作物和经济作物的种植情况。

4. 请您谈谈村庄的历史文化情况,具体包括建村的历史、村庄发展中主要的历史事件、村庄历史上的名人等。

5. 请您谈谈村庄的主要文物古迹等文化遗产有哪些? 现在对此保护的具体措施有哪些?

6. 请您谈谈目前村民的主要居住条件情况,村民目前居住在古旧民居的情况如何?

7. 请您谈谈村庄中少数民族与汉族的文化交融情况。

8. 目前村子里最隆重的汉族节日和少数民族节日分别是什么?

9. 请您谈谈目前村庄旅游的发展情况。

10. 请您谈谈村子里图书室的建设情况,目前的图书室能否满足村民的阅读需要?

11. 请您谈谈村子里的业余文娱活动情况,您觉得村民对文娱活动的最大需求是什么?

12. 您觉得目前村子里最缺少的文化娱乐设施有哪些?

二、访谈记录的要素

1. 访谈时间

2. 访谈地点:村落名称与具体访谈地点

3. 访谈对象:姓名、民族、职务

4. 访谈内容摘要

5. 访谈员签名

附 录 三 | "村落乡土文化的变迁与文化生态建设"教师访谈提纲

一、访谈内容(开放式问题)

1. 请您谈谈村庄小学(初中)的总体情况,包括学校的建校、校园设施情况、在校生情况等。

2. 您所在的学校的学生的民族构成、学生对汉语的掌握情况如何?

3. 您所在的学校教学中使用的语言情况,是否使用少数民族语言教学?

4. 请谈谈您所了解的村子里的学校教育历史,如私塾教育、书院教育等历史。

5. 您所在的学校在建校史上所出的名人有哪些?

6. 请谈谈您对学校所属的村庄在历史上的文化教育发展情况,历史上村庄的名人有哪些?

7. 请谈谈您所在的学校对传统民族文化的传承教育情况。

二、访谈记录的要素

1. 访谈时间

2. 访谈地点:学校名称与具体访谈地点

3. 访谈对象:姓名、民族、职称、职务

4. 访谈内容摘要

5. 访谈员签名

附 录 四

"村落乡土文化的变迁与文化生态建设"县旅游局人员访谈提纲

一、访谈内容(开放式问题)

1. 请您谈谈××村的历史文化资源情况。

2. 您认为××村文化资源的最大特色是什么?

3. 请您谈谈××村历史文化资源的保护与传承情况。

4. 政府当前对××村的村庄规划与保护措施具体有哪些?

5. 请您谈谈××村当前的村庄文化建设情况。

6. 请您谈谈××村的文化产业发展的总体情况。

7. 请您谈谈当前××村的村庄旅游的发展情况如何。

8. 您认为××村发展村庄旅游最大的特色与优势是什么?

9. 您觉得政府当前对村庄公共文化服务的提供情况如何?

二、访谈记录的要素

1. 访谈时间

2. 访谈地点

3. 访谈对象:姓名、职称、职务

4. 访谈内容摘要

5. 访谈员签名

参 考 文 献

一、著作类

[德]阿尔弗雷德·韦伯:《文化社会学视域中的文化史》,上海世纪出版集团2006年版。

艾丽曼:《青海河南蒙旗文化变迁研究》,中国社会科学出版2012年版。

[英]安东尼·吉登斯:《现代性的后果》,田禾译,译林出版社2007年版。

曹锦清、张乐天、陈中亚:《当代浙北乡村的社会文化变迁》,上海远东出版社2001年版。

车裕斌:《村落经济转型中的文化冲突与社会分化——楠溪江上游毛氏宗族村落个案分析》,中国社会科学出版社2010年版。

陈双:《中西部大城市城中村空间形态的和谐嬗变》,东南大学出版社2011年版。

[美]杜赞奇:《文化、权力与国家》,江苏人民出版社1994年版。

方伟:《文化生产力:一种社会文明驱动源流的个人观》,河北教育出版2006年版。

费孝通:《江村农民生活及其变迁》,敦煌文艺出版社1997年版。

费孝通:《乡土中国·生育制度》,北京大学出版社1998年版。

费孝通、张之毅:《云南三村》,社会科学文献出版社2006年版。

费孝通:《江村经济》,上海人民出版社2007年版。

冯天瑜:《文化生态学论纲》,知识工程出版社1990年版。

高春林:《石屏郑营——云南第一历史文化名村》,云南美术出版社2006年版。

高占祥:《文化力》,北京大学出版社2007年版。

[美]葛学溥:《华南的乡村生活:广东凤凰村的家族主义社会学研究》,知识产权出版社 2012 年版。

韩明谟:《农村社会学》,北京大学出版社 2001 年版。

贺雪峰:《乡村社会关键词:进入 21 世纪的中国乡村素描》,山东人民出版社 2010 年版。

贺雪峰:《新乡土中国——转型期乡村社会调查笔记》,北京大学出版社 2013 年版。

胡惠林:《文化产业学》,高等教育出版社 2006 年版。

黄金鼎、李文笔编著:《千年白族村——诺邓》,云南民族出版社 2004 年版。

黄烈:《中国古代民族史研究》,人民出版社 1987 年。

黄淑聘、龚佩华:《文化人类学理论方法研究》,广东高等教育出版社 1996 年版。

黄树民:《林村的故事:1949 年后的中国农村变革》,素兰、纳日碧力戈译,三联书店 2002 年版。

[美]基辛:《当代文化人类学》,巨流图书公司 1980 年版。

姜鑫、罗佳:《城乡基本公共服务均等化评价与对策》,西南财经大学出版 2012 年版。

蒋三庚主编:《文化创意产业研究》,首都经济贸易大学出版 2006 年版。

金炳镐:《民族理论通论》,中央民族大学出版社 1994 年版。

[美]克莱德·M.伍兹:《文化变迁》,何瑞福译,河北人民出版社 1989 年版。

[英]拉德克利夫·布朗:《社会人类学方法》,夏建中译,华夏出版社 2002 年版。

[英]理查德·刘易斯:《文化的冲突与共融》,关世杰译,新华出版社 2002 年版。

李臣玲、贾伟:《多维民族文化边界地带民族社会文化变迁研究——以丹噶尔藏人为视点》,民族出版社 2010 年版。

李景汉:《定县社会调查》,上海世纪出版集团 2005 年版。

李培林:《村落的终结——羊城村的故事》,商务印书馆 2004 年版。

梁漱溟:《乡村建设理论》,上海世纪出版集团 2006 年版。

廖国强、何明、袁国友著:《中国少数民族生态文化研究》,云南人民出版社 2006 年版。

刘秀艳:《新农村公共服务体系建设》,知识产权出版社 2012 年版。

陆学艺:《改革中的农村与农民:对大寨、刘庄、华西等 13 个村庄的实证研究》,

中共中央党校出版社 1992 年版。

陆学艺：《内发的村庄》，社会科学文献出版社 2001 年版。

陆益龙：《定性社会研究方法》，商务印书馆 2011 年版。

梁漱溟：《乡村：中国文化之本》，山东大学出版社 1989 年版。

梁漱溟：《中国文化要义》，上海世纪出版集团 2005 年版。

［英］马林诺夫斯基：《文化论》，费孝通译，华夏出版社 2002 年版。

毛泽东：《毛泽东农村调查文集》，人民出版社 1982 年版。

［日］梅棹忠夫：《文化的生态史观——梅棹忠夫文集》，王子今译，上海三联书店 1988 年版。

［美］塞缪尔·亨廷顿：《文明的冲突与世界秩序的重建》，周琪等译，新华出版社 2002 年版。

潘定智：《民族文化学》，贵阳民族出版社 1999 年版。

庞朴：《文化的民族性与时代性》，中国和平出版社 1988 年版。

乔志强、行龙主编：《近代华北农村社会变迁》，人民出版社 1998 年版。

［美］斯图尔德：《文化变迁的理论》，张恭启译，允晨文化实业股份有限公司 1989 年版。

王沪宁：《当代中国村落家族文化——对中国社会现代化的一项探索》，上海人民出版社 1991 年版。

王铭铭：《村落视野中的文化与权力：闽南三村调查》，三联书店 1997 年版。

王景新等：《民国乡村建设思想研究》，中国社会科学出版社 2013 年版。

王谦：《城乡公共服务均等化问题研究》，山东人民出版社 2009 年版。

王再兴：《农村公共服务概论》，四川大学出版社 2008 年版。

翁乃群主编：《南昆八村：南昆铁路建设与沿线村落社会文化变迁》，民族出版社 2001 年版。

武文：《文化学论纲——社会文化人类学的解读》，兰州大学出版社 2000 年版。

谢志岿：《村落向城市社区的转型——制度、政策与中国城市化进程中城中村问题研究》，中国社会科学出版社 2005 年版。

许纪霖编选：《内圣外王之境——梁漱溟集》，上海世纪出版集团 1998 年版。

徐勇：《中国农村村民自治》，华中师范大学出版社 1997 年版。

薛毅编：《乡土中国与文化研究》，上海书店出版社 2008 年版。

杨懋春:《一个中国村庄:山东台头》,江苏人民出版社 2001 年版。

叶朗主编:《中国文化产业年度发展报告(2014)》,北京大学出版社 2015 年版。

于建嵘:《岳村政治——转型期中国乡村政治结构的变迁》,商务印书馆 2001 年版。

赵晶媛:《文化产业与管理》,清华大学出版社 2010 年版。

折晓叶:《村庄的再造——一个"超级村庄"的社会变迁》,中国社会科学出版社 1997 年版。

郑杭生主编:《社会学概论新修》,中国人民大学出版社 2003 年版。

郑晓云:《文化认同与文化变迁》,中国社会科学出版社 1992 年版。

周大鸣:《凤凰村的变迁》,社会科学文献出版社 2006 年版。

周晓虹:《传统与变迁:江浙农民的社会心理及其以来的嬗变》,三联书店 1998 年版。

周雪光:《组织社会学十讲》,社会科学文献出版社 2003 年版。

庄孔韶:《银翅:中国的地方社会与文化变迁(1920—1990)》,三联书店 2000 年版。

二、论文类

包路芳:《单位化的村庄——一个乡村变迁研究的视角》,《学术探索》2010 年第 1 期。

陈健萍:《广西农村文化产业发展探究》,《广西社会科学》2013 年第 5 期。

丁永祥:《城市化进程中乡村文化建设的困境与反思》,《江西社会科学》2008 年第 11 期。

段超:《再论民族文化生态的保护和建设》,《中南民族大学学报》2005 年第 4 期。

段友文:《论社会现代化进程中的村落文化建设》,《山西师范大学学报》(社科版)2007 年第 6 期。

方李莉:《"文化生态失衡"问题的提出》,《北京大学学报》(哲社版)2001 年第 3 期。

甘代军:《文化变迁的逻辑——贵阳市镇山村布依族文化考察》,中央民族大学博士论文 2010 年。

高丙中:《关于文化生态失衡与文化生态建设的思考》,《云南师范大学学报》(哲社版)2012 年第 1 期。

耿瑛:《社会学视角下的中国乡村社会变迁研究》,《东方论坛》2010 年第 4 期。

耿毅:《白族农村社区文化变迁研究——以云南元江安定村为例》,中央民族大学博士论文 2011 年。

桂华:《城市化与乡土社会变迁研究路径探析》,《学习与实践》2004 年第 11 期。

何琼:《论民族文化生态与旅游产业发展》,《思想战线》2008 年第 2 期。

何颖:《从传统到现代:西南民族地区社会文化变迁的规律》,《学术论坛》2006 年第 10 期。

贺雪峰:《乡村建设重在文化建设》,《小城镇建设》2005 年第 10 期。

胡建兰:《农村公共文化服务现状及改善对策》,《兰州学刊》2013 年第 7 期。

黄育馥:《20 世纪兴起的跨学科研究领域——文化生态学》,《国外社会科学》1999 年第 6 期。

兰林友:《村落研究——解说模式与社会事实》,《社会学研究》2004 年第 1 期。

李新市:《中国农村文化产业发展研究》,《四川行政学院学报》2006 年第 2 期。

李阳:《乡村民俗变迁与新农村文化建设》,《沈阳干部学刊》2011 年第 4 期。

刘建祥、郭松:《论文化生态的多元化》,《求索》2002 年第 5 期。

刘晓峰:《我国乡土文化的特征及其转型》,《理论与现代化》2014 年第 1 期。

姜长宝:《农村文化产业发展态势分析》,《宏观经济研究》2010 年第 2 期。

马永强:《农村文化建设的内涵和视域》,《甘肃社会科学》2008 年第 6 期。

牛迪:《完善新农村公共文化服务体系建设》,《人民论坛》2014 年第 12 期。

潘守永:《重返中国人类学的"古典时代"——重访台头》,《中央民族大学学报》(哲社版)2000 年第 2 期。

潘一禾:《非传统安全研究中的国家文化安全关注》,《江南社会学院学报》2008 年第 2 期。

邱仁富:《文化共生与和谐文化论略》,《天水行政学院学报》2008 年第 2 期。

孙兆刚:《论文化生态系统》,《系统辩证学学报》2003 年第 3 期。

吴圣刚:《文化的生态学阐释和保护》,《理论界》2005 年第 5 期。

袁三标:《略论非传统安全视野下的中国文化软实力建构》,《山西师范大学学报》(社科版)2010 年第 5 期。

贺雪峰:《乡村建设重在文化建设》,《小城镇建设》2005 年第 10 期。

马龙：《试论撒尼族村落的文化变迁——以初麻村为例》，《西安社会科学》2010年第 2 期。

毛东昕：《环境与文化互动关系的文化生态学反思》，《云南民族大学学报》（哲社版）2007 年第 6 期。

宋蜀华：《论中国的民族文化、生态环境与可持续发展的关系》，《贵州民族研究》2002 年第 4 期。

王德福：《南北方村落的生成与性质差异》，《西南石油大学学报》（社科版）2011年第 6 期。

王建国等：《农民主体意识与农村公共文化服务体系的构建》，《重庆社会科学》2012 年第 9 期。

王莉莉：《云南山地白族诺邓村的村落空间解析》，《昆明理工大学学报》（社科版）2009 年第 12 期。

温铁军：《半个世纪的农村制度变迁》，《战略与管理》1999 年第 6 期。

徐海燕：《社会学视野下一个传统村落文化的现代性变迁》，《辽东学院学报》2008 年第 1 期。

徐理响：《论乡村变迁与发展的政治文化指向》，《兰州学刊》2006 年第 2 期。

叶庆娜等：《村落文化：社会转型期农村教育发展的障碍》，《华中师大研究生学报》2012 年第 4 期。

尹长云：《农村公共文化服务的弱势与强化》，《求索》2008 年第 6 期。

伊利贵、刘东旭：《乡村社会变迁中的宗族、文化与国家权力——基于云南省一个彝族村落的研究》，《民族论坛》2012 年第 6 期。

张红：《村落变迁——动力机制与意义阐释》，《华南农业大学学报》（社科版）2011 年第 4 期。

张晓莉等：《农村公共文化服务参与：式微与重构》，《求索》2015 年第 1 期。

赵晓虹：《中国西部农村文化产业经营模式研究》，《学术探索》2014 年第 8 期。

周大鸣：《都市中的文化转型》，《中山大学学报》（社科版）2013 年第 3 期。

周炳群：《文化共生与民族地区文化发展》，《广西民族大学学报》（哲社版）2008年第 6 期。

周传蛟：《我国农村文化产业发展的条件与路径选择》，《学术交流》2009 年第 5 期。

周庆行：《论以文化生态为依托的少数民族文化生态经济模式构建》，《生态经济》2006 年第 1 期。

周尚意：《乡村公共空间与乡村文化建设——以河北唐山乡村公共空间为例》，《河北学刊》2003 年第 2 期。

周云逸：《中国农村文化产业发展的破局之策》，《河北学刊》2010 年第 11 期。

三、方志类

《富川瑶族自治县志》，富川瑶族自治县志编纂委员会编，广西人民出版 1993 年版。

《石屏县志》，石屏县志编纂委员会编，云南人民出版社 2005 年版。

《同仁县志》，同仁县志编纂委员会编，三秦出版社 2001 年版。

《土默特右旗志》，土默特右旗志编纂委员会编，内蒙古人民出版社 1994 年版。

《云龙县志》，云南省云龙县志编纂委员会编，农业出版社 1992 年版。

四、文件类

《关于推进社会主义新农村建设的若干意见》（2005 年 12 月 31 日颁布）。

《中共中央关于构建社会主义和谐社会若干重大问题的决定》（2006 年 10 月 11 日中国共产党第十六届六中全会通过）。

《中共中央关于深化文化体制改革 推动社会主义文化大发展大繁荣若干重大问题的决定》（2011 年 10 月 18 日中国共产党第十七届六中全会通过）。

《中央关于国民经济和社会发展十二五规划的建议》（2010 年 10 月 18 日中国共产党第十七届五中全会通过）。

《关于加强公共文化服务体系建设的若干意见》（中办发【2007】21 号）。

《国民经济和社会发展第十二个五年规划纲要》（2011 年 3 月 14 日第十一届全国人大四次会议通过）。

《国家"十一五"时期文化发展规划纲要》（2006 年 9 月 13 日颁布）。

《国家"十二五"时期文化改革发展规划纲要》（2012 年 2 月 15 日颁布）。

《国务院关于进一步繁荣发展少数民族文化事业的若干意见》（国发【2009】29 号）。

《中共中央关于加强党的执政能力建设的决定》（2011 年 10 月 18 日中国共产党第十七届六中全会通过）。

后　记

　　村落是我国农耕时代先民的主要生活空间和繁衍生息的生活聚集体。在久远的历史进程中，村落社会积蕴了内涵丰厚的农耕文明。改革开放以来，在社会转型的同时，村落社会的乡土文化也在经历着转型与重构。费孝通先生在 20 世纪 90 年代就曾指出，文化转型是当代人类所共同面对的问题。

　　对于乡村、乡土文化我亦怀有无限的眷恋与难以割舍之情谊。二十岁之前的岁月，我在东北的乡村生活、学习，在黑土地上奔跑、嬉戏……一望无际的松辽大平原让儿时的我以为世界都是如此模样：没有高山、没有丘壑；我也天真地以为人类生活即乡村世界里的寒来暑往、秋收冬藏……二十岁之后的岁月里，我行走在南方的村落中。那与自然山水相依的雅致民居、那积蕴千年的祠堂与庙宇、那闪烁人类智慧的梯田无不触动我对乡村的情结。"随着城市文明对我的浸染的加深，我非但没有被城市文明所腐蚀和瓦解，倒恰恰相反，越来越频繁地回首眺望那离我而去、如烟飘逝的乡村生活。"儿童文学作家曹文轩的感触，也切中了我心里那最深的乡村情节。

　　乡土文化以及由此凝结而成的乡土文明一直是我国传统文化中的瑰宝。面对饱含厚重历史的乡土文明，我们都需要保持一颗敬畏之心！乡土文明是我国优秀传统文化的发源地,也是我们永远的精神家园！只有敬畏乡土文明,才能以一颗恭敬的呵护之心去保护、传承与发展它,这也正是本研究的初衷与终极之理念。

在本书资料搜集和实地调查过程中,得到了云南、广西、青海、内蒙古等四省(区)的实地调查点相关部门和组织的热情接待和大力支持,特此致谢！另外,我要把最特别的感谢送给接受访谈的那些朴实的村民朋友,是你们无私的配合与付出才促成了本研究田野调查的完成。那些行走在村落中的日子让人难以忘怀！多少次我会梦到秀水村奔腾的秀水大河,也会梦到美岱召村绵延的大青山……在这里把最衷心的祝愿送给你们,祝愿你们的家乡青山绿水永存！也祝愿你们的生活蒸蒸日上！

乡村,曾经是落后、偏远甚至荒凉的代名词,也曾经或正在经历着污染、空心化以及被现代文明所侵蚀。但是,我们依然相信,伴随着人类的觉醒与行动,生态、文明、现代的乡村会呈现在人类的面前。乡村社会依然是"望得见山、看得见水、记得住乡愁"的人类灵魂的栖息地。

曲 凯 音

2017 年 5 月于昆明

责任编辑：柴晨清

图书在版编目（CIP）数据

乡土文化变迁与文化生态建设:民族地区五村落实证调查/
曲凯音 著. —北京:人民出版社,2017.8
ISBN 978－7－01－017975－9

Ⅰ.①乡⋯ Ⅱ.①曲⋯ Ⅲ.①民族地区-村落-地方文化-
调查研究-中国 Ⅳ.①G127

中国版本图书馆 CIP 数据核字(2017)第 183410 号

乡土文化变迁与文化生态建设

XIANGTU WENHUA BIANQIAN YU WENHUA SHENGTAI JIANSHE

——民族地区五村落实证调查

曲凯音 著

人民出版社 出版发行

（100706 北京市东城区隆福寺街 99 号）

北京市文林印务有限公司印刷 新华书店经销

2017 年 8 月第 1 版 2017 年 8 月北京第 1 次印刷
开本:710 毫米×1000 毫米 1/16 印张:17.5
字数:220 千字

ISBN 978－7－01－017975－9 定价:55.00 元

邮购地址 100706 北京市东城区隆福寺街 99 号
人民东方图书销售中心 电话 (010)65250042 65289539